中华传记

中国开国帝王全传

赵国华 韩 敏◎主编

华中科技大学出版社
http://www.hustp.com
中国·武汉

图书在版编目(CIP)数据

中国开国帝王全传/赵国华，韩敏主编. —武汉：华中科技大学出版社，2020.6
ISBN 978-7-5680-6113-1

Ⅰ.①中… Ⅱ.①赵… ②韩… Ⅲ.①帝王-列传-中国-古代 Ⅳ.①K827=2

中国版本图书馆 CIP 数据核字(2020)第 065772 号

中国开国帝王全传 赵国华 韩 敏 主编
Zhongguo Kaiguo Diwang Quanzhuan

策划编辑：韩 敏
责任编辑：林凤瑶
封面设计：璞茜设计
责任校对：刘 竣
责任监印：朱 玢
出版发行：华中科技大学出版社(中国・武汉) 电话：(027)81321913
武汉市东湖新技术开发区华工科技园 邮编：430223
录 排：华中科技大学惠友文印中心
印 刷：湖北新华印务有限公司
开 本：710mm×1000mm 1/16
印 张：18.25
字 数：250 千字
版 次：2020 年 6 月第 1 版第 1 次印刷
定 价：45.00 元

华中出版

本书若有印装质量问题，请向出版社营销中心调换
全国免费服务热线：400-6679-118 竭诚为您服务

创业垂统　承敝拓新

卷　首　语

赵国华　韩　敏

君主专制政体权力系统的结构，如同一个金字塔，位于塔尖的最高统治者是君主，在中国历史上或称“王”，或称“帝”，自秦代开始，专称为“皇帝”，还有“天子”等别称。

天子、帝王，威震天下，富有四海，高踞“九五之尊”，俯视亿兆百姓。提到他们，人们就会想起那巍峨的宫殿，宏大的苑囿，穆穆的礼仪，威风凛凛的出巡，三公九卿，屏息叩首，三宫六院，玉体横陈……当然，这只是一般人的联想，而身为帝王到底是什么滋味，只有亲身经历过的人，才有真切的体会。汉高祖刘邦当了皇帝，大臣叔孙通为他制礼，隆重的仪式结束后，刘邦深有感触地说了一句：“吾乃今日知为皇帝之贵也。”这就是他当皇帝的感受。

“古者未有君臣上下之别”(《管子・君臣》)，远古时代，并没有高踞于众人头上的君主。司马迁作《史记》，开首就是《五帝本纪》，记述的是黄帝、颛顼、帝喾、尧、舜五帝之事。其实，他们都是原始部落或者部落联盟的首领，和后来的专制帝王有着本质的区别。

根据古代文献的记载，原始社会是实行“禅让制”的，部落或部落联盟的首领通过民主推举的方式产生。据说尧传位于舜，舜传位于禹，都是按此方式进行的。禹死，王位的继承者本应是他生前选定的伯益，但伯益被迫把权位交还给了禹的儿子启，启确立了一家一姓的帝王式统治，夏朝就成了我国历史上的第一个“家天下”的专制朝代。

商汤用暴力推翻夏朝末代暴君桀的统治，这是历史上改朝换代的第一个成功的例子，古人称之为“革命”。后来，周武王又效此先例，伐纣灭商。这些都是被古代的“民主派”认可和赞扬的。商帝、周王都自称“余（予）一人”，表示自己是天下独一无二的。到了春秋时期，除了周天子仍然称王外，有的诸侯国首领也敢于称王，如楚国、吴国、越国的国君就是这样。到了战国时期，则是七王并立，都以全力去夺取统治天下的最高权力。一直到“六王毕，四海一”（杜牧《阿房宫赋》）。

公元前221年，秦统一中国，秦始皇确定以“皇帝”作为幅员广大的帝国的最高统治者的称号。按照他的设想，他自己是“始皇帝”，其后继者“二世三世至于万世，传之无穷”（《史记·秦始皇本纪》）。果能如此，岂不是中国永远只有一位开国皇帝了吗？历史无情地嘲笑了秦始皇，秦朝只传了二世，在他死后三年就灭亡了。

此后的中国，或统一，或分裂，改朝换代，司空见惯。早在春秋时代就有“社稷无常奉，君臣无常位”之说（见《左传·昭公三十二年》），秦以后仍是这样，一个朝代，长久的可至二三百年，短命的只维持三五年。正因为这样，中国古代政治思想中便有受命易姓的观念，认为“帝王之兴，不常一姓”（《三国志·文帝纪》裴注引《献帝传》），又出现了“天下大势，分久必合，合久必分”的历史循环论，甚至在老百姓中都流传着“皇帝轮流做，明年到我家”之类的说法。

从秦代算起，统一或基本统一的朝代有秦、西汉、王莽的新朝、东汉、西晋、隋、唐、北宋、元、明、清，较长时间统治中国局部地区的朝代有三国时期的魏、蜀、吴，西晋灭亡后在江南延续的东晋，南北朝时期的南方政权宋、齐、梁、陈，北方政权北魏、东魏、西魏、北齐、北周，唐宋间在北方依次更替的梁、唐、晋、汉、周五个政权，北宋灭亡后在南方重建的南宋，先后与宋朝对峙的辽（契丹）、西夏、金，这样算来，总计就有三十三个了，还没有包括一些在中国分裂情况下建立的地方性政权。

开国帝王的出现，多数是由于新政权的建立，而少数是原有政权的更新，在这种重要关头，大多要发生政权易手之事。政权易手的方式是多种多样的，但大致可以分为两类：一类是非暴力的和平的转移，一类是用暴力夺取，或者是主要依靠暴力建立起来的新政权取代旧政权。

非暴力的和平的转移，就是某一位君主让出皇（王）位，把权力交给另一个人。这种皇位更迭方式，与原始民主制度下的“禅让制”看起来相似，于是被冠以“禅让”之名，而其实质和原始社会的军事民主制度是完全不同的。在那柴燎告天、升坛祭拜的庄严仪式背后，闪耀着刀光剑影，所谓“禅让”，其实是强迫交权。王莽原是西汉朝廷的执政大臣和外戚，他就是利用这一身份，由“安汉公”而“假皇帝”，再到废黜孺子婴而自立为皇帝。曹丕也是通过这种方式逼汉献帝退位的，而过了四十五年，他的后人又被司马炎用同样的方式赶下了台。还有像赵匡胤之建立北宋王朝，就是通过所谓“黄袍加身”来实现的，真可谓是朝为臣而暮已为君。这里所谓的“和平方式”，指的是在没有发生直接的大规模的流血冲突，没有经过战争的情况下的政权转移，并不是说这后面没有武力背景。

更多的政权转移，是通过战争等暴力手段完成的。中国历史上大多数统一的朝代，都是在长期的战争之后建立的，也就是说，这些新王朝的天下都是打出来的。这其中约略又有以下几种情况。

一是从先前长期存在的地区性政权，通过兼并和统一战争，夺取对全国的统治权。历史上第一个完成统一的秦朝就是如此，后来，隋朝也是从统治北方到用武力统一全国的。

二是少数民族政权由占领部分地区到占有中国的半壁江山甚至全部。在中国历史上政权转移的过程中，少数民族表现得非常活跃，起了十分重要的作用。由于少数民族主要居住于边疆地区，先进的中原文明对他们有极强的吸引力。当统治中原或全国的汉族政权无法再维持统治时，少数民族的政治军事集团就会问鼎中原。历史上鲜卑族之建立北魏并统一北方，女真族之建立金朝，后来（改为满洲，简称满族）又建立清朝，蒙古族之建立元朝，都是这样。

三是在反抗旧王朝的大规模农民起义的基础上发展起来，甚或直接凭借农民武装而形成了势力，再消灭其他集团，进而完成国家的统一。中国历史上有多次意义重大的改朝换代，都是通过以农民为主体的人民起义的形式完成的。参加这种一般被称之为“农民起义”的斗争的社会成员很广泛，其中也有从旧统治集团中分化出来的上层贵族。在暴力革命推翻了腐朽残暴的政权之后，往往会经历一段混乱无序的时期，若干政治军事集团再作较量，最后产生出一个有能力统治全国的政权。一些全国性的、建立后一度表现较佳的政权，常是这样建立起来的，如西汉之代秦、东汉之代王莽的新朝、唐之起于隋亡之后、明之兴于元朝灭亡。这些政权的开国皇帝，有的就是起义的参加者和起义军的领袖人物，如刘邦、刘秀、朱元璋，其中，朱元璋还是一个地道的贫苦农民出身的起义军领袖。

从中国历史上看，皇位的更迭，政权的易手，还有一种情况值得注意，那就是当一个政权及其统治集团在遭遇沉重打击时，往往还能保存部分力量，产生新的领袖人物，使这个政权在保留原有名称的情况下延续下去，并努力再图恢复。由于正统观念和民族感情，相当一部分人对这一政权的拥戴还继续存在，加上其他种种条件，一些实际上已经遭受灭顶之灾的政权又会延续下来，发展成一个新政权。西周灭亡，周幽王被杀后继位的平王，东迁洛邑，把周王室保存下来。建立东晋的晋元帝司马睿原是西晋的琅琊王，建立南宋的宋高宗赵构原是北宋的康王，都是如此。

政权的转移，也就是王朝的更替。一个新王朝，其核心就是一个新的政治集团。这一政治集团可能已经存在了很长的时间，也可能是刚产生不久，因而新的帝王所在和所领导的政治集团，从建立或形成到夺得政权，时间可长至几个世纪，也可能只有数年之久。

商和周，都是很早就形成的古老部落，后来转化成国家，它们从占据天下一隅的方国，到成为天下的共主，经历了许多世代。正因为如此，《诗·大雅·文王》才有“周虽旧邦，其命维新”之句。秦，由古老部落发展为地区性的诸侯国，经历了将近千年的时间，直到秦始皇，才完成了统一天下的大业。中国历史上的少数民族政权，大多是在原有部落和国家的基础上，经历了许多世代的发展后才壮大起来，利用某一契机统一了中国的全部或一部分。而反观另一类，曹丕在他父亲曹操之后取东汉而代之，经两代；司马炎代魏，从他祖父司马懿开始，历三世。刘邦从亭长到天子，只经过了七八年。而在五代这样的政权像走马灯一样迅速转换的时期，有的人几乎是一夜之间，奇迹般地取得了政权，当上了皇帝。

中国历史上政权更迭、改朝换代的情况很复杂，既要注意其形式，更要看到其本质。周平王东迁，兴亡继绝，周天子的地位一直保留到公元前256年。但是，自平王东迁后，周王室一蹶不振，而且每况愈下，连一个中等的诸侯都不如，只是名义上的天下“共主”。刘秀建立东汉王朝，形式上看是西汉的延续，古人也常视为汉之“中兴”，但刘秀本来只是西汉皇室的旁系远裔，他出生于西汉末年，在王莽统治下仅是“白衣”，即无官无职的平民，连他的大臣都说他“兴于匹庶”，因此，东汉王朝从实质上说，并不是西汉刘氏政权的自然延续。

历史地看，大多数开国帝王都有比较积极的姿态，或精心谋划，取得政权；或戎马倥偬，战胜敌手。在登上皇位后，大多数开国帝王也能励精图治，奋发有为，大致有以下四大特征。

他们大多是出类拔萃的杰出人物。“帝王之起，必承衰乱”（《贞观政要》卷一《君道》）。开国就是创业，这需要优乎常人的素质，相当强的能力，如果不具备勇敢、机智、果断、沉稳等优秀品质，没有远见卓识和宽广的胸怀，那是很难胜任的。因此，在开国帝王中，就有一些中国历史上最优秀的政治家、军事家。诸如秦始皇嬴政、汉高祖刘邦、汉光武帝刘秀、隋文帝杨坚、宋太祖赵匡胤、明太祖朱元璋，以及少数民族的忽必烈、皇太极等，都是人所熟知的。

他们通常是一个新的政治军事集团的核心人物。君主不只是一个单个的人，任何君主都是一定的政治利益集团的代表。开国帝王要开创基业，安邦定国，必须善于笼络人才，尽可能地把当时第一流的优秀人才吸引到自己的集团和阵营中来，并让他们充分发挥作用。历史上表现出色、获得成功的刘邦、刘秀、朱元璋等人，无不是这样。

他们大多成为世所公认的领袖人物。开国帝王的功业，并不只是体现他们的意志和作为，而是在背后隐藏着历史发展的需要，从根本上说，是历史所作出的选择。历史总是千方百计为自己的发展开辟道路。在旧的政权再也无法统治下去的时候，需要新的政权来取代它。当各种形式的冲突、战争、动乱把社会搞得精疲力尽的时候，需要一个新的政权来收拾残局。当汉族地区的社会发展出现糜烂式的严重恶果时，风格迥然不同的少数民族统治集团给这里注入了新鲜血液。重建社会秩序，挽救社会颓势，缓和社会冲突，都需要一个强有力的新政权，也需要一位杰出的领袖人物。经过一段时间，这样的集团和人物就出现了。开国的成功，也就是世所公认的领袖人物涌现和对历史发展产生作用的过程。

他们又经常被当作"替天行道"的神话人物。秦末大起义的斗争宗旨就是"伐无道，诛暴秦"。旧政权为什么不行了？是因为它"无道"。新政权是干什么的？"替天行道"。既能替天行道，必为"天命"所膺，因此，"君权神授"的理论也就出现了，几乎所有的开国帝王都有"诞膺天命"的种种神话。每一个新政权、新天子都声称自己是天命所系。历朝历代为此造舆论的大有人在，连有"实录"之誉的《史记》的作者司马迁也不能免。两汉之际的史学家班彪还写了《王命论》，不顾事实，硬说刘邦之所以取天下，起根本性作用的是所谓"王命"，他声称"神器有命，不可以智力求也"(《汉书·叙传》)。晋代史学家干宝也说"帝王之兴，必俟天命，苟有代谢，非人事也"(《晋武帝革命论》)。但也有人是不同意这类说法的，如欧阳修就说"盛衰之理，虽曰

天命，岂非人事哉？”（《新五代史·伶官传》序）

开国帝王难道真是什么“天命”的化身吗？对于这个问题，当今人们已经不难回答了。“天命”之说是没有道理的。若要说“替天行道”，这种古老的说法，其中或许包含了这样一层真理：历史上较有生气的统治集团代替腐朽的统治集团，这种新陈代谢，反映了历史前进的规律，也在一定程度上反映了广大人民的意愿。我们应当这样去理解古人评价大多数开国帝王时常说的“应天顺人”。

开国帝王成就帝业，确实是不容易的。无论是“拨乱诛暴，平定海内”，还是“以佚代劳，以治易乱”，都需要超常的能力。从这一意义上说，历史上成功的开国帝王，确实都是成就“非常之功”的“非常之人”。神化他们是不对的，但硬要看轻他们，像阮籍那样随意评说刘邦，说什么“时无英雄，使竖子成名”（《晋书·阮籍传》），也是偏激之辞。

开国帝王的成功，有其客观因素，也有其主观因素。客观因素很多，这里就不说了，从主观因素来看，主要是有智谋，有魄力，有刻苦无畏的精神，有超常的耐心和毅力，有很强的应变能力，还要有远见卓识，在遭受困难挫折时不失信心，坚定不移。这些还只是他们的个人素质，除此之外，还至少应有以下这些取得成功的基本条件。

他们必须能团结一大批人，特别是拥有一批像刘邦称为“三人杰”的张良、韩信、萧何那样的优秀人才，并且信任他们，使他们各尽其才，充分发挥作用，这叫“延揽英雄”，各尽其能。

他们必须了解当时社会的基本情况，知道民心所思，民愿所望，并且努力顺应社会发展的趋势，在一定程度上满足民众的需求，这叫“务悦民心”，赢得拥护。

他们必须有战略全局观念，“知彼知己，知天知地”，熟悉天下大势，充分发挥自身的长处，逐步壮大自己的力量，打败对手，稳操胜券，这叫审时度势，把握主动。

当然，开国帝王的表现是很不相同的，有的很平庸，像周平王就算不得什么“英雄人物”，晋元帝是靠南迁的琅琊王氏而登上帝位的，当时就有“王与马，共天下”之讥。也有的很糟糕，如晋武帝司马炎，其荒淫腐朽的程度不亚于任何亡国君主，在政治上也是昏暗不明事理，因此“良由失慎于前，所以贻患于后”（《晋书·武帝纪》）。南宋高宗赵构，一生都与屈辱苟安相联系。但是，多数开国君主在政治上的表现还是比较好或者是相当不错的。一般说来，在取得政权、登基开国之后，能够推动和实现国家的统一，结束战乱，让人民休养生息，使社会生产力得到恢复发展，解决当时社会最迫切需要解决的一些问题，这就很不错了。对于能这样做的君主的历史作用，我们还是应当实事求是地、恰如其分地给予肯定，对于他们成功的经验，也是值得重视、总结乃至借鉴的。

目录

治水英雄　开国先驱——夏王大禹

“革命”成功　再创辉煌——商王成汤

举兵克商　设略安邦——周武王姬发

拥嫡为王　迁都失势——周平王姬宜臼

千古一帝　雄哉哀哉——秦始皇嬴政

乱世豪杰　布衣登基——汉高祖刘邦

拨乱反正　艰难玉成——汉光武帝刘秀

成也司马　败也司马——晋武帝司马炎

中兴晋室　偏安江南——晋元帝司马睿

塞外争雄　中原问鼎——元世祖忽必烈

淮右布衣　一统江山——明太祖朱元璋

开创大清　进图天下——清太宗皇太极

治水英雄　开国先驱——夏王大禹

越过时空，回首远古，一位伸出双手迎接中华文明曙光的巨人，挺立在我们面前。他将华夏民族吃苦耐劳、勤劳勇敢、坚定无畏的民族精神发挥得淋漓尽致，是中国古代最典型的英雄神话中的主人；他带领华夏先民跨入文明国家的门槛，是中国历史上第一位文明国家的君王。他，就是大禹。

大禹，本称禹，人们敬仰他的伟大，故称他为大禹。姒姓，名文命，一名高密。其父名鲧，母女志。相传生于西羌（今甘肃、宁夏、内蒙古南部一带），后迁至嵩山下（今河南登封）。初为夏后氏部落酋长，后为夏朝第一代王。

受命治水

先民在与洪水的斗争中，涌现了不少治水的专家和英雄。传说中，“炼五色石以补天”的著名女神女娲，就“积芦灰以止淫水”（《淮南子·览冥训》）。以头怒触不周山的共工，其氏族以治水闻名于世，主持治水的职务连同共工这一名称被后世子孙继承，代代相传。然而，在这些治水英雄的群像中，大禹以其突出的人格魅力、空前的成功业绩而为人敬仰。

大禹受命治水，相传正当尧作华夏部落联盟领袖的时候。

当时洪水泛滥，冲毁了房屋，淹没了庄稼，人烟萧肃，而野兽横行。这就是《孟子·滕文公上》所说的：“当尧之时，天下犹未平，洪水横流，泛滥于天下。草木畅茂，禽兽繁殖，五谷不登，禽兽逼人，兽蹄鸟迹之道交于中国。”大片土地被洪水侵吞，而在尚未淹没的地方，又被禽兽所占领，先民处于十分困迫的境况之中。于是，尧就任命禹的父亲鲧去负责治理洪水。

鲧（gǔn），号若阳，亦作鲧，又称崇伯、祷杌，是黄帝族的后裔，其祖先由西北方戎人地区，迁到伊水和洛水流域（今河南西部）定居。尧时鲧为夏部落酋长，封于崇（今河南登封崇山附近）为崇伯，赐姓姒。

鲧接受了尧的命令后，就采用古老的传统治水方法，屯土筑堤，以堤防水，保护氏族的聚落（村落）和土地。这是从前共工治水的办法。但是，洪水太大，鲧用筑堤围堵的方法，不仅没有将洪水堵住，反而使被堤围堵的水越积越多，堤防一次次被冲垮，洪水更加泛滥。鲧虽然奋斗了九年，修筑了大大小小数不清的堤防，但始终没有把洪水治服。

这时尧由于年老而传位给舜。舜看到鲧治水无功，使人民不能安居，于是治鲧之罪，将之杀于羽山(今江苏赣榆西南)。对于鲧被诛杀的原因，学者们有不同的认识，但鲧治洪水失败的传说，应该是有一定事实作依据的。

在舜主持的议事会上，舜问四岳(主管四方事务的酋长)："有谁能继续负责治理水患呢?"四岳向舜推荐了鲧的儿子禹。舜虽然心怀疑虑，但见大家众口一词，盛赞禹的才能和勤奋，便顺从众意，命禹负责治水，以平息水患。禹在父亲治水不成、身遭杀戮之后，受命治水，当此之时，他是否有过犹豫和迟疑，今人已不得而知。但他毕竟接受了这一艰难的任务，可以想象，这是需要何等的勇气和献身精神!

禹接受治水任务后，作了相当充分的前期准备工作。首先是人员的配置，他向舜提出请契、后稷、皋陶三位氏族酋长协助管理治水之事，舜欣然同意。禹还邀请了益(即伯益)参与治水。据说，这些部落酋长在部落联盟议事会中各有职务。契即商族的始祖，任主管教化的司徒；后稷即周族的始祖，任农官；皋陶是东夷部族少昊氏的后代，任狱官；益是嬴姓各族之祖，任掌管山林鸟兽的虞官。禹邀请这些各有专长的酋长们加盟领导治水，对于调动各方力量，协调各种关系，显然是很有利的。

此外，禹还组织了一支治水的技术队伍，传说中，禹受命治水时，带领了以应龙为首的一群大大小小的龙。群龙的任务是导引水路，应龙导引主流，其余的龙导引支流。在巫山三峡，有一条导引水路的龙错行了水路，开凿出一道不必要的峡谷。禹很生气，就将这条做事漫不经心的龙斩杀在一座山崖上，现在巫山县还有"错开峡"、"斩龙台"这样的古迹。剔除这个传说中的神话成分，这些被誉为应龙或龙的原型，实际上是一群负责勘测规划水路的水利专家。禹还从能工巧匠那里得到了治水的地图和丈量、勘测的工具。传说中，禹在黄河边的高崖上观察水势，河伯从水波中跃出，送给禹一块画着治水地图的石头，即"河图"。而在龙门山，禹从伏羲那里得到了度量水土天地的尺子，即"玉简"。河图和玉简当是民间熟悉水路地理和懂得度量勘测的人献给禹的。这些传说表明，禹在调动和发挥众人力量共同治水上，做了大量的工作，组成了有各方酋长、各类专门人才，以及受洪水威胁的各民族、部落人民参与的治水大军，这就比其父鲧那种自恃其能、单干独行，要强得多。

治水队伍集结以后，禹的下一步准备工作便是制定最佳的治水方案。禹从小跟随其父鲧治水，积累了许多实践经验，也汲取鲧治水不成而受诛的教训，认为鲧治水之所以失败，主要在于其没有了解水流的自然情况，没有对山川泽薮的自然状况进行测量，因势利导地排出四处横流的洪水，而只是一味筑堤堵塞。于是，禹背着干粮，拿着工具，亲自率领大家勘察山川地势，并把大树剥掉皮，刻上标记，以作标志。勘测清楚洪水区的自然山势和水流以后，就一改鲧的做法，制定了“疏川导滞、钟水丰物”的治水方案。这是一个变水害为水利的方案，它不但能使泛滥成灾的水流，通过开导阻滞后，由小归大，流入河床，同时还利用聚积于泽薮的一定水量，在需要时，有丰富的水源供给百姓使用，即灌溉农田、供人畜用水等。在天旱缺水时，又能发挥作用。后来的事实证明，禹的这个治水方案是正确的。

就在禹进行治水准备工作的过程中，他遇到了来自另一位水官共工的阻碍和挑衅，他不得不分出精力来对付这场内耗。传说中，共工因为禹受命治水，自己受到冷落，心中愤愤不平，便故意制造事端，他“振滔”洪水，一直淹到空桑，中原一带又变成泽国。共工出于一己私念，给人民带来巨大的灾难，由此引发了禹与共工之间的一场大战，不得人心的共工最终失败了。

万事俱备，禹一声令下，华夏人民顺应自然、征服自然的一场空前规模的治水工程开始了！

“三过家门而不入”

禹家居阳城，在嵩山之下，颍水之滨有他其乐融融的家园。他奉命治水时，年仅二十岁，尚未婚娶，从此辞别母亲，栉风沐雨，奔波忙碌，在外治水十三年。这十三年间，他“身执耒锸，以为民先”（《韩非子·五蠹》），吃苦劳累在民之前，为参加治水的民众做出了榜样。艰苦而繁忙的生活，使禹由一个翩翩少年变得面目黧黑，憔悴消瘦，他的手上布满老茧和裂口，他的小腿上，汗毛被泥土石头磨光，就连头上束发的簪子、帽子掉了，都顾不得去拾起来。

然而，操劳与繁忙并没能阻挡住美好的爱情悄悄进入他的心中。在治水的第十个年头，治水工程已进展到涂山。涂山下，禹遇到了美丽的涂山姑娘女娇。他一眼就认定这位窈窕淑女，是自己寤寐求之的意中佳人。但禹还没来得及向女娇表白心迹，便因治水事务急迫，离开涂山到南方去了。美丽的女娇姑娘早已仰慕众口称颂的英雄大禹，这次邂逅禹，仰慕之心在不自觉中已转换为爱恋之情。她日夜思念大禹，盼望大禹能再至涂山，她派了一位使女到涂山南麓去等候禹回来。漫长而焦急的等待中，女娇将自己的思念作成了乐歌，时时吟唱，以抒发对禹的思念之情：

等候的人啊，

多么长久哟！

禹终于再次来到了涂山，无需更多的语言，无需更多的礼仪程式，两个相恋的人很快结成眷属，长久的相思在极度浓缩的新婚缱绻中得到了补偿。

然而，身负治水重任的禹虽然无限眷恋他的爱妻，却不得不在新婚的第四天再度起程，赶赴治水的前线。对于女娇而言，新的等待再次开始，而这次等待更为漫长。在此期间，禹曾经三次路过自己的家门，第一次经过家门，女娇正在分娩，禹听到了儿子“哇哇”的哭声。哭声牵动着大禹的脚步，他情不自禁地向家门走去。也许是他手中的工具提醒了他，也许是他又想起了急待处理的治水公务，他已走近家门的脚，又毅然折转方向。乡邻们劝他进去看看，禹摇头拒绝，乡邻们又要他给儿子取个名字，禹脱口而出说，就叫“启”吧，意思是治水启行。禹第二次路过家门，儿子启已经几岁了，正依偎在女娇的怀里，向他招着手。禹脚步匆匆，一桩紧急的治水事务正等待着他赶去处理，他没来得及多想，只是挥手向爱妻、爱子打了个招呼，就急匆匆地走过去了。女娇目送丈夫渐渐远去的背影，热泪交流，无限惆怅和丝丝幽怨在她胸中涌动。大禹第三次经过家门时，儿子启已经会跑会跳，他跑过来拉父亲回家，禹说水未治平，没空回家。他抱抱儿子，向着家门深深地看了一眼，又转身离去。此时的女娇正在窗后暗暗饮泣，她知道她深爱的丈夫如此“绝情”，实在是他将整个身心都投入治水的事业中了。禹三过家门而不入，在治水工地广为流传，并作为公而忘私的佳话，成为千古美谈。

威严赫赫　臣服万邦

禹成为舜接班人时，我国古代社会正处于原始社会向阶级社会过渡之际，原始社会的禅让制逐渐被王位世袭制取代。五帝时代禅让与争夺是同时存在的，黄帝、颛顼、帝喾期间许多战争的目的，就是为了占有土地、掠夺财富和奴隶。尧、舜以后的争夺集中表现在部落联盟的首领职位上。传说舜代尧时，舜囚尧。舜囚尧的原因，可能是尧晚年将联盟长的职位传给他的儿子丹朱引起的。禹代舜，舜巡守南方，死于苍梧，也可能是舜被禹流放，舜在流放中死去。禹守丧三年之后，辞避舜的儿子商均而到阳城去了，其实应该看作为了逃避商均的报仇。这说明禹时禅让制业已结束，世袭制事实上已开始实行。五帝时代还是处于原始社会部落联盟阶段，尽管古书中称他们为“帝”、“天子”，但是从他们的事迹来看，当时仍然是处于“大同”时代。舜推荐禹做了华夏部落联盟领袖后，经过几十年的斗争，禹才在华夏部落联盟的基础上建立起了以中原地区为中心的夏王朝。

在夏禹建立国家和华夏民族形成的前夕，各地区性的氏族、部落联盟之间的兼并战争日益加剧。各个部落联盟都想扩大自己的地盘，增强自己的势力。尧、舜在位时，中原华夏部落联盟就同聚居在江、淮、荆州（今河南南部至湖南洞庭、江西鄱阳一带）地区的三苗部落联盟屡有冲突。三苗，在古史书中又称有苗、蛮、南蛮，相传为颛顼的后代，也有说他们的祖先是帝鸿氏，称为三苗可能是因为其是由三个氏族或部落组成的一个部落联盟。后来他们据有长江中游，成为一个强大的部落联盟，文化颇为发达。

禹治水时，三苗也参加了，但在治水成功之后，各氏族、部落都得到奖赏，只有三苗未受赏。三苗因此不服而反。禹准备用武力去征伐，但舜制止说我们自己不对，反而要向三苗用兵，是不道德的事。于是舜和禹做了文武两方面的准备，一方面用了三年时间对三苗实行教化，另一方面又加强练兵。三苗见此，只好暂时归顺。

禹为华夏部落联盟领袖时，三苗又起兵向华夏部落发动进攻。这时禹的权力扩大，已初具王权特征。他掌握了领导中原地区各氏族、部落的大权。《史记·夏本纪》说："皋陶于是敬禹之德，令民皆则禹，不如言，刑从之。"就是说专掌刑罚的皋陶就曾作出规定，各氏族、部落的人民，如有不听从禹的号令调遣的，就要用刑罚来惩办。这种用刑罚来强制民众按禹的意志行事的做法，在禹以前是没有先例的，它是禹的权力加强的反映。权力开始集中于禹一人之手。禹为了扩大统治区，统一长江流域，掠夺奴隶和财富，再也不像过去那样先经过同参与出征的部落首领商量，再决定出征与否，而是发号施令，全由个人决定对三苗进行一次大规模的兼并战争。

出兵之前，禹在祖庙"玄官"里举行了一次重大的祭祀活动。先祭祀天地，后祭祀祖先，祈求天地祖先赐予力量，保佑战胜三苗。祭祀后，进行了誓师大会。各氏族、部落的领袖，掌管各项事务的"百官"都参加了这次誓师会。禹在誓师会上，手持玄圭，登坛宣告：三苗为乱，上天要惩罚他们。在三苗那里妖魔横行，黑白颠倒，夜里出太阳，下血雨，夏天有冰冻。大地开裂出水，五谷怪长。祖庙中青龙出现，狗在市中嚎哭，人民惊恐万分。我代表上天的意志，前去给愚蠢的三苗以惩罚。希望大家同心协力，以诛有罪的三苗。

誓师会后，禹率军五千人向南进发，一路联合了各氏族、部落的兵力，与三苗部众发生了一场激烈的战斗。战争中，禹军射中了三苗的作战首领。主帅倒下，苗师大乱，纷纷四处逃散。一部分逃亡了，逃到各地的苗民逐渐被融合到其他氏族、部落中去了，只有向南退却的苗民得以保存下来。相传后世生活在南方各地的苗族，其祖先就是三苗。另一部分被俘后而沦为奴隶，三苗属黎人，因而古代又把奴隶称作“黎民”。

禹伐三苗的胜利，进一步扩大了统治区域。禹的势力已经达到江淮流域，同时北方和东夷的许多氏族部落，也都纷纷归顺禹。禹伐三苗的胜利，大大地加强了他的地位和权力。禹的个人权力也远远超出了在部落联盟中行使的范围，开始向君主转化。我国的奴隶制度在氏族、部落的联合及兼并战争中发展建立起来。夏王朝也在氏族、部落的联合及兼并战争中逐渐建立起来。

禹建国，其都城见于记载的有阳城、阳翟、平阳、安邑和晋阳五说。阳城在今河南登封告城镇，阳翟在今河南禹州，平阳在今山西临汾西南，安邑在今山西夏县西北，晋阳在今山西太原南。此五处除晋阳外，皆在今河南西部和山西西南部。从目前对夏文化的探讨来看，禹建都在河南西部的可能性较大。

禹建立的夏朝是在原华夏部落联盟的基础上正式建立起来的，其统治地区由原来的中原扩大到黄河上下，长江南北。面对当时小邦林立、各地社会发展不平衡的状态，禹建国后，实行分封。他封尧的儿子丹朱于唐（今山西翼城西），封舜的儿子商均于虞（今河南虞城西北），使这些古帝之后，皆有疆土，以奉先祀。禹还分封早死的皋陶的后人于英（今河南固始东北）和六（今安徽六安）。同时又分封同姓的诸侯，就是司马迁在《史记·夏本纪》中称之为“国”的氏族、部落。如有扈氏、有男氏、斟寻氏、彤城氏、褒氏、费氏、杞氏、缯氏、辛氏、冥氏、斟戈氏等。

为了进一步显示国王的威严，禹还不断到各地巡视。《淮南子·精神训》把这种巡视称作“省方”。一次当禹走到涂山的时候就住了下来，召集各方诸侯定时来涂山聚会。涂山又名当涂山，在淮水中游今安徽蚌埠西。聚会之时，四方诸侯到会的多达万人以上。他们都带来了朝贺的礼物，有玉有帛。所以《左传》说：“禹合诸侯于涂山，执玉帛者万国。”这次涂山之会，举行了盛大的祭天祀土仪式，表示禹是受命于天帝，是上天之子，代表天掌管天下。大会上还演奏了大夏之乐，表演了干羽之舞。这些乐舞歌颂了禹治水的功绩，显示了夏军英武雄壮的威力。大会宣布了各诸侯向夏王朝进纳贡赋的种类和数量。各地诸侯都对禹歌功颂德，行臣服礼节，表示愿意称臣纳贡。

涂山之会，是禹向天下四方宣告夏王朝建立的一个标志，是禹的王权的一次检验。涂山之会以后，禹将各方诸侯、方伯进献的青铜，铸成了九个大鼎，用来代表九州万国，成为统一的国家政权的象征。

禹会涂山数年之后，再次出外巡视。这次巡视的重点是夏王朝的东南地区。这里地处江淮流域，分布着古夷人的许多氏族、部落。这些被称为东夷、夷方的各部落，一般来说，在文化、礼教方面，比起中原地区要落后一些。禹这次出巡东南地区，除了加强政治上的统一以外，还有传播中原地区先进文化的用意。

自涂山之会以来，夏王朝国力有了空前的发展，国家机器的设立进一步完善，因此禹的这次东南巡视比起前一次来规模更大，更加威严。禹时而江中乘船，时而岸上乘车，水陆并进。一路乘风破浪，披荆斩棘。相传，一次禹和文武官员及军队乘船行驶江中，惊动了江里的各种水生动物，有的跳出水面，有的翻水负浪。其中有两条金色的大鱼就要把禹乘的船弄翻，众人认为是龙来了，十分惊慌。而禹镇定自若地对大家说:“为了国家的事业，我生死都不怕，还怕龙吗?”众人在禹的鼓励下，镇定下来，船终于冲出了鱼群，顺江而下。

在夷人居住的地区，禹向夷人询问当地习俗，传播农业生产知识，教化其酋长们讲礼仪，守法度，大家和睦相处，并宣布不听教化者，国家要以兵讨之。所到之处，受到了当地人民的欢迎。

禹到了会稽山(即苗山，又称茅山或防山，在今浙江绍兴境)，传令各地诸侯、方伯于次年春天来此相会，计功行赏。各地诸侯、方伯们得知禹在会稽山上接见，纷纷准备进贡的土特产品，到时参加聚会。

会稽山聚会如期举行，禹先接受诸侯、方伯们的朝见，然后举行祭祀天地祖先仪式。祭祀后，举行了庆功会。庆功会上，根据各诸侯对国家贡物的多少及功劳的大小进行计功封赏，还演奏了中原乐舞。在这些活动进行之后，才见一个叫防风氏的诸侯从远处走来。

防风氏是汪芒氏之君，其族居地离会稽山不远，在今浙江德清。他身材高大，自恃有勇力，常欺凌其他部落，企图独霸一方。上次涂山之会，鉴于三苗被禹打败，慑于禹的威严，才被迫参加，接受封号，表示臣服于夏。但他不称王总不甘心。这次禹巡视会稽山，防风氏本应先去朝见，而没有去，反而有意在聚会完毕才到，而且态度傲慢，不认迟到之罪。

禹在这次巡视中，对防风氏的所作所为早有所闻，而无故迟到又为禹的法令所不容。为了杀一儆百，教育各地诸侯、方伯，禹下令将其斩首。防风氏被杀，暴尸三日。诸侯、方伯们看见禹对防风氏如此处置，深感禹之王威神圣不可冒犯，大家都一再表示防风氏罪有应得。

禹诛杀防风氏，是他行使王权的一个例子，也是他成为专制君主的标志。这表明禹这时已不是部落联盟的领袖，而是名副其实的威严赫赫的国王。这也说明国家产生，王权出现，自禹开始。

禹在会稽山大会诸侯之后，许多未参加大会的氏族、部落也纷纷向夏王朝纳贡称臣。但禹由于操劳过度而成疾，病倒在会稽山。病中他还坚持处理政务，直到这年八月死于会稽山。臣下依照禹一生勤劳节俭的作风和禹生前的意愿，只用衣衿三领、薄棺三寸将他装殓后，安葬在会稽山之上。

禹在位时，曾举皋陶为继承人，皋陶未就任就早早去世了。禹又举皋陶的儿子伯益为继承人。故禹死后按惯例应由伯益继位，但这只不过是仅保留的一点氏族社会举贤能的空洞形式而已。实际上，禹已培植了其子启的势力，实权已掌握在启的手中。禹一死，伯益就成了孤家寡人，最后启杀死伯益，取而代之就不足为怪了。启代伯益表面上看是启在禹死后夺得王位，实际上是禹生前就已经安排的结果。“禹传子”这件事的重大意义在于它开创了王权世袭和帝王家天下的先河，后成为一种制度。

夏禹处在原始社会向奴隶社会过渡的交替时代。在他的身上反映出了这一时代的印痕。禹为人勤劳、俭朴，公而忘私，把全部身心都用在治理洪水、平息水患上，使人民得以安居，因而受到人民世代的尊敬和爱戴。这是他恩施于民之举，也是他成为强有力的开国之君的社会精神基础。但是禹在建国、实行统一的过程中也有“威”的一面，即使用暴力。早在禹继位之前，协助治水的皋陶就用刑罚来强制民众按禹的意志办事。在建国的过程中，对三苗等部族大动干戈，更不惜使用暴力。诸侯参加会议要带玉帛等礼品，迟到者要遭杀头等事例，表明禹一步一步由一个部落联盟领袖变成了威严的专制帝王。

杨有礼　文

“革命”成功　再创辉煌——商王成汤

成汤是中国古代社会成功进行王朝更替革命的第一人。他是商族人引以为傲的英雄，也是中国古代众多王朝代立者们援以为范例的楷模。

成汤又名履，子姓。他的名字见于记载的有：汤、商汤、成汤、武汤、唐、成唐、大乙、天乙、高祖乙等。大乙、天乙、高祖乙是商族后裔祭祀汤时所称的庙号。因为他灭夏建商、武功文治，因而又被尊称为武王。

成汤革命

商族人对于本族的起源有一个美丽的传说：在一个春意盎然的日子，帝喾之妃、有娀氏之女简狄和女伴们在野外河中沐浴，一只燕子从她的头顶飞过，坠下一枚燕蛋，正好落在她的身边。简狄吞下燕蛋，由此珠胎暗结，孕育了一代英才——契。“玄鸟生商”的传说反映了远古“孤雌生殖”的观念和知母不知其父的状况，也说明商族人是以鸟为图腾的，这从甲骨文显示的商的族徽中可以得到证明。

契传十四世，经过四百多年而至成汤。成汤接掌商国时，商已是一个有相当实力的诸侯大国。此时的天子夏桀暴虐残忍，喜好淫乐，残害人民，侵夺诸侯。他用琼玉建造宫室，将各种烧烤的肉类悬挂在园林的树上，形成肉林，贮酒为池，池中可以行船。整日宴饮作乐，擂鼓一通，立即有三千人趴在地上，作牛饮状将头伸向酒池饮酒，以博夏桀和他的宠妃妹(mò)喜一笑。妹喜喜欢听撕裂绢帛的声音，他就令人将府库里存放的各种精美绢帛抱出来，一匹一匹撕给她听。他甚至将王宫宫苑里养的老虎放纵到人众密集的市场，看人们被老虎追迫，惊骇狂奔，以此为娱乐。桀穷奢极欲，民众不堪其苦，指日为咒道：“时日曷丧，予及汝皆亡！”意即：你哪一天完蛋，我们情愿跟你一起灭亡！桀的臣下见桀胡作非为，丧失民心，便有人站出来向桀谏诤，然而桀听不得半句逆耳之言，便勃然大怒，将谏诤者治罪乃至处死。如朝中名臣关龙逄(一作豢龙逄)，古豢龙氏之后，他进谏夏桀说：“古代的君主，身行礼义，爱民节财，所以国安而身寿。”并诚恳地劝夏桀爱护人民，节省用度。夏桀却将关龙逄囚禁而杀之。关龙逄的死，使许多朝臣及方伯诸侯寒心。

就在人民、官员、诸侯们日益对夏桀离心离德的同时，商国的成汤却在加紧做着收买人心的工作。

成汤继承父亲主癸的王位时，正当英年，他身材高大，浓发秀髯，不仅气度超群，而且雄心勃勃。他见夏桀昏庸，认定当前正是建立功业夺取天下的极好时机，于是，他采取了一系列强商弱夏的举措。

成汤首先将居住地从商丘迁到商族远祖帝喾曾居住过的亳(有南亳，今河南商丘北；北亳，今山东曹县；西亳，今河南偃师；郑亳，今郑州等说)。在这里，成汤与有莘氏通婚，建立友好的睦邻关系，对内采取勤政薄敛、体恤民情等举措，人民生活安定，物质积蓄日益增多，成汤的德政不仅得到本族人的拥护，也让夏人及其他方国人民十分向往。

成汤又以仁厚收揽人心。成汤曾外出巡视，见一农人在树上四面张网，网罗天上的飞鸟，并且口里还念念有词地祈祷说："上天保佑，网已挂好，愿从天上飞落下来的，地上跑出来的，从四面八方来的鸟兽都进入我的网中。"成汤听见以后，感慨地说："噫，太过分了，那不是想将鸟兽一网打尽吗？这是夏桀的做法，太残忍了。"成汤令人将网撤掉三面，只留一面，而祈祷道："天上飞的，地下走的，想向左的就朝左跑，想向右的就朝右飞，不听命令又无主张的，就到我网里来好了。"成汤的网开三面、德及禽兽的事迹被广泛宣传，汉水以南的众多小国诸侯见成汤是有德之君，宽厚仁慈，可以信赖，于是都来归附，归商的诸侯很快增加到四十多个，成汤的势力日益强大。成汤还派人到夏都去吊慰那些为国谏诤而受到夏桀处罚的人或被杀害人的亲属。一虐一仁，夏桀与成汤形成鲜明对比，使许多方伯诸侯背弃夏桀更向成汤靠拢，因此，出现了《史记·夏本纪》"汤修德，诸侯皆归商"的局面。

成汤还不拘一格地选用人才。他的左相仲虺和右相伊尹在他灭夏建商的事业中发挥了重要的作用。而这两个人的身世和经历完全不同。仲虺是个奴隶主。相传仲虺的祖先叫奚仲，是夏禹时候的车正(管理造车的官)，自奚仲以后，子孙都在夏王朝做官。仲虺初居薛（今山东滕州南），是夏王朝东方地区的一个诸侯。他见夏桀暴虐，不得人心，就从薛带了族人来到了商。汤见到了仲虺，认为他是有用的人才，就任命为左相，参与国政。右相伊尹是个奴隶，他出生后被母亲丢弃在伊水边，有莘氏国君的厨子将他收养。伊尹自小聪颖而有志向，他除了学会一手烹调技术外，还自学读书，有相当的学问。因此，有莘氏国君又任他做宫廷教师，教女儿读书。汤娶有莘氏女儿为妻，伊尹认为成汤心怀大志，在成汤手下可大有所为，于是自愿申请做有莘氏女的媵臣——陪嫁奴隶。在成汤的后宫，伊尹仍被派在厨房干活，抱负不凡的伊尹利用每天侍奉成汤进食的机会，从烹调各种珍味异膳谈起，进而分析天下大势，数说夏桀暴政，劝成汤积蓄力量灭夏。成汤发现伊尹胸有韬略，志向远大，是一个难得的人才，于是将他从奴隶破格提拔为右相。在仲虺、伊尹左右相的全力辅佐下，成汤加快了灭夏的步伐。

成汤一方面用仁德感召诸侯，另一方面又用武力翦除夏王朝的羽翼，他首先从商的邻国葛开始。

葛（今河南宁陵北）在亳的西面，是夏的一个并不算大的诸侯国。其主葛伯死心塌地地忠实于夏桀，充当着夏桀在东方地区的耳目。开始，成汤怕葛伯将自己的活动报告给夏桀，不利于灭夏，就想争取葛伯一起来灭夏。但是葛伯是一个好吃懒做的人，就连古代社会中视为国之大事的祭祀活动都不愿举行。成汤派使者前去询问葛伯为什么不举行祭祀。葛伯很狡猾，说：“我们不是不懂得祭祀的重要，只是每次祭祀都要用许多牛羊，而我们现在没有牛羊，拿什么祭祀呢?”成汤听了使者回报后，立即派人挑选了一批肥大的牛羊给葛伯送去。可是，葛伯居然将得到的牛羊全部杀了吃掉，仍然不祭祀。成汤得知，再次派使者询问。葛伯又谎称：“我们的田中种不出粮食来，没有酒饭来作贡品，当然就举行不了祭祀。”成汤便派亳地的人前去葛地种庄稼。葛人衣食不能自足，无力提供饭食给助耕的商人。成汤派商边境的人往葛地送去酒饭给助耕的商人吃，送酒饭的人都是些老弱和孩子。葛伯就每次派人将送去的酒饭抢走，还说不然就要杀死老人和孩子。有一次，一个孩子去送酒肉，因反抗抢劫，竟被葛伯的人杀死。成汤见葛伯是死心蹋地地与商为敌，不能再用帮助的办法来争取。于是率兵攻葛，将葛伯处死。葛国人民早就怨恨葛伯，见葛伯被杀，表示归顺于商。成汤就组织葛人从事农耕，发展生产。成汤灭葛之举，在诸侯中不但没人反对，而且大家还指责葛伯不仁，罪有应得。一些诸侯、方国自愿归顺于成汤；许多诸侯、方国人民怨恨夏桀的暴虐，盼望成汤前去征伐，表示愿意从夏王朝统治下解脱出来以归顺成汤。

为了进一步搞清夏王朝腐朽的情况和麻痹夏桀，伊尹提出，由他亲自去夏王都住一段时间，观察夏朝的动静，试探虚实。成汤特地准备了各种方物（土特产）、贡品，派伊尹以使臣朝贡的名义到夏都活动。

此时夏桀并不在王都。他刚从失败乞降的岷山部落那里获得两个美女，一名琬，一名琰，琬、琰美丽惊人，夏桀十分宠爱，把她们的名字雕刻在美玉上，佩戴在身边，时时把玩。原先被百倍娇宠的妹喜此时倍受冷落，被遗弃在都城，而夏桀自己则带着琬、琰来到河南倾宫（一处离宫），尽享新欢。

伊尹一行来到倾宫，朝见夏桀。夏桀此时百般宠爱只在琬、琰，见了伊尹，只是问了问商侯为什么要灭掉葛国，伊尹回答说："葛伯不举行祭祀，商侯送给他牛羊他也不祭祀，又派人帮助他耕种，他不但不感激，反而杀害送饭的人。商侯见葛伯是大王的诸侯，如此不仁，有损大王之威，才将他诛杀。"夏桀听了只点了点头，不再问什么。伊尹进一步奏道："商侯派臣下前来贡职，不知大王有何差遣。"夏桀未在意地说："你先回王都住下吧！有事时再传你。"但是事后夏桀整天只知饮酒作乐，不理朝政。伊尹在夏王都一住就是三年，进行了秘密的侦察和积极的离间活动。

留守王都的妹喜十分气恼夏桀的寡情少义，伊尹得知此事，便频繁地与妹喜接触，煽动妹喜对桀的仇恨，而妹喜又颇喜欢这个商国来的聪明机灵的使臣，于是妹喜与伊尹结盟，报复抛弃冷落她的夏桀，这就是《国语》中所说的，妺喜“与伊尹比而亡夏”。有了妺喜做内应，有关夏朝廷的各种情报便源源不绝而至伊尹处。伊尹此次出使夏朝，可谓所得丰焉！他满载而归商了。

伊尹向成汤汇报了夏王朝的情况，并向他献计说：“夏自禹建国以来，已经历四百多年，夏王一直是天下尊崇的共主。夏桀虽然暴虐无道，民有怨恨，但在诸侯中仍有威信，所以现在还不能立即就去伐桀，只有等待时机成熟再去行动。”伊尹同仲虺商议后，向成汤提出不要急于出兵伐桀，要积蓄更大的力量，继续翦除夏桀羽翼，等待时机到来的建议。成汤接受了他们的主张，做了积极的准备，打算先灭掉仍然听从夏桀指挥的个别方国部族。

在夏王朝的方国诸侯中，自夏桀灭有缗氏之后，虽然有不少叛离者，但也还有不少忠实于夏桀的。在商所处的夏东部地区就有三个忠于夏桀的属国。一个是豕韦（彭姓，今河南滑县东），一个是顾（己姓，今山东鄄城东北），一个是昆吾（己姓，今河南濮阳境，一说在河南新郑境）。这三个忠于夏桀的属国势力都不小，而且距离商较近。成汤早先灭葛以后，又征服了一些不归顺商的方国、诸侯，所谓“十一征而天下无敌”。但这三个属国执意以商为敌，他们监视着成汤的活动，还经常向夏桀报告。成汤决心先除掉夏桀的这三个羽翼。

成汤的活动自然引起了夏桀的注意。这时商的力量虽已有较大发展，但相对于夏仍然处于弱势，所以不得不暂时向夏桀表示臣服。就在成汤准备征伐豕韦时，夏桀得知成汤仍在继续征伐诸侯，扩大势力，出于猜忌，就召成汤入朝。成汤以为是天子召见诸侯，没有拒绝，带领随从来到夏王都。夏桀便下令将成汤囚禁在夏台，即今河南禹县的钧台。这里是夏王朝设立的监狱。

伊尹和仲虺在夏桀囚禁成汤期间，搜集了许多珍宝、玩器和美女献给夏桀，请求释放成汤。夏桀乃贪财好色之徒，看见商送来的珍宝、玩器和美女，非常高兴，不久就下令将成汤释放回商。夏桀囚禁成汤之事引起了诸侯们的极大恐慌，许多原来臣服于夏的诸侯，现在因惧夏桀的暴虐而纷纷投奔商，愿助成汤灭夏。

成汤获释回国后，见叛夏归商的人越来越多，便和伊尹、仲虺商议征伐豕韦和顾国之事。经过一番谋划和准备之后，成汤和伊尹就率领了助商各方的联合军队，先进攻豕韦。成汤率大兵压境，豕韦还来不及求援，就被商军灭亡了。成汤紧接着挥师东进，乘胜又灭掉了顾国。韦、顾两国的土地、财产、人民尽归商所有。

灭韦、顾后，仍在助桀与商为敌的就剩下昆吾了。昆吾国在夏王朝属国中算是一个较大的方国，相传是祝融的后代，封在昆吾，所建的方国与夏关系很密切，国君被称为“夏伯”。夏伯见韦、顾二国被成汤所灭，便立即整顿昆吾之师准备与商相战。与此同时派使臣昼夜兼程赴夏王朝，向夏桀报告成汤灭韦、顾二国的情况。此时成汤已采纳了伊尹的建议，停止朝贡夏朝以试探桀的反应。夏桀本来就对成汤很不满意，又听说他灭掉了韦、顾二国，十分恼怒，立即下令调动九夷之师，准备伐商。成汤想率军去灭昆吾，进而征九夷，一举灭掉夏桀。伊尹阻止成汤说：“不行，夏桀尚能调遣九夷之师，此时去征伐不会取得胜利，灭夏时机尚未成熟，不如遣使向桀入贡请罪，臣服供职，以待机而动。”成汤听了伊尹的劝告，暂时收兵，准备了入贡方物，写了请罪称臣的奏章，派使臣带到夏王都，在倾宫中朝见了夏桀，表示请罪，恢复向夏桀进贡。夏桀见了贡物和请罪奏章后，和身边的谀臣们商议，谀臣们就向夏桀祝贺说：“大王威震天下，谁也不敢反叛，连商侯也知罪认罪。可以不出兵征伐，安享太平了。”于是夏桀就下令罢兵，停止征商，仍然无日无夜地饮酒作乐。

一年后，昆吾国君夏伯自恃其能，率军向商进攻。伊尹见昆吾死心塌地地效忠于夏桀，一心与商为敌，就请成汤发军迎战昆吾之师。成汤于是起兵，统领诸侯去攻打昆吾，伊尹跟随着成汤，亲自拿着兵器斧头去攻打昆吾。结果大败昆吾之师，进而杀夏伯灭昆吾，并昆吾土地、人民、财产入商。至此，夏桀羽翼已被全部翦除，成汤拔除了夏王朝在东方的屏障，所以力量更加强大。成汤又用伊尹计谋，再次不向夏桀入贡。夏桀得知成汤灭了昆吾，又不再入贡，于是再次下令起九夷之师。然而九夷族忍受不了夏桀的残暴统治，不但不起兵，反而纷纷叛离。伊尹看见九夷之师不起，便知灭夏的时机成熟了，遂请成汤率军伐夏桀。

于是成汤和仲虺、伊尹率领由七十辆战车和五千名步卒组成军队西进伐夏桀。夏桀调集了夏王朝的军队，开出王都。两军在鸣条（今河南封丘东，一说在今山西运城安邑镇北）相遇，展开了大会战。两军会战之前，成汤为了鼓动士气，召集了参加会战的商军和前来助商伐夏的诸侯、方国之师，举行了誓师大会。在会上，成汤发表了誓师演说，他在历数了夏桀的罪恶之后，说明自己领导的这场灭夏战争是奉行上天的旨意，对夏讨伐。继而成汤又恩威并举，宣布了战争赏罚规定。这篇誓词据说就是《尚书》中的《汤誓》一篇。

经过誓师动员之后，商军士气大振，人人都表示愿与夏军决一死战。而夏军士气低落，人有怨心。两军交战之时，正值大雨狂作，商军不避雷雨，英勇奋战，夏军败退不止。夏桀见兵败不可收拾，遂带领五百残兵向东逃到了三朡（zōng，今山东定陶北）。三朡是夏王朝的一个方国，三朡之君见夏桀兵败而来，立即陈兵布阵以保夏桀，并扬言要与成汤以死相拼。成汤和伊尹立即挥师东进，进攻三朡。商军与三朡军于郕（今山东汶上北）交战，结果大败三朡军，杀了三朡伯，夺取了其土地、宝玉和财产。夏桀又仓皇南逃，成汤和伊尹率军紧追不放，夏桀逃到南巢（今安徽寿县东南），商军追至南巢，将夏桀抓住。成汤将夏桀流放在南巢的亭山，并将其监禁起来。夏桀这时悔恨地对人说："我真后悔当时没有将成汤在夏台杀死，才使我落到如此地步。"商朝建立后的第三年，夏桀忧愤病死在亭山。

成汤和伊尹又率军西进，乘胜扫除夏王朝的残余势力。由于韦、顾、昆吾和三朡这样一些有势力而又效忠于夏的方国都一一被成汤所灭，因此商军西进的路上没有遇到大的抵抗，很快就占领了夏都。夏朝的亲贵大臣们都表示愿意臣服于成汤。成汤安抚了夏朝的臣民之后，就在夏都举行了祭天的仪式，向夏朝的臣民们表示他是按上天的意志来诛伐有罪的夏桀的，夏后氏的帝王相继的世数已终。这就正式地宣告了夏王朝的灭亡，我国历史上的第一个奴隶制王朝至此结束。时约公元前16世纪。《诗经·商颂·长发》："韦顾既伐，昆吾夏桀"是说成汤先征伐豕韦、顾国，然后才灭昆吾和夏桀的。这正是商的后人歌颂他们开国之君成汤灭夏的史诗。

成汤在夏都祭天地之后，班师回亳。此时，商的声威已达于四方，各地的诸侯、方伯以及大大小小的氏族、部落的酋长们都纷纷携带方物、贡品到亳来朝贺，表示臣服于成汤。几月之间，就有三千诸侯大会于亳。夏禹建国时在涂山大会诸侯时，"执玉帛者万国"。至此只有"三千诸侯"，"国"数的减少，正是由于兼并、融合及成汤不断进行统一战争的结果，实际上这时成汤统治的地域远比夏禹时大。成汤对前来朝贺的诸侯都以礼相待，成汤自己也只居于诸侯之位，表示谦逊。但是诸侯都表示归服成汤，于是，在三千诸侯的拥护下，成汤做了天子，告祭于天，宣告商王朝的建立。至此，成汤完成了灭夏重任，建立了中国历史上的第二个奴隶制王朝——商。

成汤灭夏建商，史称"成汤革命"。《周易·革》："汤武革命，顺乎天而应乎人。""革"的本意是皮革，取兽皮去其毛而变更之意。"顺乎天而应乎人"就是说成汤变革夏王桀之命既顺天命，又得人心。"成汤革命"是我国古代社会中一个统治阶级的代表革去另一个统治阶级的代表的命，虽然革除了夏桀的暴虐，但其统治性质并没有改变。所以后世人们又称其为"贵族革命"。

成汤治国

成汤经过二十年的征伐战争，最后灭了夏王朝，统一了自夏朝末年以来纷乱的中原，控制了黄河中下游地区，其势力所及，远远超过了夏王朝，一跃而为奴隶制的文明大国。商的后裔在追颂成汤时说："昔有成汤，自彼氐羌，莫敢不来享，莫敢不来王，曰商是常。"（《诗经·商颂·殷武》）就是说从前成汤的时候，连远在西方地区的氐人和羌人都不敢不来进贡和朝见，承认成汤是他们的君主。周边的少数民族慑于商的威力都来向商王称臣纳贡了。

成汤灭夏后奠定了商王朝疆域的基础。为了控制四方诸侯，防止夏遗民尤其是夏后氏的奴隶主贵族的反抗，以成汤为首的商王朝决定放弃处于东方地区的亳，把王都迁到距原夏王都斟鄩相近的西亳。西亳就是古书中所说的"尸乡"。1983年考古工作者在河南偃师城西的尸乡沟一带，发现一座古城遗址，呈长方形，东西宽一千二百余米，南北长一千七百余米。这里可能就是成汤所建的王都西亳。

成汤从夏桀灭亡中吸取了经验教训，要使国家巩固和兴旺，必须得到人民的拥护；要使人民拥护自己，就不能对人民施暴政。成汤在伐桀灭夏过程中，就是以施德的方式来争取人民拥护的。他曾对伊尹说："我告诉你，一个人站在水旁，可以看到自己的样子，同样的，做君主的人看到人民就知道如何去治理，你说对吗？"伊尹说："太好了。你的话清楚明白。能听别人的话，治国的道理也才会有人说。国君能爱民如子，那有能有德的人一定都在政府里。要勉励啊！要勉励啊！"因为成汤能看到人民是国家的根本，没有人民的拥护，就不能灭夏建商。所以建立商朝以后，成汤废除了夏桀时伤害人民的繁重徭役，与民休息，发展生产，实行“以宽治民”的政策。

祭祀社稷是古代国家的大事，从夏朝开始一直延续到清朝，王都中都有一个“社稷”。夏禹建国后建立的社稷叫社，社是土地神。相传发明社的人是共工的儿子句龙。共工是世代的水正。当洪水泛滥之时，人们都逃到高地上居住，没有高地的地方，句龙就叫人们挖土堆成土丘，使大家在上面居住。每一土丘住二十五家，称为一社，所以社最初是居民点，是聚落。句龙死后，人们就尊他为社神，给他盖了房屋，供奉他的神位，称为后土。它也即土地神，这就是后世土地庙、土地神的始祖。稷为五谷神，相传烈山氏的儿子柱做过稷正，掌播种五谷，后来被人们尊为农神。夏王朝每年都要举行祭社的仪式，祈求后土农神的福佑，风调雨顺，五谷丰登。我国自古以农业立国，因此祭祀社稷就成为国家大事，社稷的存亡也就象征着国家的存亡。

成汤灭夏之后，想将夏社迁走，被伊尹阻拦，要成汤留下来告诫后人，作为暴虐而亡国的见证。因为社坛是一个露天的土坛，上面植有不同的树，成汤就下令砍掉树盖一个房屋把夏社封起来，永不使用，这就是所谓的“屋夏社”。商的社另建在商王都。成汤还实行了一套改朝换代的措施。如改正朔，夏称一年为一岁，夏正建寅，即以夏历正月为岁首，正月初一为一岁的开始。成汤改称一年为一祀，改以夏历十二月建丑为岁首，每年十二月初一为一祀的开始。变服色，由夏的崇尚黑色改为崇尚白色。并把朝见改在白天早上来举行。商人不仅衣服以白色为主，旗帜、器物，驾车的马，祭祀用的牛、羊、猪、狗也以白色为主。在商代遗址的考古发掘中，就出土了不少白色陶器。甲骨卜辞中有不少祭祀是用白牛、白羊、白犬、白豕作牺牲。在田猎卜辞中，凡是猎获白色野兽都使用了白字，如“获白兕”，“获白狐一”，“获白鹿一，狐三”，等等。

成汤建国不久，商朝王畿内发生了一场旱灾，大旱延续了七年。在旱情刚发生时，伊尹受成汤之命，教民打井开沟，引水灌溉农田，但是旱情愈来愈严重，人为引水根本解决不了问题。特别是在之后五年中，旱情更严重，烈日暴晒，河干井涸，草木枯焦，禾苗不生，庄稼无收，人民困苦异常。

天旱是一种自然现象，而商代统治者们把它看成是上天的安排。甲骨卜辞中就有不少“帝佳莫(旱)我”“帝其降我莫(旱)”的记载。自从天旱发生之后，成汤就在郊外设立祭坛，天天派人举行祭祀，祈求上天降雨除旱。古代把这种郊外祭天称为“郊祀”。最初的郊祀仪式是燃烧木柴，用牛羊猪狗等家畜作为上供的牺牲。这种烧柴祀天的祭名叫做“袞”(liào 燎)。成汤命史官们在郊外袞祭上帝，史官手捧三足鼎，鼎内盛有牛、羊等肉作为供品，面向天地山川祷告说：“是不是因为我们的王的政事无节制法度？是不是使人民受了疾苦？是不是因官吏受贿贪污？是不是因为小人谗言流行？是不是有女人干扰政事？是不是因为宫室修得太大太美？为什么还不快快下雨呢?”这是商朝的史官受成汤之命，述说的六条责备君主的事，以求上天赐福降雨。尽管成汤命使官天天祭祀，苦苦哀求，上天仍然没有赐福下雨。

旱情越来越严重，连石头和沙砾都快被太阳烤焦了。成汤再也坐不住了，他命令史官们在一座林木茂盛的山上选了一个叫桑林的地方设立了祭坛，成汤亲自率伊尹等大臣举行祭祀求雨。但是，祭天之后仍滴雨未降，成汤命占卜不下雨的原因。史官们占卜后说：袞祭时除了要用牛羊豖犬作牺牲外，还要用人牲，以人祈雨。就是将活人放在柴上焚烧，让被烧的人上天去祈求上天降雨。成汤听了史官的话后说：“我祭祀占卜求雨，本是为民，怎能用人去焚烧？假如要用人来作牺牲，那就让我来吧！”于是命把祭祀的柴架起来，成汤将自己的头发和指甲剪掉。沐浴洁身，斋戒完毕，向上天祷告说：“我一人有罪，不能惩罚万民，万民有罪，都在我一人，不要以我一人的没有才能，使上天伤害人民的性命。”祷告完便神色镇定地走上祭坛坐到柴上去(一说是用成汤的头发和指甲来代替其身)，就在点火焚柴之际，天上突然下起了大雨。大雨遍及数千里之地，解除了旱情。

久旱必有大雨这是自然的现象，但成汤的这种为民勇于牺牲自己的精神，受到了人民的敬佩和颂扬。当时的人在迷信思想的统治下，还不能完全认识自然现象，认为这是由于成汤祷于桑林，才使旱灾解除。人民用歌唱来颂扬成汤的德行。成汤命伊尹将人民这些歌词收集起来编了乐曲，取名为《桑林》（又叫《大濩》），这就是后世人们称作的“汤乐”。这种汤乐很早就失传了。

成汤祷于桑林，求得大雨，解除旱灾之后，成汤的威信更高了。四方的诸侯、方伯更加拥护成汤。成汤仿照夏朝的制度，帝王六年一巡守，开始了第一次巡守。巡守就是天子视察诸侯，是天子的一种权力。在巡守过程中，诸侯、方伯们都向他进献贡品、方物。回到商王都以后，成汤对伊尹说：“我想下一道命令，根据各方所出产的物品，规定四方诸侯朝贡进献的种类。这样四方诸侯也就容易备办了，而王朝中就会样样都有。”受成汤之命，伊尹制定了每年四方进贡物品种类的规定，并向四方诸侯、方伯们进行了宣布：正东方地区各国离海近，主要进献鱼皮制的器物、乌鲗鱼的酱、锐利的剑。正南方地区各国出产丰富，犀牛、大象产得多，主要进献犀牛角、象牙、珠玑、玳瑁、翠羽之类。正西方地区各国地广山多，主要进献丹青、赤色、白色的颜料，以及龙角、神龟之类。正北方地区各国地广野物多，主要进献骆驼、野马、各种良马和良弓。四方诸侯、方伯接到这一命令后，都欣然应承，积极备办朝贡进献的方物。

成汤将商王朝的内外政事治理了以后，就将夏禹建国时在涂山大会诸侯后铸成的九个铜鼎，搬到了商王都。九鼎的转移意味着国家政权的转移，这是改朝换代的象征。所以《左传》宣公三年说：“桀有昏德，鼎迁于商，载祀六百。”也就是说夏桀暴虐无德，才被成汤灭亡，将夏的铜鼎迁到商，从此以后商就延续了六百年。

由于成汤建立商朝以后，减轻征敛，鼓励生产，笼络人心，安抚民众，加强政权机构的建设，因而减少了因政权更迭而出现的社会动乱，扩大了商王朝统治的社会基础，又使得商初的政治局面很快稳定下来，并为商王朝的进一步发展奠定了较坚实的基础。商王朝在成汤的治理下逐渐强盛。

成汤是商王朝的开国之君，所以《礼记·祭法》说"商人祖契而宗汤"，也就是说，在商王的祖庙中是以契为始祖，以成汤为继宗。这两位功德卓著的祖先，在商朝约六百年的历史时期里，受到历代商王隆重的祭祀。甲骨卜辞中有不少祭祀成、唐、大乙的卜辞，合祭直系先王时都是以成汤为首。甲骨卜辞中，不但有成汤的专祭，而且又说他能够"授佑"。在甲骨卜辞中只有上天能够"授佑"，而成汤有了这种权力，就更说明他在商族社会发展中的重要地位。并且，他在位期间，不仅统一了中原地区，还把统治范围扩大到黄河上游的氐、羌部落所在的西部地区，开疆拓土，促进四方各族的联系，促进了各氏族更多地融合到中华民族中来，为中华民族的文明进步和壮大，创造了有利的条件。

成汤是一位值得后人铭记的伟人。

杨有礼　文

举兵克商　设略安邦——周武王姬发

周武王，姓姬名发，文王姬昌次子，武是他死后的谥号，西周王朝的开国之君。

武王克商

周文王有十个儿子，武王排行老二。长子伯邑考被商纣王残杀。武王有同母弟八人，即管叔鲜、周公旦、蔡叔度、曹叔振铎、郕叔武、霍叔处、康叔封、冉季载。他们兄弟十人中，武王和周公最有才干，经常帮助父亲处理政事。周文王病死，由武王继位。据《礼记·文王世子》说，武王只比父亲小十四岁。文王九十七岁而终，武王即位时，已经八十四岁。武王至九十三岁而终，则在位仅十年(《汉书·律历志》作十一年)。

周文王在位五十年，做了许多灭商的准备，他改革内政，发展生产，励精图治，以德治国，礼贤下士，使周繁荣兴盛起来。同时，以服事殷，以"西伯"之身据有关中，暗地与殷商展开生死较量。特别是周文王最后七年中，一年断虞、芮之讼，二年伐犬戎，三年伐密须，四年败耆国，五年伐邘，六年伐崇。七年干了六件大事，促成了"三分天下有其二"的大好形势，灭商的条件基本成熟。

周武王即位以后，积极筹划灭商的事宜。他仰仗文王为周打下的基础，继承文王的遗志，积极做好伐商的准备。他继续用太公望(即姜尚，又叫吕望)、周公旦(文王子)、召公奭(文王子)、毕公高(文王子)等人为辅佐，进一步整顿内政，增强军力，准备伐商。

当时，商纣王愈加荒淫残暴，穷奢极欲，在商王朝自是众叛亲离，怨声四起。纣王的叔父比干、哥哥微子多次劝谏，纣王根本不听。商容掌管朝廷祭祀、宴会的奏乐，颇有贤名，深得人们的爱戴。但纣王嫌商容凡事都要按典章制度办，有碍他的淫乐，将商容罢官逐出朝廷。众官员见纣王愈来愈乱其祖制国法，不理朝政，日夜玩乐，都为商王朝的前途担忧。微子见纣王不听劝谏，估计终有一天会亡国，想自杀，又想逃走，不能决定，便和太师、少师两乐官商议，最后微子逃到民间隐藏起来。纣王叔父箕子也是多次劝谏，见纣王不听，便装成疯子混在奴隶中。纣王知道后，命武士把箕子囚禁起来。比干见箕子被囚，冒死劝谏。纣王恼羞成怒，下令杀了比干，还削挖其心，众朝臣见纣王对自己的亲人都如此残暴，更加恐惧，纷纷逃跑，投奔于周。

武王做好了伐商的准备，但是，他并没有盲目行动，而是对面临的形势做了冷静、客观的分析，以便制定正确的政策和策略，出师必胜，决不打无把握之仗。当时纣王虽荒淫暴虐，但商终究是一个经营数百年之久的大国，它不仅有雄厚的物质基础，而且有很强大的武装力量。对纣王的力量不能低估。特别是自纣王伐东夷以后，将大批的商军留驻东部地区，长期以来东夷各方国时有小叛，但再没有发生大战争。纣之所以能稳固统治达二十年以上（一说为五十多年），与他们父子两代把东南部经营成比较巩固的统治区域有关。事实也是如此，后来牧野大战时，纣王发兵十七万（《史记·殷本纪》作七十万，误）。《诗·大雅·大明》形容纣王的军队之多，像树林一样密密麻麻："殷商之旅，其会如林。"这难免是夸大、渲染之辞，但也说明战前双方兵力相差悬殊，殷众周寡。周原是偏处西陲的小邦，其政治、军事实力远不能和殷商相比。对此，周武王有较清醒的认识，他分析了双方力量的对比，采取缩短二者之间差距的策略，对内重用贤能，因材录用，一时人才荟萃，蒸蒸日上。对外则尽量争取方国，联合反殷力量，孤立敌人，壮大自己，准备继承文王遗志，攻灭纣王。

周武王即位后九年，周武王把都城由丰迁至镐（今陕西西安西南、丰水东岸，谓之宗周，又称西都）。接着，在姜子牙、周公旦的辅佐下，对商进行了一次试探性进攻。周武王用战车载着文王的神牌，准备到毕邑祭扫文王墓。武王自称太子发，"言奉文王以伐"，意思是奉文王之命伐纣，不敢自专，利用文王的威望来号召诸侯。他亲率大队人马，东观兵于孟津（今河南孟津）。

孟津在黄河渡口以南，距商都还较远，只是试探一下，实际上是一次军事大演习、大检阅。这次军事行动的目的一方面在于用武力向敌人示威，给对方造成心理上的压力；另一方面则是锻炼自己的军队，以取得实战经验。同时，这也是一次外交上的重大盟会，收到一次聚众的效果，即“是时，诸侯不期而会孟津者，八百诸侯”（《史记·周本纪》）。武王没有事先约会诸侯，八百个诸侯自动前来孟津会盟。所谓“八百诸侯”，也就是大大小小的几百个氏族、方国的首领。这表明周在政治、军事上都取得了对殷的优势。人心向周，商纣王陷于孤立无援的境地。这些参加盟会的诸侯都劝武王说：“可以伐纣了。”但武王仍不为之所动，心中自有主张，他说：“时期还未到。不可以伐。”武王深知，伐纣一仗事关全局，不打则已，打则必胜。若一步走错，全盘皆输。他考虑再三，决定班师暂回西土，派人去商察看动静。

当周武王观兵孟津后，商纣王根本不做任何准备，仍在淫乐。而且暴行愈来愈严重，不仅发展到六亲不认，囚箕子，剖比干，甚至太师疵、少师强把宗庙中的乐器抱着逃走，他都不闻不问。贤臣离位，百姓闭口不敢言语了。这时武王认为灭商时机已到，便又准备了两年，才向全国诸侯发表伐纣檄文说：“商纣罪孽实在深重，为顺天应人，不可不消灭他！”于是，武王果断下令发兵伐纣。

此时周武王虽已是高龄，但他意气风发，老当益壮，亲率戎车三百乘、虎贲（敢死队）三千人、甲士四万五千人，东进伐纣。据《荀子·儒效》说，是在“兵忌”日出发，行军时又迎太岁星，在氾水遇到洪水泛滥，到怀城遇到城坏，到共头山遇到山崩，都是兵家认为不吉利的事。但武王不迷信鬼神，他认为自己的事业是正义的，而正义的事业是战无不胜的。此间虽有文王时投奔而来的伯夷、叔齐兄弟二人跪在武王的马前阻挡，指责武王不仁不忠不孝，也没有动摇武王伐纣的决心。武王率领的周军一路餐风饮露，晓行夜宿，长驱直入，抱着必胜的信念，勇往直前。他们从西土镐京到商都朝歌九百余里，行军一个月，一路上没有遇到什么抵抗。

周武王率周军来到孟津，会合了伐纣的诸侯。这次不但争取到更多的诸侯，还争取到了分布在西北、西南和长江、汉水流域的一些氏族、方国，如庸、蜀、羌、髳、微、卢、彭、濮等前来助战。周武王率伐商联军从孟津渡过黄河，然后沿河向东挺进，于周武王十一年正月甲子日清晨天未亮之时开拔到商郊外七十里处的牧野（今河南汲县南）。周武王没有急于进攻，而是在这里举行了誓师大会。他左手持着黄钺，右手握着白旄，左右挥舞着，威严不可侵犯。他向全军将士发表誓词，作战前动员，勉励他们奋勇杀敌，表示要与纣一决雌雄。接着，列举了纣王的主要罪状，大略是说："商纣王，专听妇人的话，不祭祀祖先神明，遗弃同祖弟兄不用，而将四方有罪的逃犯加以推崇、奖励和委用，叫他们当大夫卿士！让他们虐待百姓，在商邑做种种坏事。现在我姬发，替天行道，代表上天来惩罚他！"这就是目前仍能见到的《尚书·牧誓》。通过誓师，历数商纣王之罪，瓦解敌军士气，极大地鼓舞了伐商联军的士气，使战士更加痛恨殷纣的罪恶，明确了作战的意义和肩负的使命，更有信心投入灭商战斗。

到这时候，商纣王才停止歌舞宴乐，和那些贵族倖臣们商议对策。由于军队主力还停留在东南地区，一时也抽调不回来，只好临时将分散在王畿内从事各种劳役的奴隶集中起来，编为军队，发给戈、矛等武器，又调集了商都朝歌等处的亲军、卫队，一共得了十七万人，开向牧野。

商周两军在牧野布阵对峙，战斗场面极其壮观。极目望去，伐纣联军虽然不如商军人数多，可是队形严整，旌旗鲜明，士气高昂，战鼓齐鸣，呈现出"前歌后舞"的景象。而"纣师虽众，皆无战之心"（《史记·周本纪》）。决战一开始，周武王便命令师尚父（姜子牙）率勇士数人前去挑战，一方面是为了探测敌阵虚实，另一方面也是为了长自己的志气，灭敌人的威风。接着武王以虎贲三千人，戎车三百辆为主力，甲士徒兵配合向商军发起进攻。伐商联军是正义之师，战士们为的是除暴安民，全都乐于效死，毫无惧怕，军队当中以巴蜀的军队最为勇敢，当他们上阵的时候，还吹奏着乐器，载歌载舞，脸上露出真正的笑容，就像去参加宴会一样，一直进入敌阵，把敌人全不放在眼里。而商纣王将临时编成的奴隶兵放在头阵，充作先锋队，而以亲军、卫队为后队，驱赶着奴隶兵去冲锋陷阵。这些奴隶们，平日在以纣为首的奴隶主贵族们的压榨下，就曾以各种形式来反抗，现在又被驱赶到战场上送死，就更加激起了他们的反抗决心，因此当头阵商军和周军接战时，就马上崩溃了。这些被迫从军的奴隶，不愿为商纣卖命，不仅一上阵就崩溃，而且“皆倒兵以战”（《史记·周本纪》），掉转戈、矛替周武王打仗，把武王当作救星。引导周军攻入朝歌。这就是“前徒倒戈”成语的来源。

反纣联军有了倒戈的商军开路，直抵朝歌城下。商纣看见大势已去，深知自己罪恶多端，若被擒获，必被处死，就赶紧逃回都城，登上鹿台，把早就备好的挂满珠宝的衣服穿上，命人点火焚烧鹿台，自焚而死，结束了他的一生。商朝朝歌的百姓欢天喜地迎接周武王的到来。

周武王率军在朝歌城下，得知商纣在鹿台以火自焚，则亲手举起了大白旗，将伐纣的诸侯们召到面前，以兴奋的心情向诸侯宣布了纣自焚而死的消息，诸侯们都向周武王拜贺。然后，周武王率领诸侯进入朝歌，来到鹿台之前，不由得怒从心起，亲自对着鹿台上纣的尸体射了三箭，再从车上下来，用剑对着鹿台挥舞了三下，表示自己将纣诛杀。又命人将纣的尸体抬来，虽然尸体已烧得不成形，周武王还是用黄钺（黄铜制作，为天子专用的一种兵器）砍下商纣的头，悬挂在大白旗的竿顶，昭示商纣已被诛杀。妲己和有莘氏的美女都已自杀，周武王也斩其头，悬挂在小白旗上。于是，武王率师迅速占领商都，商王朝至此灭亡。

武王灭商，是我国古代史中的一件大事，但是记载此事的文献资料很少，一些问题还不能一下弄清楚。武王灭纣的时间就一直是学者研究的一个问题。我国古代史上有确切历史年代的记载，是从西周王朝共和元年，即公元前 841 年开始的。至于武王伐纣的历史年代，都是根据有关记载推算出来的，因为各人根据不同，推算出来的年代也就不同，根据目前所知，国内外学者推算的年代就有二十多种说法，前后相差一百年。目前一般的著述中都采用公元前1027年为武王灭商的年代。也就是西周王朝建立的年代。近年来，有一种独特的看法认为，《淮南子·兵略训》曾说："武王伐纣，东面而迎岁，至汜而水，彗星出而授殷人其柄。"意思是武王伐纣时，岁星(即木星)出现在东方的天空，同时还有彗星出现，头向着东方。根据公元1910年哈雷彗星的出现和它回归地球的周期时间，逆推40次回归过近日点，发现在公元前1057年，哈雷彗星正好回归地球，其天象也恰好与《淮南子·兵略训》的记载相符合。所以武王伐纣的年代应是公元前1057年。这一种看法正被越来越多的学者接受。古书中记载伐纣灭商是商的正月(周的二月)甲子日。对于具体的日期，甲子日，《尚书·牧誓》说"时甲子昧爽"，《逸周书·世俘解》说"甲子朝"。由于对这两篇古书的成书年代学者有不同看法，因此对甲子日的具体时间产生了疑问。1976年，在陕西临潼零口乡发现了西周早期的青铜器——利簋，上面有铭云："珷征商，唯甲子朝，岁，鼎、克。昏夙有商。辛未王在阑自，赐右史利金，用作旃公宝尊彝。"铭文记载周武王在甲子日早晨灭了商，因一个叫利的右史有建议之功，甲子后八天，武王在阑师这个地方赏赐给利以金(青铜)。右史利感到很光荣，就铸了这个簋来作纪念。由于利簋的发现，证明古书中记载的武王伐纣是甲子日早上开始的可靠性。

安邦治国，巩固胜利成果

周武王占领商都朝歌的第二天，就在朝歌郊外设立了祭坛，举行了隆重的祭祀典礼。典礼上，勇士们肩扛名为“九流云罕”的大旗为前导，武王弟弟叔振铎、周公旦手持大钺，毕公手持小钺，夹辅在武王的左右。散宜生、太颠、闳夭执剑护卫武王。其场面盛大，气氛热烈。典礼开始，先是卜官尹佚宣读策书祝文以祭社，再次批判商纣的罪行。读罢策书祝文后，武王再拜稽首，当众宣告：“周革去殷的命，政权更迭，我受天命来管理天下。”这个仪式为新生的周政权大造“革命”舆论，使天下人承认周武王为天下共主，自此开始了西周王朝的历史。

周武王顺应历史潮流，灭掉了商王朝，建立起周政权。灭商以后，摆在他面前的一个严重问题，就是如何对这样大的一片国土进行统治。周原是殷属下西方的一个小国，武王能以一个“小邦周”而迅速地灭亡了“大邑商”，本来就有些出人意料之外，如果商军主力不放在东夷地区，则周灭商也不会这样快。所以古书中说：“纣克东夷，而陨其身。”（《左传》昭公十一年）也就是说，纣将东夷诸族征服，结果造成了自身灭亡。商王朝是一个具有较高文明的奴隶制大国，人数比周族多得多。大批的商遗民痛恨暴君商纣，但是灭其国，就会引起民族仇恨。此外，在周初的疆域中还散布着许多民族和氏族，如有夏、舜、尧、太昊、祝融、少昊、颛顼、黄帝等古老氏族的后裔。另外还有比这些“诸夏”族经济、文化都为落后的“戎”、“狄”、“蛮”、“夷”等族。当时，对周王朝统治威胁最大的是东方，因为东方是殷人长期经营的地方，与周族为敌的不仅有殷人，还有嬴姓氏族；东南的徐戎、淮夷、荆蛮和东北方面的无终、北戎、山戎也是周的劲敌。这些闹得周武王夜不能寐，忧心忡忡。在这样的情况下，周武王同重臣们商讨如何处置刚刚失败而并不甘心的殷民，怎样控制刚刚取得的辽阔疆土，以巩固新建立的周政权。姜太公主张把殷民全部杀掉，以绝后患；召公则主张杀有罪，赦无辜，区别对待；周公提出了以殷治殷，分而治之的办法。

周武王采纳了周公的办法，对殷民进行安抚，以稳定天下的形势。首先，为了便于统治，武王采取种族奴隶制的统治政策，即把大部分殷民变为周的奴隶，连原来殷族的盟族也成为周族的奴隶，而原有的殷的奴隶则成为奴隶的奴隶；但既不打乱殷族原有的社会组织，又保留殷民的某些利益，使他们占有原来的上地和房屋，保留一定的社会地位。利用归附西周的殷民首领，来统治广大殷民。这些政策既能减少殷民的敌对情绪，又有利于周贵族的统治。

当时，由于商刚刚灭亡，原来商王畿地区尚不稳定，武王没有把王畿占为己有，而是宣布封纣的儿子武庚（名禄父）为殷侯，继续留在商都管理殷民，让他祭祀殷的祖先，保证香火不断。后来，为了防止殷民反叛，又把商的王畿分为邶（亦作鄁、北，当今易水涞水流域）、鄘（亦称东）、卫（亦称殷）三个封区，分别由自己的弟弟管叔、蔡叔、霍叔带领重兵，就地监视武庚，称为“三监”。显然，在当时的历史条件下，没有比这更高明的办法了。周灭殷，是小国对大国的胜利，这胜利固然已来之不易，但要以小国统治大国更加困难。周武王不杀武庚，放他一条生路，封以地盘，让他继续统治商王畿内的殷民。表面上看是让武庚奉守先祀，不绝殷后，实际上这只是一种稳定形势的临时措施，因为周当时尚无力直接统治新征服的广大地区。这并不是史书上所说的周武王有什么仁慈之心，而是一种不得不采取的措施。这正是周武王在政治上的高明之处。尽管如此，周武王死后不久，武庚就急不可耐地拉拢管叔、蔡叔，又联合了嬴姓的徐、奄、盈以及熊、薄姑等东方氏族、邦国，发动了反周叛乱。周公旦协调了统治阶级的内部矛盾后，东征三年，才把这场大乱平定下来，周的统治才转危为安。这不过是后话而已。

紧接着为了安抚民心，周武王又释放囚犯，赈济贫民，命令召公去监狱释放被纣王囚禁的箕子，命令毕公把百姓（原商自由民）从大牢里放出，并且到深得民心的商朝贤臣商容的闾里进行表彰，派人整修了比干的坟墓。武王又命令南宫括把鹿台的财物和巨桥的粮食散发给老弱贫民。这一系列措施，使原纣王统治下的殷民得到了某种程度的解放，这样商遗民才安定下来。

周武王还对在灭殷大业中做出贡献的姬姓亲戚和元老功臣进行大分封。关于周的分封，旧史皆以为始于武王克殷以后，其实文王向东扩张时，就已开始分封，武王克商后，继续实行文王时始创的分封制。《尚书》有《分器》篇，《书序》云："武王既胜殷，邦诸侯，班宗彝，作《分器》。"《史记·周本纪》有类似的记载："封诸侯，班赐宗彝，作《分殷之器物》。"可惜《分器》篇已亡佚，武王到底封了哪些诸侯，分给什么彝器，已无法全知。据《史记·周本纪》记载，武王时分封的规模很大，他封神农之后于焦（今安徽亳州），封黄帝之后于祝（又称铸，今山东泰安西南），封尧之后于蓟（今北京附近），封舜之后于陈（今河南淮阳），封禹之后于杞（今河南杞县）；与周人有联盟和婚姻关系的姜姓氏族领袖姜太公也因辅佐武王灭商有功而封于营丘（今山东临淄北），建立齐国。周公旦则封在东方的曲阜，建立鲁国。因周公留在京师辅佐武王，由长子伯禽就位曲阜统治鲁国。召公奭封于燕（今北京），另外两个弟弟叔鲜封于管（今河南郑州）、叔度封于蔡（今河南上蔡）。其他还分封了一些诸侯。分封制度是上级奴隶主根据宗法血缘关系的尊卑、亲疏和功劳的大小，分割土地、俘虏和政权，给予下级奴隶主的制度。周武王的分封，使周初严峻的政治形势得到了暂时的安定，更重要的是它为以后周政权的稳固奠定了初步基础。分封制在当时条件下，起了一定的进步作用，为西周初年的政治、经济发展提供了安定的环境。

周武王还曾设想营建洛邑（今河南洛阳王城）。《左传》桓公二年说："武王克商，迁九鼎于洛邑。”就是说武王灭商以后，将商都中保存的象征国家政权的镇国之宝、夏禹时所铸的青铜九鼎迁到了洛邑。这一意图很明显是发展洛邑为周的新都。《逸周书·度邑》有一段文字，被司马迁采入《史记·殷本纪》，更明显地提到武王因考虑巩固政权问题，终日睡不着觉，遂与周公旦讨论在洛邑建都。武王讲了一通商朝灭亡的教训之后，对周公说：“我现在苦苦思索的是，要按上天的意旨，建立一座新都城，把那些殷人大族安置在附近，向他们宣布命令，让他们遵守；监督他们，发现坏人，要像对付殷纣那样处罚他。”又说：“我在殷都就留心观察，南边到伊水尽头，北面到太行山麓，只有伊洛一带，地段平坦，曾是夏族居住的地方，在那儿建造新都最合适。”这些设想是武王在返回镐京的路上构思的。周由老根据地岐而经文王迁丰、武王迁镐，重心步步东移，在当时显然是夺取政权的需要。而武王夺取政权之后，又进一步计划迁都洛邑，则是为了便于对新拥有的东部广大地区实行统治。周武王的这个夙愿，由于客观条件的限制，到周公东征以后才得以实现。周公营建东都洛邑，驻兵八师，称为成周，将不甘心失败的殷“顽民”迁到成周周围居住，派兵监视，以威吓和劝诱的方法，制服了殷“顽民”。周公营成周为东都，对进一步巩固周统治起了重要作用，后来周人并未迁都成周，直至幽王时，整个西周二百五十七年，周的正式国都仍然是镐。但成周经周公时营造，成为东方重镇，使周人对东部的统治有了强大的据点。周平王时才正式迁都洛邑。

周武王返回镐京，但东方殷“顽民”及其盟族的残余势力并未彻底屈服，反抗周族统治的活动不断发生，使武王提心吊胆，夜不能寐。他制定了许多雄心勃勃的安邦治国的计划，但是，他未来得及实施这些计划，就病倒了。周公见此即设坛向祖宗神灵祷告，请求以自身代替武王病死，并将写有祷词的策书藏在金縢匮（即用金属包起来的柜）中，不准任何人将此事传出。武王的病好转了一段时间，在灭商后的第二年终于病死了，儿子诵继立，是为成王。成王即位时年纪尚小，还是个不懂世事的孩子，新生的周政权面临着严峻的考验。武王弟周公旦毅然站出来摄理朝政，协助成王完成了武王的未竟事业，使西周政权最终得以稳固。

周武王继承其父文王的遗志，一举灭商，开创了有周一代五百余年的江山。《史记·周本纪》说："武王克商，成王定之，康王息民。"这就是说，周人夺取全国政权是武王一手实现的，他所建立的政权虽未改变阶级属性，但以较进步的新王朝代替腐朽的旧王朝，有利于社会发展。周武王功不可没，往往同文王相提并论，被后人称颂。

武王伐纣是一场得人心的正义战争。武王的成功，首先是基于周族经过几代的努力所打下的雄厚的物质基础，尤其是文王所做的奠基工作；其次是由于商纣王的残暴荒淫，各种矛盾激化，"前徒倒戈"正是商矛盾激化的结果；但最关键的原因乃是武王的雄才大略和气魄。他继位后，顺应历史发展趋势，下定决心，要举兵成大业。但他并不莽撞，而是不失时机地通过对商的了解，做出正确的判断，稳扎稳打，最后一举成功。这表现出武王不凡的政治军事才能。

武王克商后，根据周族自身的实力和商遗民的具体情况，首先着眼于安邦治国的大计，采取一系列措施，安抚殷遗民，使周政权得以初步巩固。周武王不愧为继文王之后，周历史上有重大贡献的一位政治家。

杨有礼　文

拥嫡为王　迁都失势——周平王姬宜臼

周平王，名宜臼，一作宜咎(前？—前720年)，周幽王之子，继幽王而立，东周第一代国王，公元前770—前720年在位，病死于洛邑(今河南洛阳)，葬于平丘(今河南太康)。

失意太子　幸运国君

姬宜臼是周幽王后申后的儿子。周幽王在位之时，宜臼已经长大成人，并且被名正言顺地立为太子。但他生不逢时，很快又被废黜。

周幽王继立时，政局不稳，天灾人祸交相袭来。史载幽王二年（前 780 年），周王朝京都所在的关中一带发生强烈地震，从岐山发源的泾水、渭水、洛水三条河水断流，一起干涸了，周民族的发祥地岐山也崩溃了，其严重程度正如《诗经·小雅·十月之交》所说“百川沸腾，山冢萃崩，高岸为谷，深谷为陵”。与此同时，旱灾也在全国发生。这些使得当时农业受到严重损害，从而给人民带来了严重饥荒，人民流离失所，生产凋敝，国力衰竭。面对严峻的形势，周幽王不仅没有采取任何补救措施，还任用虢石父为卿，此人善谀好利，盘剥百姓，激化了阶级矛盾，促使王朝统治进一步发生危机。

周幽王是历史上有名的昏君。他生活淫侈，沉湎于声色犬马中不能自拔。据说他宠爱褒姒，为博得褒姒一笑竟将军国大事视作儿戏。

幽王的宠妃褒姒，原是一个无家的孤儿，是被褒国的人作为赎罪的奴隶献进幽王的后宫的。她在幽王的后宫里，也和其他众多的女奴隶一样，开始一点也不引人注意，后来被好色贪欢的幽王偶然发现，于是这朵幽谷的娇花，便被引升上了青云。可是，褒姒对于这些富贵繁华和一个陌生男人的宠爱，并不觉得有什么快乐，所以，她总是闷闷不乐。然而看惯了一般女人谄笑和巴结的幽王，见了这个美艳无双而又不苟言笑的女人，倒觉得韵味不同寻常，对她愈加宠爱。不久，褒姒替幽王生了一个儿子，名叫伯服。

幽王宠爱褒姒，就打算废掉申后，而立爱妃褒姒为王后。这时，褒姒向幽王哭诉说:“如今废掉申后,日后太子宜臼继承王位,一定要为母雪耻,到那时我们母子就没命了。”幽王一听,立刻答应杀掉太子宜臼。

据说有一天,宜臼在花园里游玩,幽王半开玩笑半认真地将笼子里的猛虎放出,打算让猛虎去将宜臼咬死。宜臼很有胆量,赶紧站定脚跟,圆睁着一双眼睛,注视着猛虎的一举一动。当猛虎向他扑过来时,他非但不惊慌逃避,反而迎上前去,冷不防向着老虎大吼一声。这姿态和驯虎员驯虎时的姿态大约有几分相同。吓得张牙舞爪的老虎吃了一惊,后退几步,把一对耳朵贴向脑门后,乖乖地伏在地上不敢动了。周幽王也在一旁看呆了,他想借老虎杀掉宜臼的目的才算是没有得逞。宜臼知道这是父王存心暗害自己,就找母亲申后想办法逃避灾祸。幽王见杀太子宜臼不成,就公开宣布废掉申后和太子宜臼,改立褒姒为王后,伯服为太子。宜臼和母亲申后被迫暗自逃出都城,投奔外祖父申侯。

周王朝的太史伯阳见幽王废立王位继承人,随意行事,如此草率,必将遗祸无穷,感叹说:“祸乱已酿成,无法挽回了!”

褒氏生来不好笑,未置宜臼于死地,更是不高兴,幽王千方百计总想让她高兴发笑,但终不能如愿。有人献计:开个“烽火戏诸侯”的玩笑。

“烽火”是我国古代军事上使用的一种警报信号。在国都四周城外,每隔一定距离修一座高台,遥遥相望。一旦有敌人来侵犯,就立即将柴草燃烧起来,白日举烟,夜间举火,驻扎在京师周围的诸侯望见“烽火”,就会急速出兵“勤王”。若见“烽火”举起,不来保卫的,国王就会兴师问罪。所以“烽火”这种警报信号是国家军事上一种很严肃、很重要的军事设施。

幽王昏庸,不计后果,遂听信此计。在侍卫宫嫔簇拥下,幽王与褒姒携手登上烽火台,他命令守台士兵举火击鼓,霎时烽烟腾空而起,鼓声震天,四方诸侯望见烽烟,急忙整顿兵马战车,向京师赶来,但只见幽王和褒姒在高台上饮酒作乐,悠然自得,并无敌寇踪影,诸侯们知道被诳,只得愤愤离去。褒姒看到一支支受骗而来的人马,禁不住莞尔一笑。幽王大喜,重赏献计人千金。这虽然博得了褒姒的笑声，却失信于天下的诸侯。

幽王六年（前775年），周幽王又命伯士率军征伐六济之戎，结果大败而归，《诗经·大雅·召曼》谓之“日蹙百里”。

太子宜臼出奔到申国，褒氏认为终是后患，于是劝幽王杀死宜臼，幽王就派人到申国追捕。申侯是一个很有势力的诸侯，又是宜臼的外祖父，怎肯将宜臼交出让人杀害呢？幽王见申侯拒不交出宜臼，大怒，于幽王十一年（前771年）春，与诸侯会盟，打算秋九月讨伐申国，并下令废去申侯的爵位。申侯闻报乃抢先下手，先发制人，一方面联合缯侯一同起兵，一面向西方犬戎等部求援，许以攻破镐京之后，珍宝、财物任其掠取。三路人马合为一处，直攻京师而来，一路势如破竹。

幽王闻知，大惊失色，急忙命令烽火台，点燃烽烟。哪知道诸侯因上次受了愚弄，再也没人带兵来“勤王”了。镐京守兵本就怨恨幽王昏庸，也都不愿效命，大都逃散。周幽王见势不妙，遂带着褒姒、伯服及众嫔妃、亲信仓皇向东逃跑，行至骊山（今陕西临潼东南）脚下，被申侯与犬戎兵赶上，幽王与伯服都被杀死，褒姒被犬戎掳去。犬戎兵在京师大肆掠夺珍宝财物，满载而归，又放火将周的宫阙楼台烧得残破不堪，一座座辉煌壮丽的王宫化为焦土，繁华富庶的京师王畿变成荒墟之地。百官富户家家遭到洗劫，平民百姓也都四下逃散。至此，建国两百余年的西周王朝结束了。

被周幽王废掉的太子宜臼，在申侯及鲁孝公、许文公的拥戴下，正式即王位，是为周平王。

平王东迁　王室衰微

周平王即位时，面临着极其严重的形势，且最为都城一事发愁。由于幽王的暴政和严重的天灾，关中地区经济遭到破坏，人口减少。再加上犬戎攻破王都镐京，不但大肆掠夺财物，还捣毁宫室。丰、镐旧都出现了空前的荒凉、萧条、残破的景象，根本不能再以镐京为都城。犬戎势力虽已退出镐京，但仍占据渭水流域，整个镐京处于犬戎包围之中。而周的军队已崩溃，周平王手下已没有什么力量，能同戎人抗衡。鉴于他父亲幽王被杀的教训，周平王也不敢再以镐京为都，此时他想到了成周。过去武王克周，迁九鼎于洛邑，已有营建成周的设想，周公东征后营造成周，使它成为东方重镇。这里是作为都城的理想地方。但是，平王没有力量搬迁，只有求助于诸侯。于是，在晋、郑、秦等诸侯的保护下，平王将镐京旧都中被犬戎劫余的器物，连同一些王室贵族，迁移到成周，史称“平王东迁”。这一年是公元前770年，东周时代就此开始。

周平王东迁后，西边的土地并没有完全丧失，还有一些贵族没有随着迁移。诸侯虢公翰拥立幽王的另一个儿子余臣，在携地即位为王，称为“携王”。携地今不可考，当在关中。携王的拥立，是西都旧臣对诸侯拥立平王的抵制。这样，在周幽王死后，周朝出现了两个王，形成了二王并立的政局。

西边的携王，虽有留在西部的贵族支持，但力量不大。在西部被犬戎攻占后，经济已残破，而大片土地又被戎人占去。更重要的是携王本非嫡子，得不到众诸侯的支持。而周平王宜臼原本是幽王的太子，后幽王废掉他另立褒姒所生的伯服为太子，伯服在犬戎的进攻中又同幽王一道被杀死，宜臼也就成了理所当然的王位继承人，所以能得到诸侯的支持。就是地处西陲的秦国，也不支持携王而拥戴平王。周平王决定将国都迁往洛邑时，秦襄公率领秦兵参加了护送队伍，因此被封为“诸侯”，平王把岐以西之地赐给秦，并准许与其他诸侯通聘享之礼。这就是《史记·秦本纪》中所说的：“周避犬戎之难，东徙洛邑，襄公以兵送周平王，平王封襄公为诸侯。”东方诸侯国除申、鲁、许直接拥立平王之外，还有晋、郑等国支持。《左传》隐公六年周桓公就曾说，“我周之东迁，晋、郑焉（是）依”。西部的一些贵族，也有支持平王的。《左传》僖公五年周王室大臣伯舆的家臣说：“昔平王东迁，吾七姓从王，牲用具备，王赖之。”诸侯支持当立的平王，而不支持不当立而立的携王，所以携王的失败，就是必然的了。

周平王二十一年（前750年，或说晋文侯二十一年，即前760年），晋文侯攻杀携王，结束了二王并立的局面。所以《国语·郑语》说：“晋文侯于是乎定天子。”晋文侯的功劳如此之大，周平王对晋文侯大加褒奖。平王乃赐晋文侯秬鬯圭瓒，并作《文侯之命》，来纪念他的功绩。《尚书》中的《文侯之命》，就是周平王对晋文侯的策命书。

携王被杀，周平王之位确立，周王室重归于统一，但东迁后的周王室已元气大伤，一天天衰微下去。

周平王东迁后，周王室统治的地区不断缩小，原来周天子王畿的幅员比各诸侯辽阔得多。所谓“王畿千里，诸侯方百里”的说法虽不可靠，然而周天子的王畿比诸侯大得多，是完全有历史证明的。当时，周天子统治着陕西的绝大部分，而且到达洛阳以东黄河南北，如果把潼关以东的土地面积和潼关以西的土地面积相比，那潼关以东的面积小得多。平王东迁后，王室直接控制的王畿面积比过去缩小了一大半，只拥有东方以成周为中心的方六百里之地。由于岐山地区被戎狄部族所占，平王东迁后，把岐以西之地赐给有功的秦。平王在封秦襄公为诸侯的时候，说得很清楚：“戎无道，侵伐我丰岐之地，秦能逐戎，即有其地。”（《史记·秦本纪》）就是说，秦能将戎人从这里赶走，就可在此建国，秦打到哪里，哪里就归秦所有。不久，岐山以西地区为秦攻占，秦国从此开始发展起来。秦国赶走戎人后，曾将关中岐山以东土地，献给了周王室，名义上还属王室的产业。平王曾因外祖父申侯拥立自己有功，便也赐予申侯以封地，并派自己畿内的百姓去戍守。平王时，已地窄人寡，与方圆数千里的大诸侯国相比，只相当于一个中等诸侯国而已。即使这种境况，周平王的子孙也不能维持下去，后来只能算是小诸侯。

平王时王室土地缩小，收入锐减，财力穷困。王室的经济收入远远不如一个诸侯了。到周平王死去时，继位的桓王无力置办丧葬用品，只好派人向鲁国索求。由此可见，平王时经济力量已很衰弱。

军事力量方面，以前王室拥有六军，平王东迁后，由于土地面积缩小，兵源减少，无力养兵，日益失去军事力量，开始还能凑成三军，以后甚至不足一军，其军事力量远不如各地诸侯。

平王东迁后，天子权威跌落，地位下降。西周时，周天子是“天下共主”，东迁之后，“天下共主”名存实亡。西周时，天子要定期到全国各地视察，以考核诸侯的政绩，称为“巡狩”。诸侯定期要到王都朝见周天子，称为“述职”。东迁以后，平王就再没有进行过“巡狩”礼，诸侯也不朝见天子了。

晋文侯和郑武公帮助平王东迁洛邑，作为平王左右卿士，掌握了王室的政治大权。郑武公灭虢、郐，拓疆于东方，遂迁至洧溱，号新郑。郑武公死，其子庄公寤生立，继续作为平王卿士，独揽王室大权，竟然打起“以王命讨不庭”（《左传》隐公十年）的旗帜，联合齐、鲁，攻打宋、卫，制服陈、蔡，打败北戎。周平王为了削弱郑的力量，想分政于虢，任虢公忌父为右卿士，由郑庄公任左卿士。这事被郑庄公探听到，他立即去质问周平王。作为天子的周平王只能矢口否认，郑庄公却因此怨平王，平王怕得罪郑庄公，只好提出让太子姬狐去郑国作人质。因这太有损天子的体面，群臣又提出了相互交换人质的办法，让郑庄公的儿子忽也来洛邑作人质，而周太子去郑国则用学习的名义。此即《左传》隐公元年所说的“周郑交质”。从这一史实可知，平王东迁后，王室权威落地，平王名为天子，实际上要看大诸侯的脸色行事。后来，郑庄公在周平王死后不久，就去抢割周王室温地（今河南温县）的麦子，同年秋天又去抢劫成周的谷子，以给新即位的周桓王一个下马威。当周桓王率领王室军队和卫国、陈国、蔡国的军队去讨伐郑庄公时，郑庄公公然以军队对王师，并射伤周桓王。对于这一称为“大逆不道”的行为，当时并未有一个诸侯国站出来表示谴责郑庄公而支持周天子。周天子威风扫地。

与平王王室衰微相对照的是，一些诸侯国随着地方经济的发展，则日益强大。他们先后僭用天子礼乐，扩大军队，吞并弱国，争夺霸权。周王室从此也就堕于诸侯羽翼之下了。正如《史记·周本纪》所说：“平王之时，周室衰微，诸侯强并弱，齐、楚、秦、晋始大，政由方伯。”

周平王五十一年（前720年），平王宜臼病死，太子泄父早死，太孙林立，是为桓王。

周平王宜臼生活在西周与东周交替的时代。在其父幽王的统治时，原被立为太子，后因幽王宠爱褒姒而被废黜，并险遭暗害。犬戎大破镐京，幽王被杀，他受申、鲁、许等部分诸侯拥戴，才得以即位。平王的即位，完全是依靠诸侯的力量，天子礼乐征伐大权必然要落入诸侯的手中。平王只是一个名存实亡的共主。

平王一生中做的最大一件事就是迁都洛邑。平王东迁并不是平王无故放弃千里王畿，而是不得已而为之。当时镐京残破，已不能为都，戎狄进逼，平王也不敢以镐京为都。东迁以后，从周王朝的角度看，仍然是姬姓的天下，周平王是继西周最后一位国君的位，只是国都迁到成周。在形式上，好像是西周王朝的继续，实质上却是两个不同的时代。东迁后，周王室衰弱，只有“天下共主”的名义而已。

杨有礼　文

千古一帝　雄哉哀哉——秦始皇嬴政

在历史的长河中，五十年尚不及弹指瞬间，然而他有生五十年，却编、导、演出了一幕幕正剧、喜剧、悲剧，乃至闹剧，有彪炳千秋的业绩、有威武酷烈的战争、有纵横捭阖的外交活动、有刀光剑影的宫廷政变、有敲骨吸髓的榨取、有严刑峻法的压迫、有家破人亡的悲歌、有奋起抗争的怒号……两千多年来，他的是非功罪评说不一，他留下的一个个历史之谜聚讼纷纭，他下令修筑的万里长城，成为中华民族精神的象征，他陵墓旁捍卫亡灵的禁卫军——兵马俑，被称为世界第八大奇迹。他，就是秦始皇！

邯郸出生　艰辛童年

秦始皇的先世，始于传说中的女修。她是东方某地的一个纺织姑娘，因误食了一枚玄鸟(燕子)蛋，怀孕后生下一子，取名大业。大业的后代有一个叫伯益的，与舜同时代，协助禹治水，为舜驯服鸟兽，主持畜牧，被舜赐姓嬴氏。经夏而商，女修后代的一支辗转迁徙，由西而东，来到了神州大地的黄土高坡，在那里繁衍生息。西周中叶，嬴氏又出了一位畜牧专家——非子，周孝王封他为“附庸”，准他在秦(今甘肃清水县)筑城邑，号称“秦嬴”。西周末年周幽王被犬戎所杀，周平王被迫东迁洛邑，危难中秦襄公护驾有功，被封为诸侯，平王把岐以西已被犬戎所据的地方赏赐给他为“封地”。

春秋时期，秦致力于在西方的发展，到文公时拥有了全部西周故地。公元前 7 世纪中叶的穆公，史称“春秋五霸”之一。他全力经营西方，“益国十二，开地千里，遂霸西戎”，在中华大地的西部实现了局部统一。不过，这时的秦国尚被中原诸侯拒于盟会的大门之外。

进入战国时期，山东六国或先或后、程度不同地进行了地主阶级改革性质的变法，秦献公也进行了一些社会政治改革，缩小同中原国家的差距。公元前 360 年，秦孝公即位，他痛心疾首于“诸侯卑秦，丑莫大焉”的屈辱地位，决心深化献公的改革。他深知变法图强，人才为先，于是下令求贤，一时各国贤才云集咸阳。孝公重用来自卫国的商鞅实行变法。商鞅变法比之山东六国的变法是一场更全面、更深刻的地主阶级改革，它迅速改变了秦国贫穷落后的面貌，从此秦以强国姿态驰骋于历史舞台。贾谊在《过秦论》中说秦始皇“续六世之余烈”，“六世”即是以孝公为首来计算的，贾谊充分肯定孝公奠定了秦统一六国基础的历史地位。孝公之后的五世是惠文王、武王、昭襄王、孝文王、庄襄王。昭襄王是秦始皇的曾祖父。

秦昭襄王四十八年(前259年),后来称始皇的嬴政在赵国邯郸出生了,因生于正月故取名为正,史书中多写为政,又称赵政,是因秦与赵同祖,故姓赵氏。他的父亲异人,是昭襄王的孙子,孝文王的中子。异人既是秦国的王孙,其子为何又在邯郸出生呢?原来异人是以质子的身份居留在赵国的。春秋战国时期,质子是用于外交的一种手段,出质或是为了求和;或是为了乞援;或是为了瓦解他国的联盟,以出质表示亲善,使结盟的一方背约于对方;或为暂时不想大动干戈而派出质子以缓和关系于一时。昭襄王采纳范雎"远交近攻"之策,韩、赵、魏是第一批打击目标,韩又是主攻矛头所指,异人就是在这种形势下出质于赵的。质子的身份本来就不高,异人出质的背景使他绝不会受到赵王的礼遇。异人的生母夏姬得不到太子安国君(日后的孝文王)的宠爱,子以母贱,异人正是在国内受不到重视,才会被派到两国交恶的赵国去的。从国内他不可能得到什么接济,因此他在赵"车乘进用不饶,居处困",衣食住行都很寒酸。他在赵期间,秦多次攻赵,作为质子,他的处境很危险,成天提心吊胆。他每当想起那些同父异母的兄弟在国内养尊处优的生活,心里实在难以平静。尤其是想到自己既非长子,又是庶出,长期出质,与王位无缘,前途渺茫,心情更是愤懑苦闷。正当异人穷愁潦倒之际,突然吉星高照,他碰上了吕不韦。

吕不韦,韩国阳翟(今河南禹州)大商人,经商有道,买贱卖贵,家累千金。他往来各国从事商业活动,洞悉各国统治集团内部和各国之间的政治风云,使他不仅具有生意人工于算计的精明和狡诈,而且历练出政治家高瞻远瞩的见识和胆略。一次,他与父亲同来赵国时,偶然见到了异人,立刻敏锐地意识到这个落魄王孙"奇货可居"。回到住处,他与父亲进行了一番意味深长的探讨:耕田获利是十倍,赎卖珠宝获利是百倍,而立一国之君获利将是无数。于是他决计在异人身上进行一次赢利"无数"的政治投机。

吕不韦找到异人，对他说：秦王年老了，我听说太子安国君最宠爱华阳夫人，能够左右太子立继承人的，唯有华阳夫人；你兄弟二十余人，你是中子，一向失宠，长期出质于外，即使大王去世，安国君继立，你也没有与长子和久居国内、旦暮围着父亲转的诸子一争高下的优势。接着他表示愿意拿出千金来，一部分供异人广结亲朋宾客，改塑形象，提高威望；一部分购买奇珍异宝，自己带到秦国去为游说打通关节。异人听后大喜，当即顿首致谢，并许诺如果日后得到王位，“请得分秦国与君共之”。

吕不韦入秦后，走的是裙带路线，对华阳夫人的弟弟和姐姐贿以珍宝，晓以利害。他针对华阳夫人的弟弟阳泉君生怕失去荣华富贵的心理，对他说：你拥有的一切，都是仰仗于华阳夫人，而她无子，一旦安国君去世，长子傒登上王位，华阳夫人必然失势，你就危若累卵，性命堪虞了。阳泉忙向他求计。吕不韦说，现在在赵为质子的异人极欲回国，情愿做华阳夫人的儿子，华阳夫人若认他为子，立为嫡嗣，将来由他继承王位，这样一来异人无国而有国，夫人无子而有子，“终不失势”。在华阳夫人的姐姐那里，吕不韦则是要她根据女人的心理向妹妹进言：以容貌取悦于人，年老色衰爱弛。如今你深得太子宠爱，但是无子，应该在诸子中选一个既贤且孝的认作儿子，趁自己在太子跟前还说得起话的时候，请求太子立他为继承人，这样纵然丈夫死了，儿子为王，你终身可享尊荣，将永不失宠于秦。吕不韦力荐异人是最佳人选。华阳夫人经弟弟和姐姐双管齐下的游说，加之得到吕不韦以异人名义进献的奇宝珍玩，于是对安国君大吹枕边风，安国君终于立异人为继承人。

长平之战后，秦继续进攻，后临邯郸城下。赵王欲杀异人，异人在吕不韦的帮助下，以重金买通守城官兵，仓皇逃出邯郸。回到秦国的异人依吕不韦之计，穿上楚国的服装，去拜见出生于楚国的华阳夫人。华阳夫人大为感动，对异人怜爱有加，改其名为子楚。

子楚脱离穷愁潦倒的困境，走向秦国权力顶峰的期间，他的儿子嬴政在邯郸出世，并度过了童年。嬴政的母亲是在长平大战那年（前 260 年）嫁给异人的。关于她的出身，一说是“赵家豪女”，另一说则富有浪漫色彩，说她是吕不韦家的歌姬，一日异人到吕府饮宴，被她的色艺所倾倒，吕不韦既已在异人身上投下大笔赌注，又何惜一个美女呢，公元前 259 年嬴政出生。这个孩子全然不像他容貌姣好、歌喉婉转的母亲，他长着饱满的天庭，一张大大的“虎口”，一对眼球突出的“马目”，鼻子高高隆起，挺着“鸷鸟膺”——鸡胸，而且声音嘶哑似豺声。他和母亲相依为命，度过了一段一生中最为艰辛的日子，因此他对母亲怀有特殊的感情。嬴政出生后，父亲正为改变自己的命运而奔忙，幼小的他没有得到父亲的关爱，反而饱受父亲的牵连，在没有安全感中战战兢兢地度过了童年。父亲逃离赵国后，留在邯郸的他和母亲朝不保夕，东躲西藏，在他的周围是长平大战被秦坑杀的四十万冤魂的亲属们充满怨恨和敌意的目光。这段艰辛的童年生活，给他幼小的心灵留下永远的伤痕，给他的性格打上深深的烙印：冷酷、偏狭、多疑、残忍、贪于权势，强烈的报复心等，当然还有坚毅、刚强、勇往直前的精神。

昭襄王在位五十六年，于公元前 251 年去世。五十岁的太子安国君继位，是为孝文王，子楚立为太子。这时赵孝成王派人护送已经九岁的嬴政和他的母亲回到秦国。次年，正式即王位仅三天的孝文王去世，子楚即位，是为庄襄王。

王冠带剑　翦除政敌

秦庄襄王即位，华阳夫人为太后，庄襄王信守诺言，以吕不韦为丞相，封文信侯，食河南洛阳十万户。

庄襄王在位三年，公元前247年去世，嬴政登上王位。十三岁的稚嫩之肩难以承担一国之君的重担，他并未掌管国政，庄襄王临终前将年幼的儿子托付给吕不韦。现为太后的秦王政之母与吕不韦早在邯郸时关系即非同寻常，对吕不韦自然信赖有加，国家大事都委托给他，尊为相国，秦王政称他为“仲父”。吕不韦是一个有才智、有胆略、有野心的政治家。早在庄襄王时，他率军诛灭东周国君，延续八百多年的姬姓周王朝，由他画上了结束的句号。秦王政即位后，他征讨三晋，为秦扩张了大片土地，而且派将军蒙骜平定秦王之弟成蟜的反叛，稳定了政局。在功劳累增的同时，他的财富与权力也不断地扩大，除原受封的洛阳十万户外，又增加了新的食邑，拥有家僮万人，食客三千，以至于诸侯国只知秦有“仲父”，而不知还有秦王。他又让门客中的士人根据他的要求，编写了一部二十多万字的《吕氏春秋》，其主旨是为秦设计出一幅统一封建王朝的政治蓝图。书成后公布在咸阳市门，宣称有能增损一字者予以千金。“一字千金”的成语即出于此。

威胁到年轻秦王地位的另一人是嫪毐(làoǎi)。嫪毐，赵人，后到秦投靠吕不韦。吕不韦将他冒充宦者领进后宫，深得美貌风流、年轻新寡的太后宠幸，“太后所至，毐常从”，几乎是形影不离。凭借与太后的特殊关系，毐得封为长信侯，以山阳为封地，后来又赐太原郡为封地，拥有家僮数千，宾客千余，宫室、车马、服饰、苑囿任其所求，“事无大小，皆决于毐”，可谓炙手可热。

他与太后生有两个儿子，密谋秦王死后让他们的私生子继位。这个卑污、无能、贪婪的小人，一次酒醉与人发生争吵，竟然口出狂言：我是秦王的“假父”（义父），你这穷小子胆敢与我作对！得意忘形之态溢于言表。

嫪毐后来居上，其权势的恶性膨胀必然引起与吕不韦的尖锐对立。有一魏人分析当时秦的政治格局是举国上下、大小官吏、长幼百姓都在彷徨：“与嫪氏乎？与吕氏乎？”这位分析家看到了嫪、吕势均力敌之势，但他的政治眼光还缺乏洞察力，没有看到秦国还有一股喷薄欲出的强大的政治潜力。

童年的记忆犹新，秦王深深体味过受制于人的苦涩艰危。几年的宫廷生活，耳濡目染，他又接受了钩心斗角的洗礼。岁月推移，时光流逝，秦王告别了少年时代，长成为魁梧伟岸的男子汉。因为有着极强的权势欲，他成年后再也不能容忍权力被他人侵夺。为夺回朝政大权，他逐渐在身边集聚起一批志同道合、大有作为的人才。他们中有才华出众、利欲熏心、精通法术的李斯擅长武艺、兼通书狱的蒙恬文武兼备的王翦、王贲父子还有老臣王绾、蔡泽等。以秦王为核心的这个集团，取坐山观虎斗的策略，伺机而动。

秦王政六年（前238年），二十二岁的秦王依秦制该行冠礼、带剑，以示成年，从此他应该正式亲政了。冠礼在雍（今陕西凤翔县，秦宗庙所在地）的蕲年宫举行，时间定在四月。北方春迟，四月正是暮春时节，秦王率文武百官来到雍。正当献上祭祀的太牢，焚起缭绕的香烟，奏起庄严的礼乐，行礼如仪之际，却突然传来了极不协调的干戈剑戟之声。

嫪毐知道秦王的亲政会预示着自己的末日来临，他不甘失败，先发制人，趁秦王冠礼之机，偷了御玺和太后玺印，调动军队，铤而走险，在咸阳发动武装叛变。叛军猛攻蕲年宫，年轻的秦王处变不惊，沉着镇定地调兵遣将，叛乱很快被平定了。嫪毐在逃窜中被擒，车裂而死，夷三族。死党二十余人枭首示众，牵连流放蜀地或房陵（今湖北房县）的多达四千余户。盛怒下的秦王命人将那两个无辜的私生子装入袋中摔死，把太后打入雍的冷宫，宣称母子永世不再相见。一年后有齐人茅蕉冒死对秦王进言：将母后打入冷宫，是不孝之行，“恐诸侯闻之，由此倍（背）秦也”。秦王考虑到政权的巩固，自身的形象，也许还出于曾经相依为命的母子之情，他亲自到雍把母亲迎回咸阳。

秦王雄心勃勃，天性又刚愎自用，自然难容吕不韦的专擅。更何况他们两人一个崇尚法家，要实行君主专制；另一个主张“德化”，“无为而治”，与民休息，政见立于两个极端，形同水火。正好嫪毐一案牵涉到吕不韦，提供了消灭吕氏势力的良机。但是，有谋略的秦王考虑到吕不韦不同于嫪毐，他曾有大功于秦，威望很高，有很多人为他说情开脱，在其他诸侯国又颇具影响力，并且不曾像嫪毐那样，明目张胆地发动大逆不道的武装叛乱，于是只免去其相国职位，逐出咸阳，让他回到洛阳去闲居。殊不知吕不韦自己既不甘寂寞，别人也不曾冷落他，昔日的宾客和诸侯国的使者们络绎不绝地到洛阳去，“冠盖车骑，相望于道”。秦王感到此心腹之患不除，终生变故，于秦王政十二年（前235年）赐书吕不韦，书中不顾事实，不讲良心地责问：“君何功于秦？秦封君河南，食十万户。君何亲于秦？号称‘仲父’。其与家属徙处蜀！”吕不韦得书知自己绝了生路，便饮鸩而死。秦王下令：吕氏族人皆没为奴，其子孙永不得做官。敢前去（吕不韦葬河南北芒山）哭悼的，三晋之人逐出秦国；秦国之人夺其官爵，流放房陵。至此，秦王翦除了政敌，巩固了自己的统治地位，可以一心致力于“奋六世之余烈，振长策，而御宇内”的伟大功业了。

风云际会　四海归一

秦王宫廷的刀光剑影暗淡下去，整个神州大地却仍是战云密布，战马嘶鸣。春秋的争霸，战国的兼并，至此已经持续了五百余年。汉代的刘向曾经勾勒这时的景象是“遂相吞灭，并大兼小，暴师经岁，流血满野。父子不相亲，兄弟不相安，夫妇离散，莫保其命”。人们渴望和平，把一线生的希望寄托于统一。

春秋战国以来，社会生产力有了很大的提高，经济的发展提出统一的要求。战国后期，商品经济活跃，富商大贾携带南北东西的特产往来各国做生意，吕不韦就是彼时富商的典型代表之一。可是征战不断的各国，座座城堡戒备，道道关卡林立，严重地阻碍着地区间经济的交流。那时农业的发展需要更好地利用水资源，可是同饮黄河水的齐、赵、魏却各自沿河筑堤，若遇旱涝，互相为害。更有甚者，水成了武器，楚的鄢、魏的大梁都曾遭到引水灌城之灾。统一管理水，使之为利，免其为害成了迫切需求。统一，是历史发展的大趋势。进步的思想家是时代要求的代言人，他们认为“一则治，异则乱；一则安，异则危”(《吕氏春秋·不二》)，他们发出“定于一”(《孟子·梁惠王》)的呼吁。

消灭嫪、吕两个主要政治对手后，秦王嬴政踏着统一这时代进行曲的鼓点，走向他的辉煌。嬴政从列祖列宗那里继承了大宗遗产。商鞅变法后的秦国，政治、经济、军事比之山东六国具有明显的优势。惠文王时司马错灭巴、蜀两国，天府之国的丰富资源更加充实了秦的物质力量，而且从战略地位上控制了长江上游，随时可浮江东下，对楚形成包抄之势。后来又取得楚的汉中和召陵，把关中和巴蜀连成了一片。昭襄王时多次发兵东进，进行了规模空前的长平大战，赵国元气大伤，对秦的东进很有利。秦兵锋所向，魏、韩不断丧城失地，齐、燕虽有三晋为缓冲，也是岌岌可危。嬴政即位时，祖宗为他创下的基业如著名策士苏秦所云："西有巴、蜀、汉中之利，北有胡貉、代马之用，南有巫山、黔中之限，东有殽、函之固。田肥美，民殷富，战车万乘，奋击百万，沃野千里，蓄积饶多，地势形便，此所谓天府，天下之雄国也。"(《战国策·秦策》)亲政后的秦王，成了"天下之雄国"名副其实的君主，他的雄图大略，刚毅果敢、勇往直前和强烈的贪欲，驱动他在统一的道路上迅猛前进。

秦王政并吞六国，并非单纯依赖武力。六国虽已是国衰势微，若联合起来，土地面积、人口、兵力仍在秦之上。然而一是统一大势所趋；二是秦不断瓦解纵约，收到了各个击破之效。秦王政采纳大梁人尉缭和李斯的建议，大施反间计。具体说来就是派出谋士，携带金玉财物游说诸侯国，离间其君臣，对可以"厚遗结之"的就行贿，让他们为秦所用；对收买不成的，"利剑刺之"，然后大军随后而至。执利剑，赍重金，鼓如簧之舌，发虎贲之士，秦王政十七年到二十六(前230年—前221年)，进行了惊心动魄的大决战，秦王终于扫灭六国，完成了统一。

秦的战车最先冲向韩国，抵挡不住强大攻势的韩王想出一个"疲秦"之计，于公元前246年派水工郑国入秦游说秦王兴修一条引泾水入洛水的灌溉渠，意在使秦消耗大量的人力物力，以减轻对韩的军事压力。秦王政重视农业与水利，命郑国主持这一浩大的水利工程。后来"疲秦"阴谋败露，但秦王政仍让郑国按原计划完成郑国渠，关中从此沃野千里。

"疲秦"计败露，秦朝廷一些大臣大肆攻击来自他国的客卿，"怚而不信人"的秦王政更是对所有客卿的忠诚都产生怀疑，于是颁布了"逐客令"。李斯当然也在被逐之列，他不甘心失去可望在秦建功立业的机遇，实现自己作"仓中鼠"而不是"厕中鼠"的夙愿，写下了名篇《谏逐客书》上秦王。秦王政见书省悟，命人赶紧追回已东行到骊邑的李斯，重用如昔，并恢复秦自穆公以来任用外贤的传统。这些外来人才如李斯、尉缭、蒙氏祖孙、李信等人，对秦的统一事业起了很大的作用。

韩王的另一救亡之计是设法游说秦王移师攻赵。秦王政早先读过韩非论刑名法术的著作，十分赞赏，感叹地说："寡人得见此人，与之游，死不恨矣！"公元前 234 年，韩非到了秦国，他的"先攻赵"的建议未见采纳。李斯与韩非曾同受业于荀子，李斯妒忌韩非之才，深恐其得到秦王的信任，影响到自己的地位，又与其有"先攻赵"抑或"先攻韩"的歧见，于是对秦王说，像韩非这样的人，只会效忠于韩而不能为秦所用，让他回到韩国去，不啻放虎归山。秦王政于是将韩非下狱，李斯逼韩非于狱中自杀。其后三年，即公元前 230 年秦灭韩。

灭韩后，秦王政一面派王翦攻赵，一面派使者用重金收买赵王宠臣郭开。郭开知赵王有意起用老将廉颇，就对赵王说：廉颇虽然饭量很大，但是我与他小坐之间，他跑了三次厕所。赵王于是认为廉颇老了，弃置不用。郭开又诬另一宿将李牧谋反，使赵王斩之。公元前 228 年秦灭赵。赵公子嘉逃往代地（今河北蔚县），自称代王。在灭赵的凯歌声中，秦王政以征服者的姿态重返邯郸，把二十年前与母家有仇怨的人都杀了，睚眦必报的心理得到了满足。

公元前 225 年，秦王政用王翦之子王贲攻魏，包围了大梁。大梁城高墙厚，贲遂用水攻，决开城西的大沟，大沟是一条上接黄河、下通淮水的渠道，水量很大，汹涌的渠水灌向大梁，三月后城溃，魏王沧为阶下囚。

楚在七国中原先疆域最广、兵员最众，后来在秦一再打击下，虽无昔日雄风，但也不是不堪一击。公元前 225 年，秦王政特为此与群臣商议对策，年轻气盛的将军李信轻敌大言，说二十万人足够了，老将王翦却认为非六十万人不可。一连串的胜利大约使秦王也有些飘飘然，他说："王将军老矣，何怯也！李将军果势壮勇，其言是也。"王翦心中怏怏，称病告老还乡。李信攻楚遭到惨败，醒悟过来的秦王亲自到王翦老家频阳（今陕西富平县东北）谢罪，力请老将军挂帅出征。王翦仍坚持非六十万人不可，秦王一口应允。王翦临出征前，向秦王求赐美田华宅，大军东出函谷后，还数次派人回朝要求赏赐田宅。他的副将蒙武认为王翦贪得无厌，王翦却说："不然。夫秦王怚而不信人，今空秦国甲士而委于我，我不多请田宅为子孙业以自坚，顾令秦王坐而疑我邪？"王翦对秦王生性多疑、刻薄寡恩的性格可谓了解得非常透彻。楚军的主将是项燕，对垒一年有余，终因楚的大势已去，项燕兵败自杀。公元前 223 年，王翦攻陷楚都寿春。

早在灭赵那年，秦军逼近燕国，燕太子丹使荆轲前去刺杀秦王政。送别时人皆着白衣，在易水畔高渐离击筑，荆轲高歌："风萧萧兮易水寒，壮士一去兮不复还！"留下悲壮的易水送别的千古绝唱。秦廷上，荆轲行刺因事发突然，秦王一时惊恐失措，但很快就表现出临危不惧的胆魄，与荆轲在殿上周旋，终将荆轲刺倒。惊险的传奇一幕结束了，秦急攻燕，燕斩太子丹求和，不允，王翦攻占了燕都蓟，燕王退守辽东半岛。公元前 222 年，秦王政命王贲乘灭楚之威，率军北上，消灭了燕的残部。回师途中攻代，赵的残余势力也被铲除。

公元前 221 年，王贲挥师南下，齐国老而昏庸的愍王建多年不修战守之备，秦军几乎是兵不血刃到达了临淄，齐不战而降。

"六王毕，四海一"，长达五百多年的分裂动荡局面结束了。秦王政的历史勋绩令千年后的伟大诗人李白为之热情讴歌："秦王扫六合，虎视何雄哉！挥剑决浮云，诸侯尽西来。"（《古风》之二）

百代政法　同文同轨

公元前221年，秦王政三十九岁，正当盛年，雄心勃勃，精力充沛，他为创建一个统一的中央集权的大帝国，不知疲倦地操劳着。那时用竹简书写，他为自己规定“衡石另书”，每天不处理完一定重量的公文决不休息。在统一六国的那年，他最为繁忙，采取了多项重大的，有些是对后世有深远影响的举措。

踌躇满志的秦王政说：“六王咸伏其辜，天下大定。今名号不更，无以称成功，传后世，其议帝号。”丞相王绾、御史大夫冯劫、廷尉李斯等人都建议以古代最尊贵的“泰皇”为号，并请求今后天子之命为“制”，令为“诏”，天子自称为“朕”，以示与臣民有别。秦王经过考虑斟酌，去掉“泰”，保留“皇”，采用上古“帝”位号，称“皇帝”，自己是“始皇帝”，下传二世、三世至于万世，以至无穷，其他同意所奏。改秦王政二十六年为始皇帝二十六年，改十月为岁首。他“以为自古莫及己”，凡事都要显示出自己盖世的功勋和权威。

长期纷争的局面刚刚结束，一个地域空前辽阔的新王朝刚刚建立，如何加强统治，巩固统一，是秦始皇面临的亟待解决的课题。丞相王绾等都主张依古制实行分封，立诸子为王，唯独李斯力排众议，以周实行分封制尾大不掉的历史教训为鉴，认为“置诸侯不便”。秦始皇以他贪于权势的性格，以他对韩非那套君主绝对专制理论的热衷，在实行分封制还是郡县制的问题上，应是成竹在胸的。群臣建议之后，他表态说：“天下共苦战斗不休，以有侯王。赖宗庙，天下初定，又复立国，是树兵也，而求其宁息，岂不难哉！”下令在全国推行郡县制。分全国为三十六郡(后陆续增加到四十八郡)，郡置守，治民;尉,掌兵;监御史,司监察。郡下设县,万户以上县置令,万户以下县置长。县以下设乡。另有亭,亭有长,管治安。中央设三公(丞相、御史、太尉)九卿。县以上各级官吏都由皇帝任免,各司其事,听命于皇帝。从中央到地方建立起一套强有力的中央集权的官僚体系,它像一张巨大的网,笼罩在秦王朝统治所及的地方,这张网的纲紧紧地攥在秦始皇手中。毛泽东曾有"百代都行秦政法"的诗句,说的正是秦始皇建立的中央集权的政治制度为其后两千余年的各封建王朝所沿袭,影响深远。秦始皇为他的王朝长治久安而实行郡县制,表现了政治上的远见。虽然秦王朝因多种原因而短命,但这并不能否定秦始皇实行郡县制的历史功绩。

进行统一战争时,征服一地一国后,秦王每每"徙天下不轨之民";统一的当年,又徙天下豪富十二万户于咸阳,拔除他们在各地根深蒂固的势力,将其迁到秦统治力量最强的咸阳附近,显然有利于巩固统一。后来还有过多次大规模的强迫迁徙,其中有的是迁往边远地区,此举促进了落后地区的开发。

战国时期征战连年,各国竞造兵器,统一后大多散于民间。秦始皇为防止六国旧势力的叛乱,又下令收天下兵器、聚于咸阳,销毁铸钟镰、金人十二座,各重千石,置宫廷中。李白《古风》写道:"收兵铸金人,函谷正东开。"兵器收缴、销毁,庞大的铜人矗立在宫廷中,函谷关不设防。但东向大开为时不久,兴衰不过十年间,"诸侯尽西来",便成了反秦武装汹涌西来。

秦与山东六国的货币、文字,度量衡各不相同,纷呈并用,对统一不利,妨碍经济文化的交流。秦始皇二十六年下令统一文字,命李斯以秦原来通行的大篆为基础,加以简化,整理出一套标准文字,即小篆,通行全国。又下令废除六国旧币,全国通行货币分二等,黄金为上币,以镒为单位;圆形方孔铜钱为下币,上有"半两"二字,重如其文。又划一全国的度量衡。从出土的秦简、秦币、秦权来看,以上措施都认真地付诸实行。这些措施无论对当时或后世,都产生了积极的作用。两千多年来,尽管出现过一时的分裂局面,但汉字始终是统一的，度量衡基本上是统一的，中央政府的币制在很大程度上是全国通行的。

战国时期诸国法律不同，统一后，秦始皇又以秦法为主制定了统一的法律。湖北云梦睡虎地出土的大批秦简中很多简文是关于法律的，从中除了可见秦法的繁密、残酷和野蛮外，还可见秦法奠定了我国古代比较完整的法律体系。

作为统一战争的继续，秦始皇对北方的匈奴进行了积极防御。游牧于北方的匈奴早就同中原华夏族有经济文化交往，战国时他们趁中原诸国争战之机，不断内扰，给燕、赵、秦等国人民的生命财产造成很大的损失，三国皆筑长城、设重兵以防御。统一后，秦始皇命将门之后、文武全才的蒙恬率三十万众，乘胜顺势北逐匈奴，夺回了河套以南地区，又渡过黄河，向北推进，收复了阴山一带地区，在此设置了九原郡(今内蒙古包头市西南)。秦始皇把罪犯发配到新设的郡县去，不久又迁内地三万户去屯垦，使今天的鄂尔多斯一带开发出来，有了“新秦中”之称。大规模移民实边，不仅阻止了匈奴南下，而且开发了边境，促进了民族融合。

蒙恬的祖父蒙骜、父亲蒙武、弟蒙毅，一家三代四人有大功于秦，但生性多疑的秦始皇对手握重兵坐镇北疆的蒙恬并不放心，他把长子扶苏派到上郡(今陕西榆林)去“监蒙恬军”。扶苏与父亲政治主张相悖，特别是“坑儒”事件发生后，扶苏又谏言，更大失其父欢心。扶苏离开咸阳，固然有贬谪之意，但是，秦始皇对长子的性格和才能是了解的，对扶苏的忠孝是深信不疑的，派他去监军，说明秦始皇对北陲边防的异常重视。

为巩固边防，秦始皇命蒙恬主持，在原来秦、赵、燕三国长城的基础上，根据地形或修补，或新筑，修起一条西起临洮，沿黄河，傍阴山，经蒙古草原，直达辽东，全长五千余里的“万里长城”。使之成为北方的一道屏障，稳定了秦王朝北疆的统治，一定程度上保障了内地人民生产和生活的安定。雄伟的万里长城，成了中华民族悠久文明的丰碑，也成了中华民族精神的象征。

为修筑万里长城，秦始皇强迫役使的劳力不少于三十万。一板又一板垒起的黄土中，夯进了多少役夫的白骨，和进了多少父母妻儿的血泪！流传至今的孟姜女哭长城的故事，虽不一定真实，却有历史的影子。

早在灭楚之后，王翦即率军南进，征服今浙江、福建部分地区，设立了会稽郡、闽中郡，但是岭南尚未归秦。秦始皇二十六年，命尉屠睢发率五十万，分五路进攻岭南。秦军遭到越人激烈的抵抗，尉屠睢被杀。秦始皇又派任嚣、赵佗率“楼船之士”增援。直到三十三年(前214年)才彻底占领了岭南，设南海、桂林、象三郡，发戍卒、罪人数十万戍守。

至此，秦始皇的统治“东至海既朝鲜，西至临洮、羌中，南至北向户，北据河为塞，并阴山至辽东”，为尔后屹立于世界东方的强大中国奠定了疆域的基础。在这广袤的土地上，居住着以华夏族为主体的各族人民，统一的多民族国家开始形成了。

为巩固统一，秦始皇大规模修筑驰道。遍及全国的驰道中有两条干线：一是“东穷燕齐”，由咸阳出发往东，通向今河北、山东；一是“南极吴楚”，由咸阳出发往南，通向今湖北、安徽、江苏。史载驰道路基夯筑坚固，路宽五十步，每隔三丈栽青松一棵。为加强北方边防，在他四十八岁时又下令修“直道”，从咸阳以北不远的云阳(今陕西淳化)出发往北，跨过黄河，直达九原，全长一千八百里(约合今七百千米)。以咸阳为中心的全国交通网络的形成，便于秦始皇调动军队，下达政令，也便于他的巡守。

从秦始皇二十七年到三十七年，十一年间他五次出巡，出巡次数的密度之大，累计行程之远，在历代帝王中也许是空前绝后的。所到之处他立石纪功，表露他对自己绝对权威的稳固和对嬴氏江山传之万代的信心，以及他对自己功业自矜自得的心态。一支又一支的颂歌，投合他的“好谀”心怀，他陶醉于“乃今皇帝，一定天下，兵不复起，灾害灭除，黔首康定，利泽长久”的幻觉之中。

暴虐天下　魂断沙丘

秦始皇性格中的刚毅、勇往直前、为达到既定目标锲而不舍的执着，曾有助于他成就统一大业。但是，当他创建起专制主义中央集权的王朝后，随着进取的锐气消失，这些特点逐渐异化，变成任性、专横、暴戾、残忍，变成对穷奢极欲生活的狂热贪恋。

统一战争接近尾声时，每灭一国，他就命人将该国都城宫殿依原样仿建于咸阳城北阪上，后来又陆续营建，仅咸阳附近二百里内就有二百七十多处。项羽入咸阳，烧秦宫室火三月不灭，说明鳞次栉比的宫苑之多，总计关内外共七百多所。这些宫苑风格各异，有江南的秀丽，有燕赵的粗犷，还有临淄的雍容大度。最为恢宏的阿房宫，遗址在今西安西郊，宽四华里，长二华里。此官始建于秦始皇二十八年。动用劳力不下于三十五万人（阿房宫和骊山陵头发隐宫刑徒七十万，以一半计），直到秦亡尚未竣工，阿房宫仅是其前殿而已。各处宫殿中装饰着帷帐、钟鼓，还有无数的美女。据称美女们梳妆用的铜镜交相辉映，如天上星光闪烁，美女们洗脸后残留着脂粉的水流入河中，河水为之芬芳，美女们焚烧的椒兰香飘万里。全国统一次年，秦始皇即开始出巡，这么多的离宫别馆，有的他也许不曾驾临；众多的美女宫人，有的也许不曾见到一两次。他像绝大多数的帝王一样，妻妾成群，但奇怪的是没有关于“始皇后”的记载。是成群的妻妾中无一人获得他特别的宠幸？是极端的权势占有欲使他容不得任何人哪怕只是在后宫分享些许尊荣？是他那风流的母亲的行为给他造成一种扭曲的心态让他不愿立皇后？还是史家的疏忽？

秦始皇非常贪恋他已拥有的权势和骄奢淫逸的生活，想永远地拥有这一切，因此，他企求长生不死！他五次出巡，除第一次是西巡外，其后四次都是东巡。东巡的目的固然是为了加强对六国故地的控制，显示“威服海内”的震慑力，同时也是为了寻神仙求长生不死之药。

方士源于古代的巫祝。方士宣扬的是海中有神山、有仙人、炼丹、长生不死之类。战国中期以后，齐燕滨海地区方士最为活跃。迷信神仙、急切求索不死药的秦始皇对方士可谓言听计从。他首次东巡到了琅琊，方士徐福说海中有蓬莱、方丈、瀛洲三座神山，其上有仙人，可前去求不死药。秦始皇命徐福东渡，结果他空手而归，只带回神仙索要厚礼的口信。秦始皇又让他带上三千童男女、五谷种子及百工等二次东渡，庞大的船队一去不复返，只留下关于徐福下落的种种传闻。第四次东巡（也是最后一次）时，秦始皇在琅琊梦见与海神恶战，占梦的博士说海神是大鱼蛟龙，是恶神，必须除灭之，神仙才会露面。秦始皇下令随从的人都备捕捉大鱼的渔具下海作战，自己也备好一张“连弩”大弓，从琅琊直追到芝罘，才发现一条大鱼，秦始皇将之射杀，但是却并未感动得神仙一露尊容。方士卢生对他说，长生药至今未获，是鬼辟作怪，须“秘行避之”，所居之处勿令人知，以待真人到来，而得不死之药。秦始皇又相信了，不称朕而自称“真人”，行动神出鬼没，有透露其行止者杀之。他身边只有少数亲信近臣，孤家寡人地生活在神秘的气氛中。当年“雄图发英断，大略驾群才”的秦始皇竟被方士的虚妄之言左右，干出许多荒诞之事，留下千秋笑柄。

秦始皇的内心是矛盾的，他不惜一切代价寻仙求药，但是心底深处对是否有不死之药的存在，起码是信疑参半的。长生不死既然没能寻得，那么牢靠的办法是把生前享有的一切带到死后去继续享有。即位之初他便选定在山南多玉、山北多金、景色宜人的骊山（今陕西临潼南）修陵墓。不过，大规模的营建是在统一后，役使数十万人昼夜劳作，墓高五十多丈，围长五里多，筑墓用的大石取自渭北诸山，民谣“运石甘泉口，渭水为不流。千人一唱，万人相钩”，正是以万人计辛苦劳作的写照。墓内的建筑是深挖至“三泉”，铸铜禁锢，其上安置棺椁。墓内有宫观、百官、奇器珍怪，上画天文星宿之象，下有灌注了水银的百川江河大海，还以人鱼膏为烛照明。从发掘出土的銮驾铜车马、兵马俑、珍禽异兽坑等，结合史籍的记载来看，骊山陵是把一个微缩的秦王朝搬到了地下！

战国末期，社会需要安定，人民渴望和平，人民以巨大的牺牲为代价换来历史的进步，造就了秦始皇这个时代幸运儿的辉煌，然而他很快就使人民的希望破灭了。统一天下后，他“内兴功作，外攘夷狄，收泰半之赋，发闾左之戍，男子力耕不足粮饷，女子纺绩不足衣服。竭天下之资财以奉其政，尤未足以赡其欲也。海内悉怨，遂用溃畔”。

尉缭是秦始皇进行统一战争时的重要谋士，他知晓荆轲行刺未遂，秦王诛其九族犹不解恨，“复夷轲之一里”等暴行，曾说秦王“少恩而虎狼心”，“诚使秦王得志于天下，天下皆为虏矣”。他不幸而言中了。意得欲从的秦始皇更加迷信暴力，把韩非君权至高无上的思想，具体化为严酷的法律，死刑就多达二十多种，血淋淋、阴森森的名目，令人不寒而栗、毛骨悚然。死刑外还有残人肢体的肉刑，灭绝人性的族刑。小小一个范阳县令为官十年间，竟然“杀人之父，孤人之子，断人之足，黥人之首，不可胜数”，全国累计当如何！成文法之外还有随心所欲的不成文法，而秦始皇的心中越来越充满了疯狂的报复和疑惧。他东巡至博浪沙遇张良所遣的力士行刺，命天下“大索”十日。后来，他在咸阳夜间微服出行，在兰池宫“逢盗”，命关中“大索”二十日，索之不得杀人不知凡几。再后至梁山宫的途中，他见山下丞相车骑甚众，心中不悦，有人转告于李斯，李斯赶紧减少车骑，他见李斯轻车简从，知道有人泄密，把当时在场的人都杀了。秦始皇三十六年(前 211 年)，东郡落下一块陨石，有人在上面刻了“始皇帝死而地分”，他大怒，查不出人来“尽取石旁居人杀之”。秦始皇统治下的国家完全变成了一个血腥的刑场！陈涉起义，“一人唱而天下应之者，积怨在于民也”。

秦始皇三十四年(前 213 年)和三十五年,他又制造了"焚书坑儒"的文化浩劫。这时已是博浪沙、兰池宫升起黑色信号弹之后,秦始皇的统治已是危机四伏。他于咸阳宫中大宴群臣,觥筹交错之际,仆射周青臣大唱赞歌,说什么"日月所照,莫不宾服"、"人人自安乐,无战争之患",秦始皇喜上眉梢。博士淳于越按捺不住,直斥周"面谀",但是他提出来的治国安邦的急救药方,却是恢复周朝的分封制。事关政体,秦始皇命群臣议论。李斯指责淳于越等"不师今而学古,以非当世,惑乱黔首",进而认为私学的存在使人们"人闻令下,则各以其学议之,人则心非,出则巷议……如此弗禁,则主势降乎上,党与成乎下。禁之便"。秦始皇绝不容许任何言行冒犯他至高无上的权威,统一思想是他久已有之的心愿,他当然完全认可李斯的观点,并采纳其具体建议,下令焚书。把秦纪以外的历史书,国家图书馆藏之外的民间百家著作全都收缴付之一炬。先秦时代百家争鸣,思想活跃,学术繁荣,文化璀璨,典籍丰富,焚书使大量传世典籍化为灰烬,且开后世文化专制之先河。

焚书次年发生"坑儒"事件。秦始皇一次次上当受骗,神仙没见到,仙药没求来,方士们对他的愚弄让他窝了一肚子火,恰逢其会,有侯生、卢生私下议论他"天性刚戾自用"、"乐以刑杀为威"、"贪于权势"等,二人说这样的人"未可为求仙药",相约逃跑。秦始皇大怒,把诛连到的四百六十名"儒生"全都坑杀。

书,焚不完,博士伏生等把书藏在了壁中;"儒",坑不尽,陈涉起义后,有孔子八世孙孔鲋等鲁之诸儒,带着孔子礼器纷纷投奔义军,真个是"坑灰未冷山东乱"了。

秦始皇三十七年(前 210 年)十月,年届半百的秦始皇第五次,也是最后一次出巡,随行的有左丞相李斯、中车府令赵高等人,还有他喜爱的少子胡亥。赵高是赵国贵族之后,没入秦王宫中为宦官。秦王"闻其强力,通于狱法",让他当中车府令,并教胡亥决狱。赵高善于逢迎媚上,颇得始皇的欢心。他曾犯大罪,蒙毅依法判其死刑,而秦始皇免其不死。这件事说明秦始皇已不像撤销“逐客令”时那样重视贤才，而是偏爱赵高这样的谄谀奸佞的小人了。中车府令官不大，却系近臣，这次出巡，又命高“兼行符玺令事”，掌管印，可见宠信之深。王夫之曾评论说：“秦始皇之宜短祚也不一，而莫甚于不知人。其非不察也，惟其好谀也。”此言甚是。

秦始皇一行车轮滚滚，风尘仆仆，先南下，至云梦，望祀虞舜于九嶷山，折向东浮江而下，过丹阳，至钱塘，上会稽，祭大禹，立石刻纪功颂德。返程中从江乘（今江苏句容）渡江，到达海边，北上琅琊。屡求仙药不得的气恼，长期生活的荒淫，加上大半年旅途的劳顿，当行至平原津（今山东平原县）时，秦始皇病倒了。冀求长生达到丧失理性的他“恶言死”，而统一以后他“乐以刑杀为威，天下畏罪持禄，莫敢尽忠。上不闻过而日骄，下慑伏谩欺以取容”，连官居左丞相要职的李斯尚且“阿顺苟合”，谁还敢说“龙体违和”呢？只有人人眼睁睁地看着“上病益甚”而耽误了治疗。秦始皇本人对自己的病势是有自知之明的。此前，他一门心思想的是一旦求到仙药就可以长生不死，似乎没有必要考虑传位二世的问题，所以他一直没有立皇太子，现在当他意识到死神已向自己逼近，必须确立继承人了，才终于把三十个儿子（他还有十五个女儿）一一进行掂量，加以筛选。知子莫若父，他最疼爱少子胡亥，经常带在身边，但此子昏庸，不成器。长子扶苏虽与自己政见不合，但其为人“刚毅而武勇，信人而奋事”，甚孚众望。当然，嫡长子继立的传统这时也会在他思想上起作用。于是他口授让赵高写下给扶苏的诏书：“以兵属蒙恬。与丧会咸阳而葬。”让扶苏赶回咸阳主持丧事，事实上明确了他继承人的身份。诏书用玺后封好，交给赵高派人发往上郡。

仲夏七月，干旱少雨的华北平原，烈日炎炎，车驾到沙丘（今河北巨鹿县东南）后，他再也无力西行。在生命的最后一个驿站，秦始皇躺在沙丘宫中病榻上，奄奄一息。

魂断沙丘之际，秦始皇到底想了些什么，无人知晓。不过，可以肯定的是，他绝对想不到：载于辒辌车中的遗体因时久天热而腐臭，为乱其臭，他竟是与鲍鱼同车被运回咸阳；安葬于骊山陵、三泉下，金棺中的他最终也只是一抔寒灰！他绝对想不到：他给扶苏的遗诏被邪恶奸诈的赵高扣压在手里，没有及时发出去。他一命呜呼后，赵高抓住李斯致命的弱点——权欲熏心，缺乏气节，对其软硬兼施，逼其就范，然后合谋篡改诏书的内容，以“为人子不孝”的罪名赐剑扶苏自裁。扶苏见诏书大哭，自杀。蒙恬也被下狱处死。秦始皇也绝对想不到赵高、李斯拥立他并不属意的胡亥为二世皇帝。而昏庸残暴的胡亥炮制了一幕幕惨绝人寰的骨肉相残的大悲剧，秦始皇的几十个王子公主全都或直接或间接地惨死在胡亥的屠刀之下。他绝对想不到：他期以万世的秦王朝在他死后仅四年，只传了二世，就在他亲手点火、胡亥煽风而燃起的熊熊反秦烈火中灰飞烟灭！他更想不到岁月悠悠，他竟给人们留下无尽的历史反思！

刘慧琪　文

乱世豪杰　布衣登基——汉高祖刘邦

作为一代开国君主，他豁达大度，好谋善听，而在品性人格上，他不拘小节，常耍无赖。这便是旧史书上刘邦的形象。

刘邦字季，沛县(今属江苏)丰邑人。其父名执嘉，其母称刘媪，没有正规名字，可见不是世袭贵族。刘邦生于公元前256年(一说前247年)，死于公元前195年，按旧历纪年，是周赧王五十九年(秦昭襄王五十一年)生，汉高祖十二年卒。终年62岁。

起于草莽　趁势灭秦

大凡贤人尊者降世，照旧史书上的说法，通常要天显异象，或是祥云笼罩，或是金光四射。刘邦亦不例外。据说其母刘媪，一日耕作疲劳，在大泽之畔的高堤上休息小睡，梦见与天神相遇交合。这时天上雷电交加，天色阴霾，太公正好去寻找刘媪，远远看见有蛟龙盘在刘媪身上。这样刘媪便怀了孕，生下了刘邦。

不仅如此，贵人有贵相，旧史上讲刘邦的相貌特征：高鼻子，长颈项，面貌有龙相，须髯特美，左大腿上有七十二颗黑痣。这当是受儒家“尊尊”影响的附会。

刘邦的少年时代，史无记载。仅有一些抽象的概括，说他为人仁厚爱人，喜欢施舍，意志豁达，胸襟开阔，但也好逸恶劳，不愿从事农业生产。

到了青壮年时期，由试用补吏，刘邦做了泗水亭亭长。按当时的行政区划，十里为一亭，亭长是管理辖区内停留行旅宿食的官吏。刘邦当亭长时，对其部下无不加以轻侮。他这个人既好酒又好女色。以好酒为例，他时常去王媪、武负二人的酒馆赊酒，一旦喝醉，便卧倒不起。又是怪事，两位酒馆老板常看到醉倒的刘邦身上有龙出现，所以尽管刘邦赊了不少酒，也都记了账，但待年底算账时，这两家酒馆常常毁了账据，不向刘邦索还。

当时的都城在咸阳，刘邦时常去那儿出差。有一次他大开眼界，看到了秦始皇的雄威仪仗，就感慨长叹道：“啊！大丈夫应当像这个样子！”

单父县有个叫吕公的人，与沛县县令是好友，吕公为了避仇人，迁到沛县，投在县令门下为客，沛县的豪绅官员听说县令家来了贵客，纷纷前往道贺。萧何是当时的主吏，他向宾客们宣布："凡是致赠礼金不满一千钱的，就请他坐在堂下。"刘邦身为亭长，平日就轻视县衙的吏员。于是他写了一张礼帖，上写"贺钱一万"，实际上他身上一钱都没有。吕公见礼帖大为吃惊，起身去门外迎接。吕公这个人自诩会看相，见刘邦状貌特殊，因而敬重有加，引刘邦上堂入座。萧何见了，告诉吕公："刘邦这人喜说大话，很少能成事。"刘邦可不管这些，坐在堂上，心安理得，毫不谦让。

宴饮之际，吕公愈觉刘邦状貌之奇，一再示意刘邦筵毕不要退去。待客人散去之后，吕公对刘邦说："我早年就给人家看相，所看之相多极了，但没有一位能有你这样高贵。刘邦啊，希望你多多自爱。"稍顿一会又说："我有一个女儿，愿意许给你作妻子。"

这门亲事遭到吕公老伴的反对，但终于还是成了。吕公的女儿嫁给刘邦，后来成为吕皇后，生了一儿一女，即后来的汉惠帝和鲁元公主。这是后话。

秦二世元年(前 209 年)，刘邦奉令押送一批民夫往骊山修筑陵墓。途中，民夫边走边逃，愈走愈少。刘邦盘算，这样下去，抵达骊山只怕要逃光。于是走到丰西大泽之中，刘邦干脆释放了民夫，并决定自己也从此远走高飞。有十余名精壮汉子没有逃去，他们愿意跟随刘邦，这便是刘邦最早的队伍。从此，他们隐藏在芒砀山区，等待时机造反。

当年七月，陈胜、吴广起义爆发，很快占领了陈县，并自立为王，天下云集响应。许多郡县民众杀掉长吏，响应陈胜。沛县县令深感恐惧，也想在沛县举义旗顺从大势，狱掾曹参、主吏萧何向他建议县令身为秦朝官吏，如今要起事反秦，恐怕民众不会信从，希望县令召来已往逃亡在外的人，可得几百人，就以这个力量胁持民众，民众不敢不信从。沛县县令认为这建议很好，于是派樊哙去召刘邦。这时，刘邦的手下已有数百人之多，得到消息便率众而回。县令此时又后悔了，恐怕刘邦率众入城，造成事变于己不利。于是紧闭城门不许刘邦入内，又想杀掉萧何、曹参。萧、曹二人惊恐，偷越城墙逃出，依附刘邦。

城外的刘邦和众人经过一番商量，决定给沛县全体父老写封信，用箭射到城上，信中说："天下苦于秦的暴政太久了！如今沛县乡亲假如还要替县令坚守城门，就太不明智了，现在各地纷纷起义，沛县迟早不免被攻破，而且要遭屠城之祸。如果沛中父老团结起来杀了县令，推选出首领，响应起义号召，就能免去灾难。否则，一旦城池攻破惨遭屠杀，那就死得太不值了。"

沛县父老看了这封信，果然杀了县令，打开城门迎接刘邦入城。经沛县父老一致推举，刘邦一再谦让，最终刘邦被推举为沛公。刘邦任沛公，举行了隆重的仪式，先是祭祀了黄帝、蚩尤，又举行了衅鼓的军礼，并决定所有旗帜都用赤色。为了扩大武装，就征发沛县子弟，起义队伍很快发展到三千多人。从此，刘邦率领这支队伍，在萧何、曹参等辅助下，转战于丰、沛之间。

这时，除了首举义旗的陈胜的反秦主力外，原战国七雄故地的义军也渐渐形成势力。如燕、赵、齐、魏、吴等地，风起云涌，纷纷自立为王。其中以吴地项梁、项羽的势力较大，他们与章邯率领的秦官军进行了多次交战。刘邦曾率步骑一百余人去薛地归附项梁，项梁拨给他五千人增加兵力。

当年十二月，陈王陈胜不幸死去，反秦阵营失去了首领。在项梁的主持下，各地将领聚集薛地，商议大事。沛公刘邦也参加这次集会。经过商议，起义军决定推举原楚国王室的后人作为首领，因为这样能够增强号召力。于是楚怀王的孙子心被拥立为楚王，定都盱台（今江苏盱眙 xūyí），树起了反秦的帅旗。经过重新部署，由项梁独率军追逐秦败兵，刘邦和项羽各率部攻打城阳。攻克城阳后，刘邦和项羽又在濮阳以东与秦军展开了大战，击败了秦军。接着转兵攻打定陶。秦军坚守，一时未能攻下，刘邦、项羽转兵向西，攻取秦地。

秦二世三年（前 207 年），正当刘邦与项羽围攻陈留之际，传来了项梁于定陶战死的消息，刘、项于是引兵东归，项羽率军驻扎在彭城西，刘邦率兵驻扎在砀地。怀王见项梁战死，甚为恐惧，便迁离盱台而建都于彭城（今江苏徐州)，将项羽等人的兵都收归自己指挥，封刘邦为砀郡长，号武安侯，统领砀郡之兵；封项羽为长安侯，号鲁公。

这时，赵地的义军遭到秦军的围困，屡次请求援救。怀王心于是命宋义为上将军、项羽为次将、范增为末将，出兵北上援赵。同时又命刘邦领兵西进，入关破秦。并与众将约定：谁先攻入关中，谁便是关中王。

就当时的形势而言，秦王朝虽已丧失民心，但其军事力量仍很强大，所以众将领并不认为先入关是有利的。唯独项羽因叔父项梁战死而心中愤激，愿意同刘邦一道西进入关。但怀王心听从了谋臣的劝告，认为项羽性情躁急而且凶悍，缺少宽大长者的气度，终于不许项羽西进，只派遣了刘邦。

刘邦率军出发，一路上收编了陈胜和项梁的一些残兵，军容大振。经过砀郡，到达成阳一线与秦军对垒。此后，刘邦与秦军展开了拉锯战。从《史记》记载上看，刘邦本人并不具备过人的军事才能，但作为主将，他的确善于审时度势，能虚心听取属下的建议，尤其那些事关战略的正确建议，他更是即时认可，当机立断。例如经过高阳时，听从郦食其的建议，袭击陈留，获取秦所积聚的粮食。还有在宛城，与秦军作战处于胶着状态时，听从了张良的劝告，避免了腹背受敌的危险。此类事例甚多，是可证明刘邦在多谋善断方面，确有过人之处。也正因为如此，刘邦所率的这支队伍才得以胜利地出武关，克峣关。又于蓝田(今陕西蓝田)大败秦军。

再说项羽、宋义所率的救赵大军，出发不久，由于宋义畏缩不前，项羽杀了宋义，自代为大将军，诸将黥布等都归属项羽。之后，骁勇善战的项羽击败了秦的主力军王离，迫使章邯投降，各路诸侯纷纷归附项羽，项羽的势力如日中天，这时秦王朝大势已去。秦二世被赵高杀害，项羽派使者来见刘邦，想与刘邦订约，要与刘邦在关中分地称王。

汉王元年(前 206 年)元月，刘邦率领十万大军抵达霸上。秦王子婴乘素车，驾白马，用绳子系在脖子上，封了皇帝的玉玺、玉符节，在轵道上举行了投降仪式。刘邦手下的将领有的主张杀掉秦王子婴。刘邦说："在初发兵时，怀王心派我攻秦，就是因为我能宽容大量。而今秦王已经降服，如杀了他，不吉祥。”

刘邦于是将秦王交付吏属看管，率军西入秦都咸阳。刘邦军进驻咸阳，正式宣告秦王朝的灭亡。

楚汉相争　灭掉项羽

刘邦率军进驻咸阳以后，依他的本意，是想住在秦王朝的宫中，不再退出。然而樊哙和张良都及时劝谏，让刘邦千万不要住在秦宫中。刘邦自然领会其中的深意，立即将秦宫中的珍贵宝物、财物置于府库，都加上封条，率军退回霸上驻扎。刘邦接着召集各县的缙绅父老，对他们宣告："父老们，你们在苛酷的秦法之下痛苦地生活很久了。依秦法，有人诽谤朝廷就灭族；有相聚谈话的就犯弃市死罪。我和诸侯有约，先入关的，就为关中之王。现在我当为关中之王。今天我要和父老约法三章：杀人者，死；伤人者，抵罪；盗，抵罪。此外一切秦法完全废除。各官吏都依原来位置概不迁动。我所以领兵入关，一切所要做的，都是为父老们除害而来，不是来侵占，更不做残暴的事，大家不要害怕。并且我之所以回军到霸上，就是为了等待诸侯们来到，可以订定约束，以求安定百姓。"

刘邦的这段话在历史上非常著名，被简括为"约法三章"。在当时起到了极大的安定民心的作用，也为后来楚汉战争中最终取胜奠定了基础。

刘邦进据关中不到一个月，项羽果然率领诸侯军西进，很快直抵函谷关。这时，刘邦采纳了当地人的建议，派兵封锁了关口。项羽听说刘邦业已平定关中，大怒，下令黥布等攻破了函谷关。十二月中旬，项羽军到达距霸上仅咫尺之遥的戏水岸边扎营。

当时，刘邦部下有个叫曹无伤的左司马，他听说项羽大怒，准备攻击刘邦军，就派人去向项羽唆使道："刘邦要当关中王，令秦王子婴为丞相，珍宝财物，都已归刘邦。"曹无伤想借此取悦项羽，日后少不了封他官爵。在他看来，项羽势力远远超过刘邦。

被称为亚父的范增是项羽最为信赖的人，范增极力劝说项羽一定要立即进击刘邦，以免留下后患。项羽当时就下令饱餐士卒，准备次日合力而战，一举击败刘邦。当时项羽拥军四十万，号称百万，刘邦军十万，号称二十万。刘邦兵力显然不敌项羽。

事有凑巧。楚左尹项伯，是项羽的叔父，早年和张良交游为好友，张良此时随刘邦入关正在霸上。项伯便在夜间骑快马飞驰到刘邦大营，私下会见张良，把项羽明早进击刘邦的事告诉了张良，劝张良连夜逃离。但张良认为这样做大为不义，于是将消息报告了刘邦。刘邦赶紧以兄长之礼会见项伯，给项伯敬酒，并与项伯约为儿女亲家。刘邦所以这般卑颜讨好，为的是求项伯能回去劝说项羽，请他明天不要出兵攻击。

项伯回到营中，果然说动了项羽，答应善待刘邦。

依照项伯的嘱咐，第二天一早，刘邦只带随从骑士百余人去鸿门谒见项羽。到了鸿门，刘邦向项羽谢罪道："我和将军合力攻秦，将军战于河北，我战于河南。但我自己也没想到能先入关攻破秦都咸阳，能和将军在这里相见。现在，有小人之言，使将军和我之间有嫌隙。"项羽说："这是你的左司马曹无伤说的，不然，我何至于如此？"

接着项羽留刘邦一同饮酒，这便是历史上有名的鸿门宴。宴会上，范增一再暗示项羽杀掉刘邦，但项羽默然无所反应。之后是项庄舞剑，意在沛公，又被项伯从中保护。最终，刘邦因樊哙、张良二人的协助，总算安然脱身而回。回到军中，立即杀了曹无伤。

过了几天，项羽领兵西进，屠杀咸阳军民，杀了秦王子婴，焚烧了秦王朝的宫殿，大火三个月不灭。事后，项羽派人去给怀王心报告消息，其用意是想怀王心能允许他为王。但怀王心仍表示：应照原来约定行事。

项羽对怀于心这一决定甚为不满。他想出办法，改楚怀王心尊号为义帝，实际是不再听从怀王心之命。项羽自立为西楚霸王，以彭城为都，拥有梁、楚九郡之地。背弃原立的约定，改封刘邦为汉王，以南郑（今陕西南郑）为都，拥有巴、蜀、汉中之地。将关中之地分为三，封原来的秦的三降将章邯为雍王、司马欣为塞王、董翳为翟王。此外还封了若干个王，天下之地重新瓜分完毕。客观分析，项羽的这一举措，显然是一种历史倒退，隐然是将天下重归于诸侯割据的格局。甚至可以说，就在项羽分封的同时，已经拉开了楚汉战争的序幕。

刘邦被封为汉王，心中自然不服，但迫于项羽的势力，听从了萧何等人的劝告，起程前往汉中。途中，为了防备诸侯或其他盗兵袭击，同时也向项羽表示没有回军东来之意，所过栈道全都被烧绝。

到了南郑不久，汉王刘邦的部下发生了逃亡东归的现象。因汉王的军吏士卒大多是崤山以东的人，他们思念家乡，极想东归。有一位名叫韩信的治粟都尉，早先投在项梁麾下，后跟从项羽，一直得不到重用。汉王入蜀时，他背楚归汉，仍觉得没有得到重用，也逃去。萧何听说后，来不及向汉王报告，当即追赶。“萧何月下追韩信”，说的就是这段故事。萧何深知韩信是一位难得的将才，追回韩信，竭力向汉王举荐。劝告汉王，如果只想在汉中称王，那就用不上韩信，如果想争天下，就非得重用韩信不可。刘邦听从了萧何的劝告，拜韩信为大将，举行了隆重的拜将仪式。

拜将之后，韩信向刘邦献策：“大王的军吏士卒都是崤山以东之人。日夜期盼还乡，正该乘其意气最盛的时候，加以利用，可以成大功。如等到天下已定，人人都自求安宁，就不能再用了。不如此时决策，东向出兵，利用军吏急切还乡心情，争权以取天下！”刘邦深以为然。

汉王元年八月，刘邦用韩信之计，从故道回军关中，袭击雍王章邯。至此，为时五年的楚汉战争正式展开。

刘邦回军关中，首先攻击章邯，很快平定了雍地，章邯败退陵丘。刘邦迅速扩大战果，从雍地东至咸阳已属汉王。

再说项羽出关东归彭城，派人迁徙义帝于长沙郴县（今属湖南），在义帝西去的途中，项羽又派人密杀了义帝。当初分封，项羽因怨恨田荣，故意不封田荣，而封田荣的相田都为齐王。田荣盛怒之下杀掉田都自立为齐王，同时公开打出反楚的旗号。接着，赵、代等也因王位之争闹得沸沸扬扬。项羽大怒，出兵北向击齐。

汉王二年（前205年），刘邦率部乘胜东进，塞王司马欣、翟王董翳、河南王瑕丘申阳纷纷投降，刘邦很快平定了三秦。旋即，刘邦及时公布新政，下令：诸侯如有以一万兵，以一郡地归降汉的，封万户。同时整修河上塞，开放旧时秦的各地苑囿园池，让农户有田地得以耕种。

二月，又下令废除秦的社稷，改立汉的社稷。三月，刘邦率军从临晋渡黄河，攻下了河内郡，接着引兵向南，渡过平阴津，抵达洛阳。这时，刘邦才得知义帝被杀的消息，于是，脱袍服大哭，为义帝发丧。致哀三日。此前，刘邦率部东进，还定三秦，多少有点出师无名，又怕项羽劲旅的正面交锋，所以让张良给项羽写信，诈称仅仅只想如约得到关中，并不敢再向东。这时，即以义帝被项羽所杀为由，派使者遍告诸侯，打出讨伐无道的旗帜，俨然是堂堂正正的仁义之师了。

当刘邦取得节节胜利之时，项羽正在出兵北方攻击齐地，他是想要先破齐然后回军击汉，这就让刘邦赢得战机，先后击败雍王、塞王、翟王、殷王、韩王五诸侯，一直将兵锋指向彭城，并攻下彭城。项羽得知，立即令其部下继续在齐作战，自己率三万精锐南下击汉。

在彭城东郊睢水之滨一线，刘、项两军展开了大战。项羽军拂晓开始攻击，至中午大破刘邦汉军，汉军溃败，被压迫于谷、泗二水河中，淹死十余万人。楚军乘胜猛追，又将汉军赶至睢水河，挤压落水而死又十余万，睢水为之堵塞不流。刘邦陷于楚军的层层包围之中，凑巧的是，这时忽然天昏地暗，刮起了巨大的西北风，楚军一时乱了阵脚，使刘邦得以突围逃走。

在刘邦仓皇逃跑之际，史书上记载了一则故事，从中很能看出刘邦这人的性格特点。刘邦坐战车逃奔，驾车的太仆名叫滕公，途经沛县，刘邦想救出父母妻儿一同离去，但楚军已先下手。刘邦继续往前逃。在道上正好碰到了儿子和女儿，于是同载以行。这时楚军车骑穷追不舍。由于载人多，刘邦嫌战车不能疾驰，先后三次将自己的儿女推下车去，每次都是滕公再将他们扶上车。没办法，战车只能缓缓驱驰，刘邦深恐逃不脱，十几次都想拔剑杀了儿女，又全是依赖滕公的保护，使刘邦的一儿一女得以保命。这一儿一女分别是以后的汉惠帝和鲁元公主。

彭城之战惨败，汉军元气大伤。刘邦逃至下邑，与妻兄吕泽会合，然后招集残兵败将，重新驻扎在砀地。当时平定关中纷纷投降的诸侯王，这时又都归附了项羽。

五月，刘邦迁至荥阳（今属河南），各路败军这时才逐渐会集起来，又得到萧何的及时供给，汉军才开始渐有起色。此后，战争处于相持阶段，刘邦军驻扎在荥阳以南，筑甬道一直到黄河，以便接取敖仓的军粮。项羽屡次袭击甬道，侵夺其粮草。刘邦军常常因军粮缺少而犯难，曾一度与项羽讲和，请求割荥阳以西为汉地，但项羽不肯。困顿之际，刘邦用陈平之计，离间了项羽与范增之间的关系，范增见项羽对他已有怀疑，遂请求告老还乡，结果病死于途中。

汉王三年（前 204 年），项羽围攻荥阳，情况十分危急。刘邦无计可施，只得听从部将纪信的建议，让纪信装扮成刘邦，诓骗项羽，刘邦便乘机暗中出逃。结果刘邦逃出荥阳，与九江王英布会合，收聚残兵，入据成皋。项羽引兵围攻成皋，刘邦又得以逃脱。之后，双方在广武一线扎营。两军相持数月。

一天，项羽叫人做了一个高脚的俎（即砧板），将刘邦的父亲绑在砧板上，令人抬至高处，刘邦军一望可见。项羽传出话来：刘邦如果不快快投降，就烹杀他的父亲。刘邦听说后回话：我和项羽，都是怀王心的臣下，并且约为兄弟，所以我的父亲就是你项羽的父亲，你如果一定要烹杀你的父亲，就请你分给我一杯羹。项羽听后大怒，要杀刘邦之父，项伯劝说道，争天下的人，都是不顾家庭的，即使杀了他父亲，也于事无益。刘邦之父这才保住了性命。

楚汉两军久久相持不下，壮年男子苦于军役之劳，老弱之人又疲于水陆运输之苦。有一次，项羽与刘邦在广武临涧对谈。项羽说："天下混乱不安，几年不能平静，只因我你二人而已。我愿意向你单独挑战，一人对一人，一决雌雄，不要为我们两个人，使天下民众白白受苦！"刘邦却笑着推辞道："我这个人，宁肯斗智，不愿斗力。"接着，刘邦指着项羽，历数其罪："在开始时，我与项羽都受怀王之命，约定了先入关中为王，项羽背约，要我王于蜀汉，这是项羽的罪之一。项羽假传怀王旨意，杀了主将宋义而自立为上将军，这是罪之二。项羽率军救赵，任务完成后应还报怀王，但却擅自劫取诸侯之兵入关，这是罪之三。怀王曾约束，入关破秦之后，不许暴虐劫杀，项羽烧宫室，掘秦始皇坟墓，私自收取秦财物，罪之四。又杀了秦的降王子婴，罪之五。又用欺诈手段，坑杀秦降卒二十万人于新安，并封秦将章邯为王，罪之六。项羽分封天下以个人好恶为标准，无理地斥逐齐、赵、韩的故王，致使他们的臣下争地为王，罪之七。项羽将义帝逐出彭城，而自己取彭城为都，自私贪婪至极，罪之八。项羽秘密派人暗杀义帝于江南，罪之九。作为人臣而杀其君主，杀已降之卒，为政不公平，主持公约而不守信，这种人为天下所不容，真正是大逆不道，罪之十。我刘邦以仁义之师团结诸侯，讨伐残暴，像项羽这样的罪人，我用刑余的罪人就能诛杀，我自己何苦和你单独决战！"

一涧之隔的项羽听了刘邦这一番话，大为恼怒，用暗伏的弩箭射击，刘邦的胸口被箭射中。刘邦拔出箭矢，握住自己的脚喊："这些狗贼射中了我的脚趾。"

刘邦可谓是机警过人，他这样做一是为了不使敌人知道自己受了重伤，二是怕乱了己方的军心。刘邦身边的主要谋士张良也是深知其中的利害，他坚请刘邦忍疼勉强起来，巡行慰劳军士，以安士卒，不给项羽任何可乘之机。

项羽与刘邦对峙，而他的后方却不断地遭到侵扰，尤其是居于梁地的彭越，往来游击，反复骚扰楚军，断绝楚军的粮草。当项羽抽出兵力攻击彭越时，齐王韩信又从侧面进攻楚军，项羽一时首尾难顾，被动至极。外有围兵，内无粮草，项羽经过一番权衡，只好派人去与刘邦讲和。表示愿将刘邦的父母妻子送回，与刘邦订约，中分天下，以鸿沟为界，以西之地归刘邦，以东之地归项羽。

刘邦同意了这一协定。汉王四年(前203年)九月，项羽送还了刘邦的亲人，引兵解甲往东归去。刘邦亦如约准备引兵西归，张良、陈平等人建议：现在汉军势力雄厚，据有大半个中国。而项羽的楚军正是兵疲粮尽之际，这是乘势消灭他们的绝好时机。如果今天不进行追击，正所谓"养虎自遗患"。刘邦听从了他们的建议。

刘邦率汉军追击项羽，并与韩信、彭越约定，在固陵会合，共同围歼楚军。然而刘邦引兵到达固陵，韩信和彭越两部皆未前来，结果汉军遭到楚军的反击，大败于固陵。刘邦只好退入壁垒，掘深沟而坚守。这时，又多亏张良及时献计，笼络韩信、彭越，两部引兵而至，完成了围攻项羽楚军的战略部署。

汉王五年(前202年)十二月，刘邦汉军与各诸侯军共同围攻项羽，在垓下(在今安徽固镇)形成了决一胜负的态势。韩信率军三十万，独当一面，正面迎战楚军，韩信的部将孔熙居左，陈贺居右，刘邦军居后，将项羽的十万楚军团团围住。战争打响，韩信与项羽交锋，韩信不利，往后撤退。这时孔熙和陈贺一左一右夹击项羽，项羽不利，韩信乘势反击，大败楚军于垓下。

残阳如血。项羽收败兵进入壁垒。寒风萧瑟，汉军与诸侯兵将项羽围在数重之内。深夜，项羽听到外围唱起了楚歌，大惊，以为汉军已经攻下了楚地全境，心怯气馁。当即饮酒帐中，演了霸王别姬悲壮的一幕后，率麾下八百余骑突围。天明，汉军才知道项羽业已突围南奔。刘邦令灌婴率五千人马追击，一直追到东城，项羽一路奔杀，此时仅剩下二十八骑。经过殊死的搏斗，项羽自知难以逃脱，于是自杀于乌江之畔(今安徽和县东北)。

至此，为时五年之久的楚汉战争，最终以刘胜项败而宣告结束。

安邦定国　初展鸿业

汉王五年二月，刘邦于山东定陶附近的汜水之北即皇帝位。为了安定诸侯，刘邦及时下诏书，给韩信、英布、吴芮等封了王，于是天下平定，建都于洛阳。五月，命天下所有的兵解甲归家，诸侯均为天子的属臣。在大政上，汉承秦制，实行中央集权制度。

定都洛阳不久，一次，刘邦在南宫大宴群臣，对群臣说道："列侯诸将，大家不许隐讳，都要直言真情。我之所以能得天下，是什么原因？项羽之所以失掉天下，是什么原因？"

高起和王陵回答道："这是因为陛下使人攻城略地，所攻下的地，陛下肯封给攻占的将帅，能与天下人同利。这是陛下能得天下的原因，项羽则不同，他妒贤嫉能，有功者害之，贤者疑之，诸将战胜而不酬功。这是项羽失天下的原因。"

刘邦听后说道："你们只知其一，不知其二。论到运筹谋画在帷帐之中，而能决定战胜于千里之外，我不如张良；镇守国家，安抚百姓，供给粮饷，不绝粮道，我不如萧何；统率百万人军，战必胜攻必克，我不如韩信。这三人都是人中豪杰，但我能任用这三人，这就是我之所以能取得天下的道理。项羽有一个范增，但他不能善任，这就是项羽之所以被我击败的道理。"

刘邦这一席话，说得群臣心悦诚服。由此可见知人善任的确是刘邦的过人之处。

新政伊始，数年的战争造成了天下残破的局面，大量的编户农民变成脱离什伍控制的流亡者，《汉书》记载当时人口同原来相比，是"户口可得而数者，十才二三”。由于粮谷缺乏，谷价腾贵，斛米竟值万钱，“齐民无藏盖”，甚至于“白天了不能具醇驷，而将相或乘牛车”。社会经济如此困窘，政治形势亦不乐观，韩信、英布等异姓诸侯王控制着大片土地和人口，所谓“外托君臣之名，内有敌国之实”。另外，北方的匈奴乘中原内乱，越过长城从背后不断侵扰。面对这样的局面，怎样进行统治，便成为登上皇位的刘邦迫切需要解决的问题。

首先，刘邦听从了娄敬（后改名刘敬）的建议，将都城从洛阳迁自长安。接着实施了一系列新政策，重本抑末，打击商人，给农民优惠政策，招抚流亡，释放奴婢，轻徭薄赋，发展农业生产。同时，令萧何在秦律的基础上除去夷三族和连坐法，增加兴律、户律、厩律三章，制定《汉律》九章。又令韩信审定军法，张苍制定章程，叔孙通制定礼仪。对匈奴实行和亲，把汉室公主嫁给单于，每年送去大批丝绸、粮食、酒等，与匈奴约为兄弟。这些与民休息以安定为本的政策措施有利于社会经济的恢复和中央集权的巩固，给以后汉朝的强盛奠定了基础。应该说，作为封建时代的政治家，刘邦是成功的。以下介绍几个最能反映刘邦个人风貌的史例。

先说叔孙通制礼仪。刘邦登上皇帝宝座，然而每次朝会时并不觉得快活。怎么回事呢？原来他打天下之时，跟随他出生入死的那些人，大多出身低微：小商小贩、屠狗无赖、拉车卖浆等。刘邦取得天下后，这些人自然是开国勋臣，论功行赏，全都成为王侯将相。这便是旧史书上常讲的“汉初布衣将相之局，盖秦汉间为天地一大变局”。既然都是一个战壕的“战友”，行事举措也就没有什么约束，所以刘邦最初的宫廷朝会，形同酒肆茶馆，群臣上朝，饮酒争功，借酒使气，大呼小喊，甚至拔剑击柱。刘邦为此甚为烦恼。这时，博士官叔孙通建议，宫廷朝会没有礼仪不行，愿意根据古礼并参考秦仪，创制一套宫廷仪礼。刘邦一听，正中下怀，于是命叔孙通抓紧拟定并负责演习排练。

经过一个多月的排演，朝会仪式终于在长乐宫举行。天露曙色，先由谒者治礼:将文武大臣按等级依次引入殿门,廷中布置了车骑步卒,刀戟林立,旌旗招展,充当宫廷守卫。殿下丹陛夹列数百名郎中,功臣列侯、诸将军、军吏等武官依次站在殿下西边,面朝东;丞相以下的所有文官都立于殿下东边,面朝西。仪式开始,刘邦乘辇出场,左右侍幄者举帜相随,诸侯王以下至吏六百石官以次奉贺。至礼毕,依法置酒,“诸侍坐殿上者皆伏仰首”,依尊卑次序向刘邦敬酒上寿,由御史执法,凡有不按仪节行酒者,赶出殿门。于是“竟朝置酒,无敢欢哗失礼者”。见到这种场面,刘邦禁不住感叹道:“我直到今天才知道做皇帝是如此尊贵啊!”于是,赐封叔孙通为太常官,赏金五百斤。

叔孙通制定的朝仪,成为后世宫廷朝仪的蓝本,历代王朝都在此基础上增补,用以体现皇权的至高无上。

再说刘邦是如何解决匈奴边患的。匈奴是游牧民族,强弓硬马,骠悍异常。刘邦统一天下不久,匈奴屡次南下。公元前200年,刘邦在晋阳,听说匈奴大营在代谷,于是想一举歼灭之。刘邦亲自率领三十二万人马向北进发。事先刘邦派人侦察,回来报告说是追击匈奴的绝好机会,刘敬却说只见匈奴的一些老弱,肯定是设下了埋伏,认为不可追击。刘邦却认为刘敬是长了敌人志气,灭了自己威风,遂绑了刘敬。

刘邦大军追至平城白登,遭到匈奴四十万骑兵的围击,西汉的大部队一时又来不及增援。刘邦被围困在白登七个日夜,情况十分危急。后来刘邦用陈平计,使人画了美女图送到匈奴单于的妻子手中,诈称汉朝有这样的美女,现在皇帝刘邦被围,想用美女献给单于以解困。单于的妻子担心美女夺去单于的宠爱,于是劝单于撤兵解围。

刘邦脱险后,放了刘敬并重赏之,事后向刘敬请教彻底解决匈奴边患的办法。刘敬认为天下初定,不宜大肆用兵,再者匈奴以武力为威,又不能打着仁义的旗号去谈和,为今长久之计,只有将汉宫的公主嫁给他们,将来他们的儿子便是汉朝的外孙,哪有外孙再来侵扰外祖父的呢!这便是历史上著名的和亲政策。刘邦认为这个办法很好。但刘邦这时仅有一女，吕后怎么也舍不得，于是刘邦只好在宗室刘家女儿中挑一位。事先封她公主称号；派刘敬作使者，嫁给匈奴单于，与单于结为翁婿亲家。此后，匈奴边患才暂告一段落。

最后看刘邦是如何削弱诸侯势力翦灭韩信的。刘邦之所以能打败项羽，军事上与韩信的配合分不开，刘邦自己也深知韩信杰出的带兵才能。天下平定以后，韩信的势力一直是刘邦的心病，唯恐不利于刘家天下的长治久安。汉高祖六年（前201年），有人上书密告韩信要造反。刘邦闻讯后立即询问诸将，都说要赶紧发兵镇压，刘邦默然，又问陈平。陈平问刘邦："陛下的精兵敌得过韩信吗？"刘邦坦率地回答："敌不过。"陈平又问："陛下手下的诸将，用兵才能有超过韩信的吗？"刘邦答："都赶不上。"陈平于是讲："现在是兵敌不过韩信，将也无法相比，这样发兵镇压，其结果将是危险的。"刘邦感到无措，陈平献计：装出巡视的样子到云梦去游玩，不露任何风声，韩信也不知有人告密，一定会前来迎接陛下，那时再趁其不备逮住他。

果然，韩信在毫无察觉之际被刘邦令武士绑了起来。返回路上，刘邦将韩信置于后车，韩信感叹道："果然如人所言：狡兔死，走狗烹；飞鸟尽，良弓藏；敌国破，谋臣亡。"

刘邦囚禁了韩信，一时也不便治罪，毕竟他是有功勋臣，又没有犯罪事实。于是释放了韩信，降封为淮阴侯。韩信也深知功高震主，此后经常称病，有意避开朝政。

汉高祖十一年（前196年），陈豨造反，自立代王。刘邦亲自率军镇讨。令韩信会同击陈豨，韩信称病推脱，结果卷入陈豨叛党的涡旋之中。吕后用萧何的计谋，再次缚捉了韩信，随即斩韩信于长乐宫钟室。后来刘邦得知韩信被斩的消息，《资治通鉴》是这样写的："闻淮阴侯之死，且喜且怜之。"可谓将刘邦的心理刻画得入木三分。

对待势力强大的诸侯王，刘邦采取了各个击破的方针，其办法与翦灭韩信相似，不急于求成，一步一步地来。在清除诸侯王势力的同时，发展同姓王势力，一切为刘家天下长治久安来考虑。

汉高祖十二年（前 195 年），刘邦亲自统军讨击淮南王黥布。交战时，刘邦被流矢射中，途中，病情愈来愈严重。吕后请来良医，诊探后，良医表示可以医好刘邦的疾病。刘邦却骂道："我以市衣身份提三尺剑取得天下，这难道不是天命！人的命数在天，即使扁鹊又能怎么样！"说什么也不让医治，赐金五十斤，将良医打发走了。

稍后，吕后见刘邦病情日见沉重，便问刘邦："陛下百岁之后，萧何相国再死去，使谁代替萧相国的位置呢？"刘邦说："曹参可以。"吕后又问曹参之后呢？刘邦说："王陵可以，但王陵年轻憨直，陈平可以帮助他。陈平智慧有余，然而难以独当重任；周勃为人沉重宽厚、缺少学问，但能够安定刘氏天下的，必定是周勃，可以让他任太尉。"吕后又问之后，刘邦说："这之后，也不是你所能知道的了。"

同年四月，刘邦在长乐宫逝世。五月，葬刘邦于长陵，立太子刘盈为皇帝。追谥刘邦称号，谥为"高祖皇帝"，所以历史上又称刘邦为汉高祖。

刘邦从一介亭长起事，经历六七年的拼搏，最终登上皇帝的宝座，这实在有赖于秦末的社会局势。因为整个社会动荡不安，新的政治集团从无到有、由弱到强，直至创立全国政权，才有充分的可能性。至于刘邦同项羽竞斗，时常表现得不够光彩，再经过司马迁的描述，就留下一副痞子的模样，致使后人颇有讥讽，甚或以"流氓皇帝"相称。仅就客观历史而论，刘邦建立西汉王朝，结束秦末社会大动乱，加上开国后采取各种措施，稳定政治秩序，恢复和发展社会经济，对历史进步起着推动作用，其还是有重大贡献的。

卢昌德　文

拨乱反正　艰难玉成——汉光武帝刘秀

在中国历代开国史上，有一位相当突出的皇帝。他曾经在太学读书，在家乡务农和经商，而后在战争中登上皇位。他开创了“光武中兴”的局面，被称为中国古代“最会用人、最有学问、最会打仗”的皇帝。他就是汉光武帝刘秀。

“白衣”敢为 “秀才”造反

湖北省北部偏西的枣阳市，西汉末年属南阳郡蔡阳县，境内有一条白水（今名滚河），白水边上有一个白水乡，这里就是东汉光武帝刘秀的家乡。

刘秀（前 6 年—公元 57 年），字文叔，出身于汉景帝的支系，算起来是汉高祖刘邦的九世孙。他的先世原居于零陵郡泠道县（今湖南宁远东），后迁居南阳郡的蔡阳县。

不过，刘秀的出生地是在济阳（今河南兰考东北）。其时，他的父亲刘钦正担任济阳县令。刘钦后来又担任南顿（在今河南项城）县令，刘秀九岁那年，他就去世了。这样，刘秀就返回乡里，由叔父刘良抚养长大。

刘秀的母亲姓樊，名娴都。她的父亲樊重，是南阳湖阳（今河南唐河县西南湖阳镇）的一个富豪，拥有良田三百余顷，住在有高堂重阁的庄园中，手下有许多僮仆，农林牧渔，多种经营，财力雄厚，富甲一方。

刘钦与樊氏生有三子三女，长子刘縯，次子刘仲，长女刘黄，次女刘元，刘秀是家中老五，下面还有一个小妹。

刘秀是西汉皇室支系后裔，先世属于贵族阶层，他的祖上曾世代为官，但他的父亲、叔父都只当到县令，而到他这一代，已无官无职，这在古时称为“白衣”、“匹庶”，也就是平民百姓。不过，无可否认的是，刘秀的外祖父是豪族地主，他的姐夫邓晨是家中世代为官的豪族地主，他自家也有不少的土地。所以，刘秀可以算是南阳地区豪强地主关系网上的一个纽结。

刘秀长大以后，和他哥哥刘縯的性格明显不同。他“勤于稼穑”，对于家中的农业生产经营比较有兴趣，也能安得下心来，而刘縯呢，性格外露，慷慨气盛，是乡里一个集霸、豪、侠气于一身的人。他对从事生产不感兴趣，而倾身破家，交结所谓“豪杰”，把全部精力都放在“举大事”的准备上。刘秀给人的印象是本分，所以人们称他为“谨厚者”。实际上，他和他哥哥的差别，只在于一个善于掩饰，表里不一，而另一个不喜掩饰，也不善掩饰罢了。刘秀其实也是一个敢作敢为的人，他姐姐湖阳公主刘黄就说他早年间“藏亡匿死，吏不敢至门”，可见，刘秀也是一个令官府头痛的人。后来，他终因逃避官府追捕，到姐夫邓晨家藏身，还在新野被拘留过。

起初，刘秀在乡间务农，他有较多且好的土地，又比较善于经营，因此，收成总是不错。有一年，南阳郡闹旱灾，严重减产，而刘秀家的收成却未受到多大影响。后来，刘秀到长安的太学学习，师从著名儒生许子威，攻读《尚书》。

在长安时，他是个消息灵通人士，一方面“高才好学”，另一方面，也很喜欢游侠行径，喜欢玩，喜欢到社会生活中去了解情况。他所住的尚冠里，成了南阳地区一些上层人物在长安的聚会之地。他在长安看到执金吾（负责京师警卫的官员）出行的威严，不由地叹道：“仕宦当作执金吾，娶妻当得阴丽华。”阴丽华，是南阳新野（今属河南）的一个美慧女子，后来果然成了刘秀的妻子，最后被立为皇后。

这时正是王莽当政之时。由于王莽不懂政治，也不懂经济，实行改革也是朝令夕改，随心所欲，最终不但未能缓和社会矛盾，反而火上浇油，使天下成了一堆随时可能烧起来的干草堆。在社会危机严重的情况下，王莽行改朝换代之举，登天下至尊之位，更使他成为众矢之的。

当时，一方面是兼并严重，土地和社会财富集中到少数富人手中，广大的农民丧失土地，沦为奴婢；另一方面，地主阶级中也出现了严重的分化，最突出的是刘姓宗室和王莽集团的冲突变得十分激烈。

西汉皇朝开创者刘邦的众多子孙，到西汉末年，虽然人已有了很大分化，但其中还是有不少人是有封侯待遇的。王莽夺取政权后，对刘姓贵族很不客气，以致把他们的爵位都剥夺了，各地的地方官对他们也有很多侵犯。这样，势必严重激化刘姓宗室贵族与王莽政权的矛盾。

由于王莽政权的政策，像刘秀这样的人，早就成为一介平民，既无官职，也无任何特殊身份，甚至连普通的百姓都不如，因为他们被王莽政权视为“危险分子”。对这种政治上的压迫和歧视，刘秀早就感觉到了。

实际上，一部分西汉宗室后裔确实是王莽政权的一个巨大的潜在威胁。刘氏兄弟可以说是他们的代表人物。刘縯早就在联络有志反莽的豪杰了，他的志向就是“兴复汉室”。刘秀呢，虽然没有像他哥哥那样张扬，但其决心并不在刘縯之下。

有一天，在宛城（今河南南阳）一个名叫蔡少卿的人家里，聚集了很多人，刘縯、刘秀兄弟也在，他们是来听这个当时远近闻名的“先知先觉”者预言未来之事的。言谈之间，蔡少卿突然说了一句“刘秀当为天子”，一下子语惊四座，当场就有人问“是国师公刘秀乎”？原来，那时还有一个原名刘歆的国师公刘秀。谁想这句话却让在座的刘秀动了心，他情不自禁地说出了他的真心话：“怎么知道就不是说的我这个刘秀呢？”

时隔不久，天下终于震动了。

王莽天凤四年（17 年），临淮（今安徽凤阳）人瓜田仪在会稽长洲（今江苏苏州）起义，琅琊（今山东临沂）人吕母也在海曲（今山东日照）聚众数千，向王莽政权宣战。在距离刘秀家乡不远的绿林山（今湖北京山市的大洪山），早就聚集了不少饥民，他们在王凤等人的领导下，也举起了反莽的义旗，号称“绿林军”。这一年，刘秀二十三岁。

次年，在位于今天山东省境内的一些地方，樊崇等人领导了大规模的起义，后来起义军以红色涂眉，以便识别，因此，被称为“赤眉军”。

绿林军是饥民组织起来的，他们起义后缺乏明确的政治目标，他们为饥寒所迫，铤而走险，他们的要求也只是稍离饥饿线，免蹈死亡线而已。他们曾打败王莽政权的荆州牧（当时一州的最高官员）的两万军队，并且截获了荆州牧本人，可是却“不敢杀牧”，把他放了。他们夺取了一些县城，但却不知如何扩大胜利，得而复失，又退回山中。因此，绿林军斗争五年，并无太大的作为。

地皇四年(22 年)，绿林山中发生瘟疫，绿林军下山分别行动，王匡等北入南阳，号“新市兵”，王常等西入南郡，号“下江兵”。随着起义军出山，反莽斗争的冲击波扩大，平林(在今随州市)人陈牧、廖湛等举兵响应，于是，在反莽武装中又多了一支“平林兵”。

这一巨大的冲击波也使素有反莽之志的刘秀等人大受激荡。该年七月，刘秀与宛人李通、李轶兄弟共谋起事，但消息泄露，以致李氏家属多人遇害。十月，刘秀与李氏兄弟起兵于宛。

次月，刘秀等带兵返回舂陵，与刘縯手下的人汇合在一起，组成“舂陵兵”。刘氏兄弟经过数年的等待、观望与准备，终于正式举起了反莽斗争的义旗。这一年，刘秀二十八岁。

舂陵乡起兵后，刘氏兄弟所率的舂陵兵与“新市”、“平林”等友军配合，打了一些小胜仗。但时隔不久，却又遭到一次巨大的挫折，刘秀等在一个叫小长安聚的地方与官军遭遇，势不能敌，只好溃退。刘秀策马奔逃，遇到妹妹伯姬，赶紧让她上马，可又看见大姐刘元拉着三个女儿，正在上气不接下气地跑着，心里想救她们，可实在无能为力了，刘元也对他说“你们快走，没法相救了，不能大家死在一块!”刘秀只好策马而去，强忍悲痛，眼睁睁地看着自己的亲人落入敌手。这一仗，刘秀不仅痛失亲姐亲哥(刘仲)，还有亲属、宗族等数十人遇难。

血的斗争经验，使刘氏兄弟认识到联合的重要性，只有各支反莽义军联合起来，才能形成强大的力量，否则，是无法战胜王莽的。于是，他们来到下江兵王常军中，陈述联合的好处，表达联合的愿望。王常是个识大体、有眼光的人，他欣然接受了联合的建议。随之，各路义军联合起来，绿林军声势大振。

地皇四年(23年)正月初一,各路义军与荆州的王莽军队展开激战,歼灭敌军两万余人,敌军主将甄阜、梁丘赐也都被杀。接着,他们又打败了严尤、陈茂所率的敌军,进围宛城。

数年之间,各地的反抗斗争此起彼伏,但由于分散作战,容易被各个击破,所以王莽没有怎么放在心上,而自从刘縯、刘秀兄弟与绿林军各支队伍联合起来,大胜官军之后,远在京城长安的王莽,就再也无法睡安稳觉了。

从昆阳大捷到鄗南称帝

军事上打了胜仗，前来投奔的人络绎不绝，在从未有过的大好形势下，绿林军的将领们在酝酿一件大事。他们觉得，需要一位皇帝。只有刘縯持不同意见，认为这时只能立个王，立皇帝的时机尚不成熟。但是，附和他的人较少，起劲地主张立皇帝的人多。然而，立谁为皇帝，意见却不统一。一部分人主张立刘縯，但新市、平林兵的多数将领却主张立刘玄。

刘玄，是刘秀的族兄。他也早就有反莽的志向与行动，平林兵起，他投到陈牧手下，后来，任“更始将军”。为什么新市、平林诸将要立刘玄呢？这主要是因为刘玄是孤身一人投入义军的，没有实力。或许，他的母亲是平林人，也是平林诸将对他有好感的一个原因。至于旧史书上说刘玄懦弱，甚至说他被推上帝位时紧张得遍体流汗，恐怕有些夸张，因为他早年无端受一亭长欺辱，一怒之下，刺杀了亭长，亭长的儿子为报仇杀了他的弟弟，刘玄为弟报仇，又烧死亭长的亲属四人。像他这样一个人，决然不是懦弱之辈。不过，刘縯、刘玄相较，刘縯严整，刘玄卑琐，喜欢“自由”，乐意“放纵”的新市、平林诸将选择了刘玄。

结果，刘玄被立为皇帝，年号“更始”。

王莽闻知，气得发昏。他派王寻、王邑等为将，搜罗了四十三万军队，号称百万，向更始政权的军队猛扑过去。王莽这个人喜欢玩怪，特地向军中派去一个身长一丈、腰大十围的巨人，名叫巨无霸，随军的还有虎、豹、犀、象等猛兽，目的就是为了壮军威，吓唬人，史书上说这次出兵是“自秦、汉出师之盛，未尝有也”，倒也不过分。

当时，绿林军正围攻宛城，王莽军队避实就虚，攻向昆阳（今河南叶县），意在占领这座战略地位十分重要的县城。敌军已包围了昆阳，而且越聚越多，驻守在昆阳的绿林军仅数千人，形势万分危急。这时，刘秀正在城中，他向壮士们分析形势，得出结论：只有拼死一战，才有生路。经他这么一说，大家觉得在理，因此抛弃了别的念头，下定决心，血战到底。于是刘秀实际上担负起临时总指挥的重任，他让王凤、王常坚守昆阳，自己去附近各城搬取救兵。刘秀部署完毕，便带领十三人拼死杀出重围。

经过刘秀的耐心说服，附近各城分兵救援昆阳，刘秀也亲率敢死队员三千人，攻向敌人中坚，打得敌人措手不及，损失严重，连主将王寻也丢了命。在绿林军的内外夹攻下，王莽军队失魂落魄，阵势大乱，又遇到电闪雷鸣，狂风大雨，更是溃不成军，王邑、严尤也险些丧命。这一仗，就是中国战争史上著名的以少胜多的昆阳之战。经此一战，绿林军消灭了王莽军队的主力，王莽的军事优势已不复存在。

经过昆阳大捷，刘氏兄弟的威望进一步提高，但更始政权的内部矛盾也更趋尖锐。结果，刘縯遭杀害，刘秀也岌岌可危，在这种异常凶险的情况下，刘秀保持镇静和耐心，想方设法消除刘玄的猜疑，才免遭杀身之祸。

公元 23 年秋，绿林军攻入长安。长安市民起义响应，杀死王莽。于是，以绿林、赤眉为主力的反莽战争取得了胜利。但是，天下还远没有恢复秩序与统一。

就在长安攻破后不久，刘秀被刘玄派往河北，使得他终于摆脱了刘玄对他的直接控制，有可能发展自己的势力。刘秀刚渡河，到达邺（在今河北临漳），新野人邓禹追了上来，向他进“延揽英雄，务悦民心”之计，刘秀把他当作军师对待。

当时的河北，处于极度混乱之中，这里既有不计其数的大大小小的农民武装，也有不少地主、地方官吏的割据势力，形势错综复杂，战事接连不断。要收拾这样一个乱局，确实不容易！刘秀首先争取一些地方官员的支持，占据一些地盘，以便立足。他控制了一些地区后，就顺应民心，废除王莽的苛政，整顿吏治，力求在政治上表现出新的气象。他懂得，要在河北站稳脚跟，除了要有军事实力，更重要的是，必须得民心支持，有民力可用。

那时河北地区最大的割据者是在邯郸（今河北邯郸）自称天子的王郎，王郎控制了不少县城，还有一些随风倒的势力，也正在向他靠拢。刘秀为躲开王郎，北移到蓟（jì，今北京市西南大兴区），但在蓟的刘氏宗室刘接却起兵响应王郎，王郎又正以封十万户侯的条件悬赏刘秀。刘秀在蓟也待不下去了，又带着部下，一路南奔，到了饶阳（今属河北）。

这一队人一路奔波，早已是饥肠辘辘。刘秀便自称是“邯郸使者”（即王郎的特派员），把他们带进了县城“传舍”（相当于招待所）。传舍的官员信以为真，就给他们端来了饭菜。谁知这伙人确实饿急了，见了吃的，就抢了起来，这就引起了官员的怀疑，为了试探这个“邯郸使者”到底是真是假，于是让人敲响大鼓，高喊“邯郸将军到”。刘秀的部下显出惊慌神色，刘秀也起身想走，但他冷静下来一想，要跑也跑不掉了，于是干脆坐下说：“请邯郸将军进来。”接着，又幸得守城门人的帮助，才得以脱险。这一路，真是历尽艰险，好不容易到达信都（今河北冀州），才因太守任光是拥护更始政权的，得以安顿下来。

后来，刘秀逐渐壮大了实力，终于形成对邯郸的包围之势，以致最后消灭了王郎，为他进一步统一河北奠定了基础。

对于农民军，刘秀采取以分化、瓦解、收编为主的政策。当时，河北地区规模最大的农民军号“铜马”，刘秀击败铜马军后，将其部众收编，充实自己的兵力。因此，他还获得了“铜马帝”的称号。经过一年多的苦心经营，刘秀终于完全控制了河北地区，这一地区也安定下来。这时，远在长安的更始帝对刘秀越发放不下心了，假意封他为萧王，企图把他召回。当然，翅膀已硬的刘秀，是再也不会重回笼中了。

公元 25 年，刘秀在鄗（在今河北柏乡县）南郊称帝，国号仍为汉，年号建武。不久，汉军攻下洛阳，刘秀定都于此。

扫平群雄　恢复统一

刘秀当上了皇帝，但因战争动乱而分为碎片的国家，距离重新统一，还有无数的障碍。

在天下大乱的过程中，称王称帝者甚众，真是“于时怀玺者十余，建旗者数百，高才者居南面，疾足者为王公”。从鄗南称帝到消灭最后一支割据势力，刘秀前后共用了十三年时间，才最终取得统一战争的胜利。他有一个基本的远谋方略，敌手一个一个地去翦除，地方一片一片地去占领，与此同时，他除去王莽的苛政，让人民休养生息，获得人民的好感与拥护，社会生产也得以恢复与发展，为统一战争提供了有力的物质保证。

刘秀首先把兵锋指向关中地区（今陕西中部一带），解决赤眉军。赤眉军，本是一支淳朴的农民武装，为首的也是原本社会地位低下的农民和小知识分子。这支军队的战斗力很强，屡次打败王莽军队，成为摧毁王莽政权的主力之一。当绿林军立刘玄为帝后，赤眉军通过抓阄的办法，立了一个牧童出身、年仅十五岁的刘盆子为帝。

王莽垮台后，更始政权迅速腐化，失去了战斗力，也失去了政治上的号召力。就在刘秀即位后三个月，赤眉军攻入长安，更始帝出逃，后来被其已投降赤眉军的将领所杀。可悲的是，攻入长安的赤眉军也好景不长。赤眉军没有明确的足以振奋人心的政治纲领和举措，在关中地区没有得到有力的响应、支持和配合，甚至连赖以生存的口粮都弄不到，而其成员都是关东人，想念家乡的情绪日甚一日。于是，军心涣散，纪律松弛，而领导集团竟然束手无策。刘秀平定赤眉军的军事行动持续了两年多。任前线指挥的起初是邓禹，但他一再贻误战机，处境陷于被动。后来改派冯异，刘秀也不时发出指令，终于使形势扭转。建武三年(27 年)的崤底(在今河南洛宁)之战，冯异大胜赤眉军，降服八万余人。赤眉军溃败向东，顶风冒雪，饿乏无食，又与刘秀亲率的大军遭遇，只好投降。

接着，刘秀的目标是统一广大的中原与江南地区。

在南阳地区，有宛王刘赐、邓王王常等。建武二年(26 年)，以吴汉为主帅，向南阳进兵。吴汉的出征还算顺利，南阳各城纷纷投降，刘赐、王常也主动归附。

南阳以南的荆州地区，主要的割据者是秦丰。刘秀派能征善战，又十分注意军纪的岑彭为将，与秦丰作战三年，不断消耗其有生力量，最后把他围困在黎丘(在今湖北宜城)，建武五年(29 年)六月，秦丰只得开城投降(后送洛阳被杀)。

岑彭控制了长江中游的战略要点，他发布文告，致意于“诸蛮夷”首领，敦促他们归降，又致书交州牧邓让，希望他主动归附，又移檄江南各州郡。由于东汉初年南方地广人稀，交通阻隔，各州郡联络不易，而各自势单力薄，无力独支，故纷纷归顺。到建武五年冬，广大的中国南方，直到最南部的交趾(在今两广等地)，都在东汉朝廷统治下了。

中原地区最大的割据者是刘永，他也是刘氏宗室，若论血统，甚至比刘秀更近于高祖刘邦。刘永据有今鲁西、豫东、苏北、皖北的广大地区，对于洛阳的威胁甚大。中原战场的形势颇有反复，刘秀军队的每一个胜利都来之不易，建武三年四月，刘永兵败被杀。一时间，这里的形势更加复杂，刘永之子刘纡仍有实力，刘永所封的齐王张步、海西王董宪势力转盛，刘秀原来十分信任的庞萌又背叛刘秀。刘秀度过了一段困难时期，到建武六年(30 年)，才把上述各支武装悉数平定。

到这时，统一战争的前一阶段结束。剩下的割据者，主要还有隗嚣、公孙述等。

隗嚣，天水成纪（在今甘肃通渭）人，随其叔父起兵，被推为上将军。他“好经书”，有政治、军事才能，势力壮大，拥兵十万。更始二年，他曾投归更始政权，赤眉军入关中，更始政权垮台，他返归天水，自称西州上将军，再度振作，“名震关西”。隗嚣和刘秀有过多次合作，帮助刘秀击败过一些敌手，他也曾“上书诣阙”，形式上臣属于刘秀。但是，隗嚣骨子里是“欲持两端，不愿天下统一”的，这样，他和刘秀的关系逐渐由热到冷，虽然后来刘秀一直没有放弃对隗嚣的争取，但并未取得真正的实效。建武六年，双方关系完全破裂，冯异在旬邑（在今陕西旬邑）击败隗军，形势对隗嚣不利。在这种情况下，隗嚣倒向公孙述，但此举并不能使他摆脱困境。建武八年（32 年），东汉军队连败隗嚣，隗嚣已难以支持。次年正月，他饥病交加，“恚愤而死”。他的残部还在挣扎，但已无法挽回，到建武十年（34 年）十月，隗氏势力完全被消灭。

隗嚣覆灭后，盘踞巴蜀的公孙述成了剩下的最后一支割据势力。公孙述，扶风茂陵（在今陕西）人，王莽时任导江卒正（即蜀郡太守），乘乱割据蜀地，并扩展势力，在刘秀称帝前两个月，他于成都称帝。公孙述之所以能长期割据，主要是因为他“远据边陲”，易守难攻，而刘秀克服众敌，由近而远，由易而难。对他是鞭长莫及，只能放在最后来解决。击灭隗嚣后，刘秀就“既平陇，复望蜀”，但由于全国其他地区的问题尚未解决，只好把平蜀之事再往后推。到建武十三年（37 年），伐蜀之役大规模开始，公孙述拼死抵抗。东汉军队取胜十分不易。攻蜀的主将是岑彭，他敢于决策，敢于苦战，主要以水军去冲击公孙述的大门。经过激战，岑彭从长江溯流而上，勇穿三峡，攻入蜀地，创造了军事上的奇迹。接着，岑彭又运奇兵，长驱直入，精锐前锋以迅雷不及掩耳之势，进至离成都只有数十里的地方，惊得公孙述连呼：“是何神也！”

为了确保胜利，刘秀增派来歙等将率军从北面配合岑彭。来歙也是一员名将，他进军神速，使公孙述更为恐慌，公孙述便使暗招，派刺客潜入汉军大营，刺杀了来歙。来歙之死，使刘秀十分悲痛，这不仅是因为来歙是他的外甥，更因为来歙确实是一位智勇双全、屡立战功的良将。来歙之死又更增强了刘秀消灭公孙述，加快完成统一大业的决心，他为来歙隆重治丧后，亲上前线指挥。仅仅过了三个月，公孙述故伎重演，又派人刺杀了岑彭。刘秀再度痛失一员良将，令吴汉接替岑彭。可贵的是，就是在这种情况下，刘秀仍保持着冷静和清醒，仍不失军事统帅的理智和气度，他致书公孙述，让他“勿以来歙、岑彭受害自疑”，敦促他投降。然而，公孙述坚持不降，吴汉等以猛烈的攻势加于他的巢穴成都，终于此年十一月攻入成都，公孙述被杀，蜀地宣告平定。

从刘秀称帝算起，统一战争持续了十三个年头，取得胜利是不容易的。刘秀之所以能恢复统一，有主观、客观多方面的原因。刘秀是我国古代一位杰出的军事家、政治家，他在统一战争中，坚持安定天下的政治原则，以宽易暴，“务悦民心”，使饱受王莽苛政之苦的人民处境有所改善，他的军队也比较注意纪律，因此，他得到人民的拥护。他具有卓越的军事指挥才能，经常亲自做出重大的战略决策。他善于用人，让手下将领各尽其才，为统一战争做出了各自的贡献。他把对敌人分化瓦解与各个击破的策略、政治攻势和军事进攻等结合起来，以弱胜强，越战越强。这些都是刘秀战胜众多强敌，最终取得胜利的原因。

以柔为道　以文治国

刘秀据帝位三十二年(25 年—57 年)，占东汉一百九十五年历史的六分之一。“拨乱反正，以宁天下”，“光武中兴，复致太平”，的确，他结束了战争和混乱，恢复了国家的统一和社会的秩序。

刘秀对他的治国之道谈得不多。在一次宴会上，他说自己想以柔道治天下。刘秀是视“柔”为“有德”、“逸政”等的同义语的。刘秀当政时期，对人民的剥削与压迫，确实比较轻。田赋减少到三十分之一，这在历史上是少有的。人民的徭役、兵役等负担，也明显地减轻了。刘秀还很注意对有特殊困难的人予以照顾，数次颁布法律，对老弱孤寡残疾人等，予以优待。在战争期间，有不少人沦为奴婢，刘秀曾多次下诏，要求释放奴婢，同时，又严禁对奴婢进行肉体摧残。刘秀还“约法省禁”，减轻刑罚，释免大批“犯人”。

用人、吏治是政治，特别是地方政治的关键。刘秀注意任用能够自律而比较清廉的人为官，光武一朝，确也涌现了一些在中国历史上著名的“循吏”，如任姑臧县长(秦汉时，县万户以上称令，不及万户者称长)的孔奋，所居是个富县，在交通要道上。他的前任们，当官几个月就捞个饱，但他到任后却清廉自守，以致调动时，“单车就路”。洛阳令董宣，死在任上，布被覆尸，家中唯有大麦数斛，破车一乘。杜诗在南阳被百姓称为“杜母”。还有伏谌、侯霸等良吏，都是值得称道的。

对于统治阶级，刘秀也并非只行柔道，而是讲法纪的。史称他“颇以严猛为政”，就是说他对宗室、功臣、官吏等，是有所约束的。有一件事，对他是一个检验：曾与他共过患难的姐姐——湖阳长公主刘黄，手下的仆人仗势欺人，时任洛阳令的董宣严明执法，把那人给杀了，刘黄认为伤了她的面子，非要出这口气不可，便告到刘秀那里。刘秀知道她难缠，便要董宣给她赔礼，董宣理直气壮，怎么也不肯。刘秀冷静了一下，便转而赞赏董宣为“强项令”。

但是，刘秀之行柔道，有时也正是他政治上失败的一个补救。度田便是一例。东汉的建立，南阳等地的豪强地主起了很大的作用，因此，他们是最大的既得利益者，整个地主阶级也占有大量土地。这对于东汉政权来说，不能不说是一个不利的因素。于是，在建武十五年(39 年)刘秀便下令“度田”，即进行土地与人口状况的调查，以便掌握这方面的确切数据，同时也对官吏的执法情况进行检查。“度田”，应当说是一件好事，对国家来说是必要的，对广大农民也是一次申明真相的机会。但是，这一全国性的行动遭到豪强地主的抵制，地方官或慑于豪强势力而束手，或受赃枉法而失足。度田既不实，吏治又转坏。在许多地方，度田严重侵害了小土地所有者的利益，成为扰民的苛政。豪强地主乘机兴风作浪，不少地区发生了骚乱，使东汉政局一度陷入危机。在这种情况下，刘秀只好权衡利弊，向豪强地主妥协，对他们行之以“柔道”。一方面，他严厉处置了一大批“度田不实”的地方官员；另一方面，他把灵活的政策交给地方官，让他们软硬兼施地对付参与骚乱的人。刘秀的总政策，可以概括为一句话，就是“息事宁人”，“宁人”，主要就是对豪强地主妥协，“息事”，既平息了各地的骚乱，也实际上停止了度田，使这一大规模的行动不了了之。

刘秀本是一介书生，虽然亦文亦武，但毕竟重文，他喜欢读书论经，在戎马倥偬之中，他犹天天读书，真可谓是“投戈讲艺，息马论道”，战不辍学，武不释文。他手下的将领，多数是能文能武的“儒将”。即使战争还在进行的时期，他也重用文吏理政。

他的治国理政突出了一个“文”字。例如，他表彰节义，提拔节义之士，昭示全国，作为社会的榜样。王莽时期，喜造舆论与气氛，盛行阿谀奉承、歌功颂德，一时闹得个乌烟瘴气，但也有一些清醒、耿直之人，不为时论所动，不随波逐流。时过境迁，这些人的人品和气节，格外显得宝贵。刘秀当了皇帝，特意表彰这些人，如任卓茂为太傅。再如，他重视教育，兴办学校，还曾亲自到太学讲论经学。这些，对于东汉一代文化的发展，是起了推动作用的。

但他也有一个严重的缺陷，这就是迷信图谶，在思想文化上造成了恶果。图谶，简而言之，就是具有神秘色采的预言、暗示之类，就是儒家正宗，也是不信这些的，而刘秀却和王莽、公孙述等人一样，对这种荒诞文化执迷不悟，不仅自己至死不悟，而且利用自己手中的权力，把它颁示全国，使之成为法定的“国宪”。对于怀疑图谶、敢于有不同意见的人，即予排斥和打击，如著名的思想家桓谭，上书反对，他不容桓谭辩说，便要将他斩首，时已七十多岁的桓谭，叩头至流血，才免于一刀，但不久还是死在贬逐的路途之上。

刘秀虽是以武力取天下的，但他却能体谅百姓之苦，理解人民大乱之后“思乐息肩”的愿望，早就想要尽快结束战争，在恢复统一后，即偃武修文，这是他审时度势的表现。在统一天下后，他就基本上不再用兵，对内，像度田引起的骚乱，他没有用单纯镇压的手段去解决，避免事态的扩大，避免了一场可能的内战。对于边疆地区的少数民族，他也以和靖、安抚为主，如北方的匈奴，虽然东汉初年分裂了，但还是一个潜在的威胁，全看怎么处理，能否因势利导，化干戈为玉帛。建武二十七年(51 年)，臧宫、马武建议乘匈奴困乏而击之，但被刘秀拒绝，理由是“苟非其时，不如息人”。刘秀利用南北匈奴之间的矛盾，尽量搞好和南匈奴之间的关系，保持了边境上的安宁。

刘秀在位时期，在政治上也实行了不少的改革，取得了一定的成效，有的还有深远的影响和意义。

一是精简机构，卓有成效。建武六年，刘秀发布诏令，对于官僚机构进行精简，在中央机构中，主要是减少吏员，如掌车马的太仆，旧有六厩，省去其五，掌刑狱的廷尉，西汉时原有中都官狱二十六所，只留下廷尉和洛阳的诏狱两所，其余皆省。作为中央禁卫军的八校尉，也从建武十五年起省去中垒、胡骑、虎贲三校尉。在地方上，主要是并省郡国。据统计，裁省的县级单位，有五百五十余个。这样，也就大大减少了官员数量。

这一改革具有重要的意义，它有利于减少国家的财政支出。间接地减轻了人民的负担，不仅如此，它还有利于提高行政效率。光武一朝精简机构的改革，在历史上是十分成功的，为后世提供了一个范例。

二是加强中央集权，特别是提高皇权。刘秀沿袭汉武帝以来的做法，继续削弱相权，把决策权进一步集中到皇帝为核心的“台阁”手中。汉武帝时，已有明显的内、外朝之分，丞相等三公为首的官员构成外朝，而皇帝身边的亲信、顾问、内侍等构成内朝，直接向皇帝负责，在皇帝的直接领导下工作，做出重大决策。刘秀实行“虽置三公，事归台阁”的制度，实际上架空了三公，当然，三公从名义上来说还是皇帝之下最高级的官员，但他们的权力却受到很大的限制，皇权被进一步突出和抬高了。

三是对地方政治系统的整理改革，特别是加强了对地方行政机构和官员的监察，此举意义重大。中央部门中，司隶校尉可以纠察除三公以外的百官；地方上，州刺史的职权扩大，地位与作用加强。通过这些改革，强化了中央对地方行政系统的控制和监督。

四是刘秀善于处理统治阶级内部的各种关系，减少消极因素。他对功臣妥善安置，既没有造成清洗和屠杀，也防止他们权势过重，留下后患。他约束诸王、外戚，不让他们成为破坏性的政治势力，这些，对于东汉初年政治的稳定和相对清明，都是有利的。

历代史学家多数对刘秀评价很高，特别是极力称颂他的“中兴”之功，如南宋思想家、史学家叶适就说：“自古中兴之盛，无出于光武矣。”实际上，刘秀不仅仅是“中兴”了刘姓的汉朝，他是白手起家，建立一个新政权、新朝代的。这一点，有的旧史家也看到了，如东晋史学家袁山松即说：“虽曰中兴，与夫创始者，庸有异乎？”

刘秀是我国古代一位杰出的军事家和政治家。他直接参与了反对王莽政权的斗争，为推翻王莽建立了功勋。在九州分崩之际，他承担起了“安集”天下的重任，历经艰难曲折，终于恢复了社会的秩序和国家的统一，为社会经济和文化的发展创造了条件，使西汉有过的繁荣得以继续，使中国历史上的两汉盛世连为一体。这是他对历史发展的重大贡献。

刘秀是“起于学士大夫，习经术，终陟大位者”（王夫之《读通鉴论》语），他是中国历史上一位“秀才造反”成功者，他有较高的文化素质，在战争中重视战略、策略和政策，有不少值得称道的做法，在治国中，也更善于总结历史经验，进行有利、有效的改革。当然，更应该看到，刘秀并不仅仅是一个孤身英雄，他团结了一批杰出人物，充分发挥了他们的作用，他是一个内部结构较佳的人才集团的贤明首领。

与历史上诸多的皇帝相比，刘秀一个突出的地方是他基本上做到了慎始慎终。他在位三十二年，到晚年还勤于政事，生活俭约朴素，晚年的他在至尊之位仍如履薄冰，不沉醉于臣下的阿谀奉承，不信所谓的“瑞应”。他临终前遗令薄葬，这也是高明之举。

当然，刘秀也是一个很矛盾的人，例如，有时他很大度，善待部下，能纳谏从善，但有时又很专断。他杀直谏的韩歆，逼死不信谶讳的杰出思想家桓谭，都受到后世的非议。作为专制君主，他在玩弄权术方面也是很“高明”的。

丁毅华　文

成也司马　败也司马——晋武帝司马炎

西晋是我国历史上最腐朽、最黑暗的封建王朝之一。它的开国之君是司马炎，而奠基人却是他的祖父司马懿和伯父司马师、父亲司马昭。

借父祖之功而成就帝业

司马懿(179—251 年),字仲达,河内郡温县(今河南温县西)人。他早年跟随曹操,深受重用,先后担任丞相府主簿、魏太子中庶子等职。曹丕称帝后,司马懿成为曹魏政权的重臣,自尚书、督军、御史中丞一直做到侍中、尚书右仆射。黄初五年(224 年),魏文帝亲征吴国,让司马懿留镇许昌,可见对他的信任。魏文帝临终,召司马懿与中军大将军曹真、镇军大将军陈群遗诏辅政,权力进一步扩大;明帝即位后,司马懿打退吴军,都督荆、豫二州诸军事,成为掌握实权的一方统帅。为对抗蜀、吴的军事联盟,司马懿又成为魏国西部的军事统帅。景初元年(237 年),辽东公孙渊反,司马懿统兵一举攻灭了公孙渊,平定了辽东、玄菟、乐浪、带方四郡,威名远震关内外。曹叡死,司马懿与大将军曹爽受遗诏辅佐八岁的少帝曹芳。曹爽为了保护曹氏利益,使大权不致旁落,与司马懿展开了斗争,但他平庸无谋,根本不是司马懿的对手。司马懿暗中积蓄力量,等待时机。嘉平元年(249 年),司马懿发动了高平陵政变,一举消灭了曹爽集团,魏国军政大权全部落入司马懿之手。嘉平三年(251 年),司马懿去世,他的儿子司马师、司马昭继续执政。

司马师(208—255 年),字子元。其父死后,以抚军大将军辅政。第二年,又升为大将军,持节,都督中外诸军事,掌管朝政。嘉平六年(254 年),司马师以荒淫乱伦、不可奉承宗庙为由,废黜了曹芳,立十四岁的曹髦为帝,自己进号大都督。不久病死。司马昭(211—265 年),字子上。他继兄担任大将军后,专断国政,并阴谋代魏。这一点连魏帝曹髦都有所觉察,曾对侍中王沈、尚书王经等人说:“司马昭之心,路人皆知。”甘露五年(260 年),司马昭进位相国，封晋公，加九锡。不久，杀了曹髦，另立曹奂为傀儡皇帝。司马昭为了树立威望，决定完成统一大业。他选择了弱小的蜀国作为突破口。当时蜀国后主昏庸无能，宦官黄皓专权，政治极为混乱。景元四年(263年)，司马昭发兵十八万，由钟会、邓艾、诸葛绪率领，分三路进攻蜀国。邓艾军至雒城，刘禅投降，蜀国灭亡。咸熙元年(264年)，司马昭进封为晋王，以其子司马炎为副相国、晋世子。第二年，又公开宣布他以晋王之名行皇帝之实。这时，司马氏以晋代魏的条件完全成熟了。但正当他准备取代曹魏称帝时，却病死了。司马昭把建立晋朝的重任留给了他的儿子司马炎。

司马炎(236—290年)，字安世，司马昭死时，他正三十岁。他是一个雄心勃勃的人，继位相国、晋王后，立即着手准备代魏事。这一年的十二月，在世家豪族的支持下，他仿效汉献帝“禅让”的故事，迫使元帝曹奂让位。司马炎终于登上了皇帝的宝座，实现了祖父司马懿、伯父司马师和父亲司马昭的心愿。建国号为晋，定都洛阳，历史上称为西晋。晋武帝泰始元年(265年)即位，到太熙元年(290年)去世，共在位二十六年，是西晋执政最久的皇帝。在当时的历史条件下，应该说还不失为一个较有作为的封建统治者。他的最大功绩是灭掉东吴，实现了天下一统，以及发展经济促成了太康时期的繁荣。

实现统一与经济的繁荣

秦汉以来，统一已成为中国历史的主流。人民渴望安定，要求统一。司马炎即位时，蜀国已经灭亡，只剩下吴国还在苟延残喘。这时吴主孙皓荒淫残暴至极，政权日趋腐朽，赋税徭役沉重，人民在死亡线上挣扎。司马炎把灭吴统一全国当作头等大事，积极进行准备。但阻力还是很大。以贾充、荀勖为代表的权臣认为吴国有长江天险，士兵又善于水战，很难取胜。河西鲜卑树机能起兵反晋，北方还不安定，有后顾之忧。司马炎认真分析形势，认识到"吴人虐政已甚，可不战而克"(《晋书·羊祜传》)。他在羊祜、杜预、张华等主战将领的支持下，毫不动摇地坚持灭吴这一重大的政治决策，并进一步进行了周密的安排。他接受羊祜提出的伐吴必用水军、必借上流之势的正确主张，任命王濬为益州刺史，在巴蜀治水军，作舟舰，前后长达七年之久。他看到荆州地位重要，先后调羊祜、杜预为荆州都督，不断增强荆州兵力，把荆州建成了伐吴的重要基地。他又派马隆率军西击树机能，收复了凉州，彻底解除了后顾之忧。

在做好一系列准备工作后，司马炎于咸宁五年(279 年)下诏伐吴，遣镇军将军琅琊王伷出涂中(今安徽全椒)，安东将军王浑出江西(今安徽和县)，建威将军王戎出武昌(今湖北鄂州)，平南将军胡奋出夏口(今湖北武汉)，镇南大将军杜预出江陵(今湖北荆州)，龙骧将军王濬、巴东监军唐彬下巴蜀，二十余万人马兵分六路浩浩荡荡进发。由于贾充位列三公，有相当的影响，司马炎为了争取他，仍任命他为大都督。但当贾充再次陈述伐吴不利时，司马炎决定亲自出马，表明了伐吴坚定的立场。

司马炎不仅是这一场战争的决策者，也是直接指挥者。他虽然身在洛阳，但对战争如何打，进行了具体的部署。太康元年（280 年）二月乙亥，他颁下诏书，要王濬、唐彬攻克巴丘（今湖南岳阳），然后和胡奋、王戎一起平定武昌、夏口，顺流直下秣陵（今江苏南京）。杜预镇守零陵（今湖南零陵）、桂阳（今湖南郴县），并分兵支援王濬、唐彬。贾充则从襄阳移屯至项（今河南沈丘）。他在张华的帮助下，依靠王濬、杜预等将领，终于在这一年的三月，由王濬等率领的水军攻下了吴都建业，孙皓投降，吴国灭亡，完成了统一大业。“王濬楼船下益州，金陵王气黯然收。千寻铁锁沉江底，一片降幡出石头。”（刘禹锡《西塞山怀古》）这首诗如实地写出了这一场统一战争的结局。虽然对孙吴的灭亡表达了感叹，但也反衬出晋军那种摧枯拉朽、不可阻挡的气概。东汉末年以来持续了近百年的分裂局面最终结束，全国复归统一，这是大势所趋，人心所向，是历史的进步。司马炎的功绩是应该给予充分肯定的。

社会的大动荡、大分裂必然带来经济的大破坏。东汉末年开始的战乱，使劳动力和生产资料日益分离，农民被迫离开土地，四处流浪。生产受到破坏，呈现出凋敝的景象。曹操实行屯田制后，一部分农民重新回到土地上从事耕作，对农业生产的恢复和发展起了积极的作用，为曹操统一北方打下了基础。但到了后来，随着豪强地主势力的扩张，土地不断被侵吞、兼并，屯田农民受到的剥削和压迫愈来愈加重。他们纷纷逃亡，不少人流入世家豪族的庄园内，变成世家豪族的佃客。屯田制推行不下去了。魏国灭亡前，司马昭曾下令废除屯田官。司马炎建立晋朝后，十分重视经济的恢复与发展。他在即位之初，就下诏免除百姓所欠的赋税和减轻徭役，要各地郡吏劝课农桑。这样使农民得到喘息机会，能够安心于农业生产。他又下令兴修水利，扩大农田灌溉面积。泰始末，先后修成新渠、富寿、游陂三渠，可灌溉田地一千五百顷。这些措施对于安定社会秩序，发展农业生产，都起了积极的作用。

司马炎灭吴统一全国后，在国内局势基本稳定的情况下，为了进一步发展农业生产，实施了两项重要的经济政策：一是罢州郡兵。“诏天下罢军役，示海内大安，州郡悉去兵。”（《晋书·山涛传》）兵役是农民最沉重的负担之一。罢州郡兵，让大量劳动力归农，对生产的发展有很大的好处。二是颁布占田、课田和户调的法令。占田、课田制规定每一个男子可以占田七十亩，女子可以占田三十亩，其中，每个丁男（十六岁到六十岁）要课田五十亩，丁女二十亩，次丁男（十三岁到十五岁及六十一岁到六十五岁）二十五亩，次丁女不课田。这里的占田，是政府限定每个农民占有土地的数额，而课田，则是规定每个丁男、丁女、次丁男必须向政府交纳地租的数额。课田五十亩收租四斛，平均每亩八升。户调制是政府按户力单位向农民征收赋税的制度。规定丁男作户主的，每年交纳绢三匹，绵三斤，丁女或次丁男作户主的，绢绵减半，边远郡县交纳三分之二或三分之一。边地如非汉族人，则按住地远近，每户纳赍布一匹或一丈。这个剥削量并不算轻，与曹魏时期相比有过之而无不及。但在当时地广人稀的条件下，让农民占有一定数量的土地，能够在比较安定的环境中从事农耕生产，调动了广大农民的积极性，有利于经济的恢复与发展。

当然，西晋政权是以司马氏为首的世家豪族集团的联合专政，它的一切政策措施必然要为世家豪族集团服务。在颁布占田、课田和户调法令的同时，又实行了官吏占田和荫客、荫亲属制度。规定官吏有权按官品高低占有土地。第一品占田五十顷，每低一品，减田五顷，至第九品占田十顷。第一、第二品可荫佃客五十户，以下十户至二户不等，第八品、第九品也可荫佃客一户。荫亲属同样按品级高下，“多者及九族，少者三世”（《晋书·食货志》）。司马炎颁行这一制度，其用意一方面是想保障豪族、官僚们的特权，另一方面则是给豪族、官僚们占田和奴役人口的数量立一个限额，以制止土地兼并和隐瞒户口的情况。虽然在执行过程中大大打了折扣，实际上官吏占田与荫客、荫亲属数远远超过了这个指标，豪族地主石崇有“水碓三十余区，苍头八百余人”（《晋书·石崇传》）。但是，确定了一个限额，也就意味着土地兼并多少受到一些阻碍，农民占田多少得到一些保障，不能完全抹杀它的积极意义。

由于政府鼓励农民垦荒，大量的土地被耕种，荒地大大减少了。由于农民回到了土地上，生活比较安定，生产积极性提高，这一时期的户口数有了较大的增长。晋武帝灭吴的太康元年，有户两百四十五万多，口一千六百一十六万多。仅仅过了两年，到太康三年（282年），有户三百七十七万，增加了一百三十多万。当然这里包括了不少新查出的隐漏人户，但国家统一，社会安定，促使了户口的增加是确实无疑的。

晋武帝太康年间是西晋最安定、繁荣的一个时期。史书记载，“是时天下无事，赋税平均，人咸安其业而乐其事。”（《晋书·食货志》）东晋干宝更有“牛马被野，余粮栖亩，行旅草舍，外闾不闭”的赞语。这里有地主阶级文人学士的溢美之词，当然不可尽信。但社会呈现出一些繁荣的景象，却是不争的事实。对于广大农民来说，生活确实有了一定好转，国家财富也大大增加了。正由于此，西晋统治集团才能肆无忌惮地任情挥霍，形成竞尚奢华的社会风气，充分暴露了其腐朽的本质。太康时期的繁荣是广大农民辛勤劳动的结果。但应该看到，这和晋武帝实施有利经济发展的措施是分不开的。

挥霍无度日趋败亡

西晋灭亡于愍帝建兴四年（316 年），立国只有短短的五十二年。西晋王朝短促而亡，有着深刻的政治、经济诸方面的原因，要从当时世家豪族的地位、特权和所作所为来考察，要从阶级矛盾、民族矛盾的不断激化来考察，但晋武帝个人的影响和作用是不能低估的。他执政时播下的种种祸根，很快就收到了恶果。晋武帝即位后，实行了一些有利于统一和生产的政策，除上面讲到的几项外，还颁律令、立谏官、禁谶纬、抑游食、奖励良吏等。但大多只是空文，并没有认真执行。他受到世家豪族控制，缺乏深谋远虑、长治久安之计。政治上因循守旧，滥封官爵；经济上贪得无厌，任意搜刮；生活上耽于逸乐，荒淫奢侈，最终酿成了八王之乱，促使了流民起义和外族入侵，使本来就不甚稳固的封建政权迅速崩塌，导致了西晋的败亡。

泰始元年（265 年），晋武帝刚即位，就下令封同姓王二十七人。“诸王以郡为国，邑二万户为大国，置上中下三军，兵五千人；邑万户为次国，置上军下军，兵三千人；五千户为小国，置一军，兵千五百人。”（《晋书·地理志》）王国之下有公国、侯国，诸王国各置官属。这是他鉴于曹魏政权因孤立而亡采取的一个措施，目的是使诸王族拥兵据地可以声援中央政权，确保晋朝长期统治下去。但仿照西汉初年的办法恢复了分封制度，这实际上是一种倒行逆施的举动。这些同姓王在咸宁三年（277 年）就国后，掌握了重兵，而各州郡由于削减了军队，实力大大削弱，控制不住这些地方势力。晋武帝死后，继立的惠帝又是一个昏庸愚蠢的君主，统治阶级矛盾不断激化，八王之乱终于形成了。这一场封建统治阶级之间争权夺利的大厮杀，前后长达十六年，数十万人被杀，上百万人流亡，给广大人民带来了深重的灾难。太康繁荣的局面犹如昙花一现，即行瓦解了。

晋武帝在大封同姓王的同时，为了取悦世家豪族，滥封官爵。他在中央设置了八公，即太宰、太傅、太保、太尉、司徒、司空、大司马和大将军，远远超出了上古和汉代的三公。武职方面，四征、四镇、四安、四平将军俱备，还有许多杂号将军。骠骑大将军以下诸大将军，又有持节、都督之号。西晋时官僚机构之多、官属之多、兼职之多，在历史上是罕见的。由于机构松弛，人浮于事，朝政极为腐败。晋武帝还进一步确立了九品中正制，以满足世家豪族的利益，保证他们世世代代都有官做。九品中正制是曹魏时魏文帝曹丕采纳陈群建议而实行的选拔官吏的一种铨选制度。在各州郡设立中正官，负责察访本州郡的士人，分别评定为上上、上中、上下、中上、中中、中下、下上、下中、下下三等九级，称为九品。中正官在评定人物等级时，首先考虑被评人的家世门第，然后再看本人的才德。西晋时，九品中正制完全被世家豪族所把持，成为他们享有高官厚禄的途径。琅琊王祥、荥阳郑冲、陈国何曾、平阳贾充、临淮陈骞、河内山涛、颍川荀勖和荀颛，河东卫瓘和裴秀，太原王浑和王沈等世家豪族，都是显赫的权要人物。“上品无寒门，下品无势族。”（《晋书・刘毅传》）九品中正制从政治上堵塞了中小地主做官的道路，使一大批有才干的人被排除在政权之外，这更进一步暴露了官场的黑暗。

西晋统治集团是我国历史上最腐朽、最残暴的统治集团之一。“封建统治阶级的所有凶恶、险毒、猜忌、攘夺、虚伪、奢侈、酗酒、荒淫、贪污、吝啬、颓废、放荡等等龌龊行为，司马氏集团表现得特别集中而充分。”[①]而晋武帝更是以荒淫奢侈、挥霍无度著称。为了满足自己的欲望，他在泰始九年（273年）、十年（274年）两次大选嫔妃以充实后宫，甚至下了禁止天下嫁娶的命令。只要他的嫔妃还没有选定，天下任何人都不能婚配，公卿子女也不例

① 范文澜：《中国通史》（第二册），人民出版社1978年版，第368页。

外，真是荒淫、独断到了极点。太康元年灭吴之后，他把吴主孙皓宫中的五千名宫女纳入自己后宫，宫妃妾达到一万余人。他天天纵情享乐，沉溺在酒色之中。被他宠幸的嫔妃很多，连他自己都不知道到哪个嫔妃的住房就寝，常常乘着羊车，由羊随便走，羊到哪里停下来，就到哪个嫔妃处宴寝。宫女为博得宠幸之欢，都把竹叶插在门前，用盐汁洒在地上，来召引晋武帝所乘的羊车。皇帝带了头，臣下们纷纷仿效，社会风气日趋腐败堕落。

晋武帝十分贪财。他大肆搜括钱财，公开卖官鬻爵，以供自己挥霍享用。四方进贡的奇货宝物，也放在皇宫中独自观赏。他曾问大臣刘毅，自己可以跟汉朝哪个皇帝相比？刘毅回答说可以比作桓帝、灵帝，甚至还不如他们。桓帝、灵帝卖官，钱还入官库，陛下卖官，钱入了私门。说得他无话可答。西晋时整个统治集团，除极少数外，无不奢侈放荡，贪婪成性。太傅何曾每天膳食要用钱一万，还说没有可吃的东西。刘毅多次上奏何曾侈汰无度，晋武帝以其为重臣，一无所问。何曾的儿子何劭，比其父亲更奢侈，每天用饭钱两万。任恺、王济、王恺、羊琇，一个更是超过一个。王济用人乳喂猪。每次宴会，有穿绫罗绸缎的婢女百余人，手捧玻璃器进食。但他们和石崇比起来，仍是小巫见大巫。王恺是晋武帝的舅父，在皇帝的支持下，与石崇斗富。王恺用麦糖洗锅，石崇就用蜡烛当柴烧；王恺用紫丝布作步障四十里，石崇就用锦作步障五十里；王恺用赤石脂涂壁，石崇就用香料泥墙。王恺拿出晋武帝赐给他的两尺多高的珊瑚树向石崇夸耀，石崇用铁如意将其击碎。命家人取出自己所有的珊瑚树，其中三四尺高的就有六七株，两尺多高的就更多了，比得王恺自叹不如。君臣沆瀣一气，竞相奢侈。他们的物质生活极端腐朽，其精神生活也无限空虚，清谈之习，盛极一时。王戎位至三公，无所事事，每日唯乘马出游而已。阮咸一生沉湎在酒里，甚至与猪共饮。封建道德也被他们抛弃得干干净净。整个统治集团已到了不可救药的地步。

由于大肆挥霍浪费，耗费了巨大的财富，他们便拼命地向各族人民搜刮、掠夺，阶级矛盾和民族矛盾不断激化。这种严重的危机，引起了一些有识之土的忧虑。傅咸向晋武帝上书说："奢侈之费，甚于天灾。"（《晋书·傅咸传》）一针见血地指出了问题的要害。骄奢逸乐的晋武帝根本听不进去，不予采纳。他所信任的，只是贾充、任恺、荀勖、冯统、何曾、石苞、王恺、石崇、潘岳之流，都是寡廉鲜耻、贪婪骄奢的人物。

晋武帝的次子司马衷，是一个昏庸愚昧的白痴，为杨皇后所生。晋武帝宠爱杨皇后，便立司马衷为太子。大臣们多次进言劝武帝更立太子，均遭到他的拒绝。他又把狠毒贪权、生活淫荡的贾南风许配给太子为妃，促成了后来贾南风的掌权，大乱已经酿成。太熙元年（290 年），晋武帝病死，遗诏命汝南王司马亮和杨皇后之父太尉杨骏共同辅政。太子司马衷即位，是为晋惠帝。晋惠帝什么都不懂，毫无能力处理军国大事，由杨骏独揽朝政。贾南风成了皇后，不满杨骏操纵一切，暗中联络楚王司马玮、汝南王司马亮等，杀死了杨骏，诛灭其三族。她一手挑起了给当时社会经济造成极大破坏的八王之乱，给西晋王朝敲响了灭亡的丧钟。八王之乱是一幅群兽狂斗图，司马氏集团的全部残忍性、腐朽性集中表现在这场狂斗中。刘渊、石勒等少数民族贵族乘机起兵，建立割据政权。建兴四年（316 年），刘曜攻陷长安，西晋灭亡。这时距晋武帝去世仅仅过了二十六年。

晋武帝的功过是非，已如上述。唐初官修的《晋书》，对晋武帝有一段较长的评述："帝宇量弘厚，造次必于仁恕；容纳谠正，未尝失色于人；明达善谋，能断大事，故得抚宁万国，绥静四方。承魏氏奢侈刻弊之后，百姓思古之遗风，乃厉以恭俭，敦以寡欲。""平吴之后，天下义安，遂怠于政术，耽于游宴，宠爱后党，亲贵当权，旧臣不得专任，彝章紊废，请谒行矣。""中朝之乱，实始于斯矣。"（《晋书·武帝纪》）抛开歌功颂德之辞，确实也说明了一些问题。但是必须指出，晋武帝的前后期不能截然分开，决不是前期有功，后期有过；前期神武，后期谬乱。种种腐朽、颓败的现象不是灭吴以后才突然冒出来的，而是从西晋政权建立的第一天起，就已经隐埋在其中了。这是因为西晋政权的建立不同于汉。不是通过战争手段推翻旧王朝、消灭割据势力后产生的;也不同于魏,不是用地主武装吞并各种政治力量,取得“挟天子而令诸侯”的地位然后“禅让”的;而是司马氏在世家豪族集团的支持、拥戴下阴谋夺取的。这就决定了西晋政权必然是世家豪族集团的专政,必然代表世家豪族的利益,为他们所左右。世家豪族是封建地主阶级中极其腐朽、残暴、贪婪的一个部分。他们的要求必然要反映在西晋政权实施的各项政策、措施中,从而带来了巨大的恶果。

“成也司马,败也司马。”西晋的速亡决不是历史人物个人作用的结果,而有着深刻的社会根源和阶级根源。同样,这也不是晋武帝个人的悲剧,而是整个世家豪族集团的悲剧。对于广大人民来说,战争代替了和平,分裂代替了统一,带给他们的仍是无穷无尽的痛苦和灾难。

顾志华　文

中兴晋室　偏安江南——晋元帝司马睿

晋武帝咸宁二年（276 年）的一天，洛阳琅琊王府里热闹非凡。原来王妃夏侯氏生下了一个白白胖胖的儿子，王府里正大摆酒宴招待前来庆贺的王公大臣和亲友。人们交相传递着这样一则消息：据说婴儿出生时，有神光把房间照得如同白昼。有人说："这孩子将来必定不同寻常。"不少人当下表示赞成。可是，这个取名为司马睿的孩子渐渐长大了，除了左额上长出一些白毛，眼睛炯炯有神外，没有什么引入注意的地方。他平日谦虚忍让，为人沉稳大度，不像其他王公子弟那样派头十足。十五岁那年，他的父亲琅琊王司马觐去世，按照规定，他继位为琅琊王。这时，他的奇特相貌引起了侍中嵇绍的注意。嵇绍对别人说："琅琊王相貌非常，前途难量，当不至于终身为臣，就是天子仪表，亦不过如此罢了。"

移镇建邺

司马睿的安定生活不久就被西晋王公之间的争权斗争搅乱了。惠帝元康二年(292年),朝廷任命他为员外散骑侍郎,不久升迁为左将军。此后,他结识了东海王司马越的参军王导。王导祖籍山东琅琊,是世家大族子弟。他很有见识,看到西晋诸王同室操戈,互相残杀,人民起义不断,朝廷处在风雨飘摇之中;又见司马睿很有政治才干,就倾心结交,二人成为好朋友。他常劝司马睿早日回到自己的封地琅琊国去,在那里暂避争斗,观天下之变,以图大业。

永兴元年(304年),东海王司马越等奉惠帝北征盘踞邺城的成都王司马颖。司马颖急忙召集部下讨论对策。司马睿的叔父、东安王司马繇说:"既是天子亲征,自当放下武器,出迎请罪,不能以兵戎相见。"司马颖不甘心束手就擒,派大将石超等人出战,结果在荡阴(今河南汤阴)大败帝师。惠帝中了三箭,脸颊受伤,又丢失了玉玺,跟随他北征的司马睿等人也一起成了俘虏。只有司马越侥幸逃走,回到自己的封地东海国。司马颖担心司马繇密谋背叛他,派人把他杀了。司马睿唯恐灾祸降临到自己头上,急切地想逃出邺城。这夜月明风清,守卫的人早接到司马颖加强防卫的命令,也加紧了防守。司马睿着急得像热锅上的蚂蚁。忽然云吞明月,雾掩层楼,雷雨交加,守卫的人稍稍放松了警惕。司马睿即乘机逃出邺城,慌慌忙忙逃到河阳(今河南孟县)。守卫渡口的小吏也接到命令,要对来往行人严加检查,不得轻易放走一人;他见司马睿相貌奇异,行色匆匆,心中生疑,就把他拦下盘问。刚巧司马睿的随从宋典从后面赶来,见此情形,灵机一动,用马鞭轻拂司马睿背部，假装笑着问："舍长，人家是禁止贵人通行，怎么你也被拦住了呢？"小吏从未见过司马睿，听宋典这么一说，还真以为拘错了人，便向宋典探问。宋典装出一副老实的样子，跟他说司马睿只是小吏，不是什么贵人；再加上司马睿是微服出奔，小吏就信以为真，放他们渡河。司马睿这才匆匆赶回洛阳，迎接太妃夏侯氏回到琅琊。

没过几年，司马越在部下的劝说下，决定北伐。东海国与琅琊国相邻，司马越和司马睿也有些交情。临行前，他把自己的后方军事基地下邳（今江苏睢宁）交给司马睿镇守，负责供应军需。司马睿请求他把参军王导留下任司马，司马越一口答应下来。

永嘉元年（307 年）晋怀帝司马炽即位。司马越最后把持了政权。这年早秋，他任命司马睿为安东将军，都督扬州、江南诸军事。

下邳素来是兵家必争之地，王导建议司马睿向司马越请求移镇建邺（今江苏南京），避开下邳这块"四战之地"。当时北方匈奴首领刘渊建立了汉帝国，他的部下石勒等人勇猛善战，经常率领骑兵南下劫掠中原，时时威胁到长安、洛阳等重要城市。司马越和他的重要谋士、王导的族兄王衍以及东海王妃裴氏早就有意在江南培植势力，以留退路，所以他欣然同意司马睿的请求。于是，司马睿率领部下渡过长江，将孙吴旧都的宫室加以修缮，逐步安顿下来。当时追随他南下的还有一些北方世家大族和流民，他们都择地定居下来。

自晋平吴以后，孙吴人心未附，时有叛乱。太安二年（303 年），义阳（今湖北枣阳）蛮张昌起兵。他命令部下石冰进攻扬州，诸郡相继沦陷。广陵国（今江苏扬州一带）相陈敏攻破石冰老巢建邺，自己住进去，并号称扬州刺史，设置官吏，有称霸江东的野心。在江东世家大族的反击下，陈敏被杀。司马睿渡江之后，进一步清除了陈敏余党，平定了江东。

这之后，洛阳局势越来越危急。永嘉四年（310 年）十一月，司马越率众退出许昌（今属河南）。第二年，在行军南下的途中，他忧惧而死。众人推太尉王衍为元帅，准备护送司马越灵柩还葬东海，不料被石勒大军赶上，王衍及王公以下十万余人被俘遇害。西晋主力全被消灭。六月，洛阳被刘渊另一大将刘曜攻陷，晋怀帝等人被俘并被押送到汉都平阳(今山西临汾)。刘曜等人的军队在洛阳烧杀抢掠，为所欲为，百官平民死者达三万多人。洛阳城顷刻化为灰烬。

建兴元年(313 年)四月，晋怀帝被杀的消息传到长安，贾疋等人拥立原秦王司马邺为帝，这就是晋愍帝。为避愍帝讳，建邺改名为建康。建兴四年(316 年)十一月，刘曜攻破长安，掳走愍帝，西晋灭亡。北方成了匈奴、氐、鲜卑等民族争雄的天下，人民无法安定地生活。一部分汉人率军坚持同各割据势力作战，企图收复中原，复兴晋室。

“王与马，共天下”

司马睿虽然选用了一批自北方南来的名士辅佐军政事务，但还是觉得手下人才不够，因此留心征求南渡名士入府。只是过了一个多月，还没有一个江南名士来拜见他。这使他很难堪，也心有不安。江南在孙吴时已有一批世家大族，以“吴中四姓”(顾、陆、朱、张)为代表。在他们看来，北人是“亡官失守之士”，这些人渡江后到处占山择水，显然威胁到自己的利益；更何况北人一向视南人为“亡国之余”，令人又气又恨。新来的长官司马睿素无威名，南人很瞧不起他。司马睿深知，他要在江南站稳脚跟，必须取得江东世家大族的支持，这样才可能进一步发展势力，成就大业。

精于政治谋略的王导对此也极为忧虑。这天他正在厅堂踱步，考虑如何让南人归心于司马睿，忽听门外有人说：“王大将军驾到！”王导闻言，大喜过望。王敦是王导的叔伯兄弟，自永嘉五年(311年)出任扬州刺史、都督征讨诸军事后，曾多次出兵征讨大小反叛势力，立下大功。他的声名在湘、汉一带几乎无人不知、无人不晓。待王敦大步进屋，尚未落座，王导就对他说：“琅琊王仁德虽厚，只是名声不高，兄弟你威名远扬，还望你帮他弘扬威德。”二人就此事商议了一番，想出一个计谋。

到了农历三月三日上祀节这一天，按民间习俗，男女老少都到水边嬉游，借此除邪祈福。建康城里人来人往，热闹非凡，江边更是摩肩接踵的人群和震天的喧嚣声。江南名士顾荣、纪瞻等人也在人群中。修楔事毕，大家聚到一起饮酒聊天，谈论着南渡的王公名士们。他们谈得正热烈时，忽然注意到人群相拥而前，不知发生了什么事情。好奇心驱使他们也挤到人群中引颈探望，只见一顶肩舆上端坐着一人，他相貌堂堂，神态安然。后面跟着一大群人，个个都骑着高头大马，揽辔徐行，显得毕恭毕敬。这里面就有知名人士王导、王敦等。顾荣、纪瞻等人目睹此景，为司马睿风采打动，又见那帮北方名流倾心相从，当时不由得望尘下拜。司马睿步下肩舆，雍容答礼，毫无骄吝之色，这更令顾荣等人悦服。

等到司马睿一行人返回宫城，王导就对司马睿说："吴中最有名的人士，莫过于顾荣、贺循。目前应当首先按礼节把他们请来做官，他们两人肯来，就不用担心其他人不来了。"司马睿连连点头，并派王导带着厚礼去见顾荣、贺循，传达心意。顾、贺二人欣然从命，随从王导来见司马睿。司马睿起座相迎，殷勤慰问，当时就任命贺循为吴国内史，顾荣为军司兼散骑常侍；所有军府政事，都请他们参与讨论。顾荣与贺循转相推荐吴地名士，一时名流接踵而至。

江左初定，司马睿政权力量薄弱，对此，从北方渡江南下的世族忧心忡忡，对司马睿能否中兴晋室满腹怀疑。桓彝是北方名士，他渡江后看到朝廷微弱，焦虑地对朋友周顗说："本来因为中原多事，特地南来避难以保全生命，没想到朝廷如此寡弱，怎么办呢？"后来他去见王导，和他畅谈世事，回来后高兴地对周顗说："刚才我去见过江左管仲了，看来不用担心生命安全了。"另一南渡名士温峤最初也认为江南形势不容乐观，在见过王导后放心地对别人说："江左自有管夷吾，足可振兴晋室，我还有什么好着急的呢！"王导以其过人的智略和超迈的风神得到了南渡名士们的叹赏和信任。他还注意调和南渡世族和江东世族的矛盾，实行宽松政策，提倡清静无为。在他的带动下，南北世族联合起来，同心辅佐司马睿执政。

建武元年（317 年），平东将军宋哲，宣读愍帝诏书："我以薄德承居帝位，不能振兴晋室，反使蛮夷侵掠中原，逼迫京城，实在有愧上天下民。现在我被幽禁在这里，没有哪一天不担忧的，常常害怕身灭国亡。希望你等继承祖业，总理万机，以图有朝一日收回旧都，修复祖宗陵庙，以雪大耻。"众人闻诏，莫不感慨流涕，纷纷请求司马睿上尊号，被他坚决拒绝。西阳王司马羕等再三请求，司马睿激动地说："我是天下的罪人，只有坚守节义，才能雪天下之耻，免受诛之痛。我本来只是琅琊王，诸位反倒这样催逼我！"情急之中，他命令家奴备车马，准备返回琅琊国。众人见势不敢再提请即帝位的事，只得请他依照曹魏和晋王朝建立时的先例，先称"晋王"，司马睿这才答应。

半个月后，司马睿登晋王王位，宣布大赦天下。同时按王导的建议，从南北世族中选取有名望的人，分别封官。这些人一共有一百零六位，被当时人称为"百六掾"。这样，晋王府的行政机构算是初具规模。他还着手建立皇家祭庙，兴筑祀天地神灵的祭坛。

有关部门请求指定太子，司马睿偏爱次子宣城公司马裒，打算由他当合法继承人，并对王导说："选立继承人，应该以品德为主。"王导说："世子（司马绍）和宣城公都有清廉高尚的美德，可是世子年长。"司马睿只得正式封世子司马绍为王太子，封司马裒为琅琊王，由小宗改为大宗，作为琅琊恭王司马觐的嫡孙。

中原大乱之后，江东局面草草创立，很多法制礼仪都未建立。幸而有刁协，过去一直在洛阳朝廷任职，熟悉旧有的法令规章；南人贺循，家传《礼》学，精通各项礼仪。在他们的主持下，江左的规章制度逐步确立下来。

建武二年（318 年），晋愍帝在长安被害的凶讯传到建康，司马睿穿着麻布丧服，住到草房子里以示哀悼。百官郑重提请司马睿上尊号，司马睿不同意。纪瞻说："晋室统治衰弱，至今已经两年。论理，大王是绍承大业的最合适人选，谁也不能与大王相争。目前洛阳、长安都被烧毁，宗庙无主。刘渊的儿子刘聪在西北称帝，正是内外交困之时，大王应当顺应天时人事，即帝位以隆兴晋室。"司马睿依然摇头。他命令殿中将军韩绩撤除御座。韩绩正要动手，猛听得纪瞻怒斥："帝座上应列星，敢动者斩！"弄得他手足无措。司马睿即为之改容。

奉朝请周嵩站出队列，肩奏道："当今先帝梓宫还没有运回，故都旧京还没有光复，人心不定。应当广泛采纳正确的谋略，加强军队的战斗训练，先雪洗国家的奇耻大辱，满足天下人的愿望，安定人心。不然，帝座怎么坐得安稳、舒适呢？"司马睿听了不大高兴。群官见此，深明主上心意，再次请求。司马睿也不再谦让，就势答应。于是即皇帝位，大赦天下。

司马睿向来倚重王导，称他为"仲父"，把他比作辅佐汉高祖刘邦建立大汉帝国的萧何。登基之时，他着实感激帮他成就基业的王导兄弟，请王导到御座上，坐到自己身旁。王导坚决推辞，说："如果太阳跟地下的万物一模一样，众生怎么能仰望日光普照？"司马睿见他这样说，心中着实高兴，也不再勉强他。

在司马睿创业江南的过程中，王导兄弟起着重要作用。王导为晋室中兴殚思竭虑，多次向司马睿提出治政方案。他曾劝司马睿说："西晋衰亡的重要原因之一，是公卿世族竞相以豪侈为高，不遵守法度，只追求享乐。"希望司马睿励精图治，厉行节俭；还提议设置学校，恢复礼仪。司马睿答应照办。王敦总管征讨，多次立下汗马功劳，对江东政权的稳定尽了不少力。当时王氏子弟多居显要职位，势力强盛。所以时人有言："王与马，共天下。"

消极北伐，偏安江南

与江南的安定相比，北方真是纷纷扰扰。以匈奴、鲜卑、羯、氐、羌为主的少数民族涌入中原，掳掠人口、牲畜，争夺地盘。人民过着水深火热的生活，急切盼望统一。而江南政权只满足于偏安局势，对北伐采取消极态度。

建兴四年(316 年)，当时任丞相的司马睿听到首都长安陷落，愍帝被俘的消息后，曾下令大军北伐，在野外结营，亲自穿上盔甲督军。同时传令四方各州郡，指日出发。到了约期，因为粮草等军需未按期运到，他下令斩督运令史淳于伯。刽子手把刀在柱下抹擦，企图拭去血迹时，刀上鲜血忽然顺着柱子上冲，冲出柱梢两丈有余，才坠下地面。围观的人都认为淳于伯死得冤枉。丞相司值刘隗要求追查责任，王导上书表示自责，司马睿显得极为宽容，一概不予追究，同时下令撤军。这次北伐就这样不了了之。

建武元年(317 年)，前赵大将石虎率军包围了谯城(今安徽亳县)。司马睿发布文告于天下，宣称："石虎竟敢率犬羊之兵渡河，肆意荼毒生灵。今特遣琅琊王司马裒等九路人马，劲卒三万，水陆并进，直趋敌兵。"但不久，又召司马裒返回建康。此番北伐又成泡影。

司马睿实在无心北伐，而满足于偏安江南，对当时有关北伐的建议采取"知道了"的态度，而且对在北方坚持抗战的志士也不给予强有力的支持。

刘琨早在永嘉元年(307 年)出任并州刺史，州治晋阳(今山西太原)常处于少数民族的夹攻之下。刘琨将生死置之度外，在孤军势弱的情况下，转战十年。这期间司马睿只因他曾派温峤南来劝进而提升过他的官职，此外没有别的表示。最后刘琨被幽州刺史段匹磾假造皇帝诏书遇害，司马睿不将段匹磾治罪，也不为刘琨举哀。经刘琨好友卢谌和老部下温峤几次上疏申理，司马睿才下诏表示哀悼，追赠他为侍中、太尉。

刘琨被杀后，北方夷人和汉人都对段匹磾不满，纷纷投奔也在北方抗击石勒的邵续。当邵续被石勒军队包围于厌次（今山东惠民）时，吏部郎刘胤向司马睿建议："北方藩镇相继被攻破，现在只有邵续忠心为国，如果他被石勒消灭，北方就无人抗敌了。请赶快发兵救援。"司马睿没有应允，待邵续兵败被俘，才下诏表示旌扬。

司马睿对北伐的志士不仅不支持，反而会采取措施加以牵制。早在建兴元年（313 年），晋愍帝两次下诏，令司马睿出兵进攻刘聪的都城，司马睿都推辞说刚刚平定江东，人心未定，无暇北伐。当时戍守京口（今江苏镇江）的祖逖见社稷倾覆而司马睿不肯出兵，毅然向司马睿请求委任将领北伐。司马睿见他义正辞严，不便拒绝，只得委任他为豫州刺史、奋武将军，给他配给一千人的口粮，三千匹布，让他自行招兵买马，配备兵器。

祖逖率宗族百余家乘船渡江，沿途招募了两千多人。到达豫州（今河南汝南）后安抚百姓，又多次击败了石勒精锐骑兵的攻击，收复了黄河以南大部分土地。在他的抵抗下，石勒不敢寇掠河南。正当祖逖积极练兵买马，准备推锋渡过黄河，扫清冀、朔二州之时，太元四年（321 年），司马睿委任戴渊为征西将军，同时总管江北各州军事，名为讨伐胡人，实际上是牵制祖逖，防止他势力增强，威胁到江南政权。戴渊这个人不识军机而又骄傲自大，祖逖见要受他统领，自然怏怏不乐，祖逖深悉朝廷要臣勾心斗角，内乱随时都可能爆发，此种境况下他的北伐必难成功。自己壮志难酬，忧愤成疾，不久他即抱恨死去。石勒有了反扑的机会，屡次侵掠黄河以南。早有异志的王敦得知祖逖已死，更加肆无忌惮。

司马睿政权对北伐采取的消极态度，当时就有人提出尖锐批评。早在太兴元年（318）十一月，御史中丞熊远上疏指出："胡人乱华夏，怀、愍二帝灵柩没有迎回，朝廷不能派军进讨，这是第一失。群官不以报仇雪耻为意，而沉湎于花天酒地，这是第二失。”这一批评是切中要害的。但司马睿有他的顾虑：江左政权虽建，人心仍有未附的，有些人招集流动人口兴兵作乱，他需要考虑平定叛乱。这是一。自西晋以来，士大夫们以谈玄为高，鄙视务实理政的人。这种风气流袭到江南，不仅未减弱，反而更加盛行。百官中除卞壶、陶侃等人勤于政务外，大多推崇清谈，他们游山玩水、饮酒赋诗、弈棋赌博、谈玄论道、崇佛采药……何尝把政务放在心上。当然，司马睿自己也喜欢与名僧、名士周旋。这种情形下，要号召全民北伐，确实困难。这是二。北方刘聪、石勒的军队强盛，南方兵力寡弱，还得分心平定叛乱，经济实力也不够雄厚，司马睿担心一旦出师北伐，可能全军覆没，这样是“偷鸡不成反蚀一把米”，恐为天下人所笑。这是三。所以他坚决“不与刘、石通使”。当然，司马睿最大的顾虑是皇权弱小而以琅琊王氏为首的世家大族势力的强大。

无奈王敦乱

司马睿喜好法家申不害、韩非子的治国理沦。他认为西晋末年以来社会风气败坏是由于法禁松弛。为了整顿社会风俗，也为了加强皇权，他着意提拔了刁协、刘隗任要职。两人都有较高的文化素养，善于揣摩司马睿的心意并依意行事，因而深受司马睿的信任和赏识。在司马睿的默允下，他们大胆弹劾违礼犯法的官吏，并依法处置。南中郎将王含是王敦的兄长，他以宗族显贵，势力强盛，一次选用参佐及守长二十多人，这些人很多都没有实际才能，因此遭到刘隗弹劾。司马睿考虑到琅琊王氏的强盛，不敢加罪，下令不予追查。但王氏对刘隗痛恨不已，总想一除为快。刁协性情刚烈强悍，又不注意自我克制，每每借酒装疯，凌辱高官。他还征取豪门强族的私奴为兵士，征发将吏隐藏的私客从事运输工作。这触犯了很多世家大族的利益，引起了他们的反感。他们心怀怨恨，却又无可奈何。

再说司马睿见王氏势倾朝野，心存戒意，所以言行之中不免疏远王导。王敦对此愤愤不平，上书为王导诉说："当初陛下说过，'我与王敦、王导是管鲍之交'，这话我至今铭记在心。我想陛下一定不会食言吧。"此书先到了王导手里，王导密封后退还给王敦，王敦派人直接送到司马睿那里。司马睿看到这封上疏，心里很不舒服。这天晚上，他召请谯王司马承入宫，把王敦的上疏拿给他看了，并对他说："我待王敦不为不厚，他反倒要求不少，言辞咄咄逼人，你看该如何处置？"司马承答道："陛下不早削减王敦的权势，以至有今天这种局势，只怕他不久就要作乱。"司马睿也叹悔不已。

第二天，司马睿派人召刘隗进宫，与他商议对策，刘隗劝他赶快派重臣出镇地方，以备非常，司马睿表示赞成。刚好王敦上表送到，是推荐宣城内史沈充代替甘卓出任湘州(治所在今湖南长沙)刺史。湘州处长江上游，地势重要，自然不能再用王敦的人，司马睿决定派司马承任湘州刺史。

太兴四年(321年)春天，太阳中间出现黑子，终南山忽然崩塌，当时人都认为这是灾祸的前兆。司马睿更担心王敦作乱，就派尚书戴渊为征西将军，出督司、兖、豫、并、雍、冀六州军事，镇守合肥(今属安徽)，丹阳尹刘隗为镇北将军，出督青、徐、幽、平四州军事，镇守淮阴(今属江苏)。这两人以讨胡为名，一面牵制祖逖，一面防御王敦。他还迁王导为司空、录尚书事，表面上是加意尊崇，实际上架空了他的权力，一切军政要务都不请他参与谋划，他与刘隗之间则频有信使传递敕奏，商议大事，决计施行。

王敦知道司马睿的用心，打听得刘隗专政，就派人送信给刘隗说："承蒙圣上注意到足下，加以提拔重用。当今大贼未灭，中原鼎沸，当与足下共同尽忠王室，平定海内。如果天下安泰，则帝祚久长，晋室兴隆；如果不这样，天下将永无安定之时。"刘隗回信表示："鱼相忘于江湖，人相忘于道术。竭尽绵薄之力效忠王室，是我的志向。"王敦得信后看出了他的言外之意，更加忿恨，当即写回信一封，指出："古今忠臣遭君上怀疑，都是因为有佞幸小人说坏话。"这明明是指斥刘隗。司马睿听说后，更生疑忌，只是防备王敦的人事物力还没有妥善安排，他也没法先下手，只得加送羽葆(以鸟羽为饰的仪仗)鼓吹给王敦，借示羁縻，拖延时日。

王敦认为刁协、刘隗这些人都不是自己的对手，只有祖逖让他忌惮。太兴五年(322年)，祖逖病逝的消息传开，王敦喜出望外，决计起事。

五月，司马睿宣布改元永昌，诏令全国，实行大赦。没过几天，王敦发难的表文就送到了司马睿手上。表文要求立刻诛杀刘隗。王敦本人率领水陆各军，从武昌(今湖北鄂城)出发。到了芜湖(今属安徽)，又上表列举刁协的罪过，要求司马睿尽快处死刁协，这样他才退兵。司马睿接到表文，知道王敦已经造反，不由大怒。他派快骑召戴渊、刘隗速速回京，保卫建康，一面诏示天下："王敦恃宠肆狂，竟敢把我比作商王太甲，想要囚禁我。是可忍，孰不可忍！我将亲率六军，诛讨大逆。有杀王敦者，封五千户侯。"

刘隗、戴渊快马奔回建康，百官夹道欢迎。刘隗头戴岸帻，腰悬佩刀，神态颇为自得。及至入宫见到司马睿，他提出铲除朝廷中琅琊王氏子弟，遭到司马睿的拒绝。他这才心生疑惧，略有收敛。

王敦起事后，王导深恐朝廷因此加害整个宗族，每天率领宗族子弟二十多人到朝门请罪。尚书周顗晨起入朝，行经台省，王导托他向司马睿求情。周顗没有搭理他，见到司马睿时却大力陈述王导无罪，反复说明不可加罪；回家后又上表申述王导无罪，言辞极其恳切。司马睿接受了周顗的上表，下令召见王导。王导叩头谢罪说："乱臣贼子，哪一代没有？可恨今日出自臣族。"司马睿急忙走下御座，连鞋子都顾不得穿上，拉住王导的手说："茂弘（王导的表字），我正要委任重担于你，何烦多言！"王导请求去讨伐王敦，司马睿求之不得，马上下诏任命他为前锋大都督，周顗为尚书左仆射，戴渊为骠骑将军，王导的堂弟中领军王邃为右仆射。他又派遣王导的另一堂弟王廙去劝王敦撤兵。王敦不肯从命，反把王廙留下，同时下令向石头城（今江苏南京市清凉山）进军。司马睿命征虏将军周札为右将军，都督石头诸军事，又命刘隗屯守金城（今江苏南京市郊）；他亲自披甲上马，检阅诸军，并向士兵晓谕顺逆，鼓励他们奋勇作战，然后才返回都城。

王敦军到石头城下，准备直接进攻金城。他的部下杜弘献计说："刘隗手下勇士众多，不易攻克，我看不如先攻周札。周札一向少恩，士兵不肯为他卖命，一定抵抗不了多久。我们把周札打败，刘隗那批人自然也吓走了。"王敦命杜弘作前锋，去攻打周札。周札料知抵挡不住，直接大开城门，把杜弘等人放进石头城。王敦随后住进城内。他登上城头，眺望建康宫殿，叹惜道："我不能做恢弘道德的事了。"他的好友兼参谋谢鲲接口道："大将军怎么说出这话？从今以后，不记前嫌，使君臣两释，互不猜疑，也无伤盛德呀。"王敦默然不语。

不多久，探马来报刘隗、刁协、戴渊等正率领军队向这里进军。王敦下令做好作战准备。刁协、刘隗等本来不懂军务，所领士卒久不操练，一看王敦军队阵势就吓住了，都立足观望，不肯前进。王敦部下自出兵以来还未大战过，便仗着一股锐气，横冲直撞，一往无前。战了几个时辰，刁、刘、戴三部将士早被冲散，死伤不少，三帅拨马奔还。王导因周顗没有当面答他，心存芥蒂，不肯联合出战；虽与其他将领郭逸、虞谭几路并进，但号令不一，行止不同，结果也纷纷败还。

败报连达宫廷。宫廷宿卫，惊慌得不得了，逃的逃，躲的躲，最后只剩下安东将军刘超和两名侍中陪在司马睿身边。司马睿到了此时，真是一筹莫展，只得脱下戎衣，穿上朝服，闷坐在太极殿上，看着刘超说："王敦想要我的座位，也该早跟我说明，我自回我的琅琊国。何至于这般扰乱百姓！"刘超找不出合适的话来劝慰，只得随声叹息。

忽又传来消息说，王敦放纵士兵到处抢劫，闹得鸡犬不宁。司马睿忙派人去对王敦说："公若还记念本朝，就此息兵，那么天下还可以一同来安定。如果不肯罢手，我当归老琅琊，自避贤路。"王敦置之不理，急得司马睿没法，更觉慌张。

刚好刁协、刘隗二人狼狈逃回宫殿，伏在司马睿坐前，呜咽不止。司马睿拉着他们的手，相对流泪。过了好一会，他说："事已至此，你们二人赶紧逃命去吧！"刁协答道："臣当守死尽忠，不敢有贰。"司马睿着急地说："你们在这里只有死路一条，不如快走！"下令给二人备马，派人随从侍卫，让他们自择去路。刁协年老，骑马不便，平日对下人刻薄寡恩，走到江乘(今江苏句容)，被人杀死。司马睿听说刁协被杀，又痛又恨，偷偷派人追查凶手并予以处死。刘隗投奔了石勒，后来做了大官，老死在那里。

王敦起兵本来是为"清君侧"，现在听说了刁协、刘隗的下落，君侧已清，理应入朝谢罪，收兵还镇。但他不肯就此罢休，仍据住石头城，按兵不动，也不肯上朝见司马睿。司马睿无计可施，只得令公卿百官到石头城去见王敦，劝他罢兵。

王敦摆足架势，不待百官开口，就先问戴渊："前日交战，你还有余力吗？"戴渊心下一惊，勉强接口道："怎敢有余，只觉得兵力不足。"王敦又问："我这次举兵，天下人如何议论？"戴渊委婉回答："只看表面，可说是叛逆；如果体察诚心，应该说还是忠心的。"王敦冷冷一笑道："你可真会说话。"转而看着他一向又忌又怕的周顗说："伯仁，你负我！"周顗凛然答道："你兴兵犯上，我亲率六军作战，不能尽职，致使王师败北，这才是有负公心呢。"王敦被周顗讥讽，一时无词可答。

王敦单召王导进室，对他说："当初尊司马睿即位时，我说立年龄小的皇上才便于控制，你不听我的话，这次险些灭族了。"王导说："你也做得太过分了，赶紧歇手吧。"王敦胡子一掀，说："兄弟你怎么这样胆小？刁协、刘隗余党还在朝廷，需把他们除去。再说皇上由我们这些人推戴。他怎能怀疑我家？就算皇上不换，也该作些改革，免除后患。"王导说："但教朝廷不再疑忌我们，保得家族安全，也就算了。"王敦仍是摇头，王导只得退出。

王导与百官商议了一番，回去见司马睿。百官顺从王导的意思，请求司马睿颁发赦书，并加王敦官爵，勒令退兵。司马睿没有办法，只得下诏大赦，进王敦为丞相，都督中外诸军，录尚书事，封武昌郡公，领江州牧；派太常荀崧去见王敦，传达旨意。王敦对荀崧说："我这次来，不望升官，只想为国家除患，一切封爵，我不愿接受，还烦你回复。"荀崧劝说了几句，见他仍是不听，这才回来复命。

王敦又召集百官，准备废太子司马绍。他把太子中庶子温峤叫到跟前，厉声问道："太子有什么德望？你久侍东宫，应知道得最清楚。古人有言：'事父母几谏。'主上有过，没听说太子劝阻，难道还能称孝吗？"温峤从容答道："皇太子钩深致远，不是一般见识浅薄的人看得出来的。据我看来，太子实是贤孝，就是公来都下，也没有听得东宫表示抗议，说是贻误国家。怎见得他没有谏阻呢？"百官也随声附和，交口称赞太子有德，说得王敦无法辩驳,不得不草草收场。百官重回建康宫城。

司马睿召见周顗,愁眉苦脸地说:“近来王敦起事,所幸二宫无恙,诸人平安。依你看,大将军王敦是不是与众望相副?”周顗不便直言,只得说:“二宫确实如陛下所说,平安无恙,臣等生死尚未可知。”司马睿不禁长叹。

王敦早就忌恨戴渊、周顗二人的才望,在部下的怂恿下,顿起杀心。他征得王导默许,派人收捕戴渊、周顗。尽管谢鲲劝阻,他仍下令杀害了二人,于是民心浮动,暗地里责骂王敦。

王敦令西阳王司马羕为太宰,王导为尚书令,王廙为荆州刺史,擅自改换百官及各处镇将,转调、徙边、黜免者,数以百计。这才准备率兵西还武昌。谢鲲对他说:“公至都城以来,一直称病不朝,所以功业虽建而人心不服。如果去朝见天子,使君臣两释,天下人自会心悦诚服。”王敦说:“你敢保证不会发生变故?”谢鲲说:“近来我入宫见皇上侧席以待公至。宫省和平宁静,毫无兵马气象。一定不会有变故。”王敦最终没有去见司马睿,直接返回武昌。

王敦既已得志,更加骄奢倨傲,目中无人。四方贡物,多入王敦府中。重官显职,都被王敦的人占据。王敦心腹沈充、钱凤等人都凶险残暴,倚仗权势,大兴土木,占人田宅,白日里公然抢劫,百姓敢怒不敢言,暗里诅咒王敦早死。王敦还作威作福,自领宁、益二州都督,好像没有君主一般。荆州刺史王廙病死,王敦也不上表奏闻,自命王含继任,并都督沔南(今属湖北)诸军事。又使下邳内史王邃,都督青、徐、幽、平四州军事,镇守淮阴;武昌太守王谅任交州刺史,并令王谅诱杀交州刺史修湛。朝廷毫无主权,长江上下游,全是王敦的势力范围。

此时淮北河南,屡受后赵袭击。泰山太守徐龛,忽叛忽降,结果被石虎攻破,徐龛被杀。兖州刺史郗鉴,退保合肥;徐州刺史卞敦,也退保盱眙(今属江苏)。石虎又攻陷青州(今江苏扬州一带)。石虎别将石瞻,攻下了东莞、东海(今江苏北部、山东南部一带)。后赵将领石生进攻黄河以南地区,司州刺史李矩，颍川太守郭默，屡战屡败，转向前赵主刘曜申请援助。刘曜派人攻击石生，结果败还。郭默等人率众南归。豫州刺史祖约，自谯城退守寿春（今安徽寿县），陈留（今河南开封）失守。至此，司、豫、青、徐、兖诸州，都被后赵夺去。

司马睿内为王敦所制，外受强寇所逼，虽名为江左天子，实际上号令不出国门。成日忧愁，以至于忧郁成疾，卧床不起。他想内外重臣，只有司徒荀组是旧臣，老成持重，就升他做太尉兼太子太保，希望他主持朝事，遥制王敦。哪料荀组年已六十五岁，未曾到任，就辞世而去。司马睿索性将司徒、丞相二官空缺。眼见自己病情一日重似一日，他还不想见人，群臣有事也无法奏报。抚军将军南顿王司马宗、左卫将军虞胤等，见司马睿病重，暗中与西阳王司马羕图谋起事。司马睿岳父庾亮非常着急，不等侍臣通报，径直闯入司马睿卧室，见他病体瘦弱，忍不住泪流满面。接着，庾亮振作精神，告诉司马睿宫中近况，提醒他早日诏令太子继位。司马睿这才命人写下遗诏，由太尉庾亮和司空王导辅佐太子司马绍即位。当晚，他抱恨死去，时年四十七岁。总计他自渡江以来共十六年，在位五年。葬于建平陵，庙号中宗。

西晋末年，五胡乱华，王室内乱，使得两京陷落，晋武帝、惠帝嫡属尽死于难。晋室在北方已无立足之地，使僻远的江南成为新政权建业的基地。司马睿以旁支弱藩而又“寄人国土”，本来不具备继统的资格。他与汝南王、西阳王、南顿王、彭城王同时渡江南下，他们同是宗室藩王，只有司马睿创建了江南的政权，所以当时童谣说：“五马浮渡江，一马化为龙。”司马睿仅因际遇和政治才干取得帝位，没有传统、实力和功劳的凭借；加之司马氏势力大为削弱，因而他不可能拥有强大的皇权，不足以控制世家大族，导致士族专兵，从而形成了祭则司马、政在士族的政权模式，开创了东晋一朝皇帝与士族共同把持政权的门阀政治格局。

东晋政权是在以琅琊王氏为首的南北世家大族联合的基础上拥立司马睿建立起来的，司马睿利用刘、刁二人加强皇权的措施侵犯了大族的利益，导致了王敦之乱的发生。这一政权几经动摇，终于延续了一个世纪之久。这与司马睿的勤俭治国是分不开的。司马睿设置侨州郡县(南北朝时称流亡江南的北方人为侨人，为安置他们而设立了侨州、侨县，并沿用已经沦陷的旧名)，安顿流民，借此安定社会局面；又多次鼓励农桑，兴建学校。这些措施无疑促进了江左政权的安定和经济的开发，改善了人民的生活环境。

但是，以司马睿为首的东晋初期的统治上层并无一匡九合的雄心。他们只是尽力笼络南人，和辑侨姓，以图苟安江南，尽量避免与北方少数民族政权发生冲突。在此以后，侨人逐渐安于现状。南北分裂局面遂为人们接受，北伐口号也丧失了原来的意义，往往成为强臣扩大权威的一种手段，得不到朝野一致的支持。这种苟安心态的形成和偏安局面的长期存在，作为东晋开国皇帝的司马睿不能不承担部分责任。

胡秋银　文

韬晦奸雄　救世英主——隋文帝杨坚

北周大象三年(581年)二月十四日,正是甲子大吉大利之时。北周都城长安皇宫内正在举行一次隆重的禅位仪式,太傅、杞国公宇文椿、大宗伯赵炅,捧着周静帝宇文阐的禅位策书和皇帝符玺,毕恭毕敬地站立在皇帝平日专用于到诸侯家乘坐的象辂上,手持符节,后面簇拥着皇家仪仗队,文武百官紧随其后,一路上吹吹打打,来到正阳宫大丞相府门前。大丞相杨坚戴着远游冠,在礼官陪同下,步出大门,在东厢面西而立,长揖请进。百官依次进入殿庭,宇文椿双手高擎策书走入堂中转身向南,高声宣读了皇帝禅位策书。读毕双手捧献给杨坚。杨坚依礼节北面跪拜,照例假意推辞再三。见此情景,上柱国李穆率百官上前程式化地劝进一番,杨坚仍然不从。如此这般,反复两次。宇文椿等又一次捧着策书敦促杨坚接受,杨坚这才显出百般无奈、天命难违的样子俯伏在地,拜受策书和皇帝符玺。宇文椿等使者和百官见状欢喜雀跃,连忙插好笏板,振臂三呼“万岁”。由此,杨坚登上觊觎已久的皇帝宝座,建立起新的大隋帝国,宣布改年号为开皇元年。

龙潜渊底

杨坚祖籍弘农华阴，即今陕西华阴县。远祖乃东汉太尉杨震，杨震九世孙杨元寿在北魏任武川镇（今属内蒙古）司马，全家人便定居于此。再经四传而至杨忠，即杨坚父亲。杨忠是西魏、北周名将，武艺绝伦，谋略超群，官至柱国、大司空，爵封随国公，娶吕氏为妻。吕氏小名苦桃，山东济南人，出身贫寒。

杨坚于西魏大统七年（541 年）六月癸丑日夜晚出生于冯翊（音 píngyì，即今陕西大荔县）般若（音 bōrè）寺。据说他出生时紫气充庭、祥云笼罩。又云头上忽然长角，惊得其母把他一下子扔在地上，以为生了个妖怪；杨坚长大成人后，额上有五根肉柱直贯头顶，目光外露，腰长腿短。性情深沉木讷，不苟言笑。

由于杨忠是西魏和北周王朝的高官贵族，所以，杨坚从小进入太学读书，但学业并不好。杨坚十四岁时，当时的京兆尹（京城最高长官）薛善把他选拔为部下功曹；十五岁时，西魏恭帝封赏功臣子弟，授予他散骑常侍、车骑大将军、仪同三司的荣誉职衔，封爵为成纪县公；十六岁时，北周取代西魏，杨忠为北周开国功臣，他又荣升为骠骑大将军，开府仪同三司。据说北周太祖宇文泰第一次看到他时，惊叹不已，说："这小儿相貌非常，不像是经常能出现的人物。"北周明帝即位后，以功臣子弟的名义授予杨坚右小宫伯，晋爵为大兴郡公。公元 560 年，周武帝继位，他又被升为左小宫伯。不久，调任随州刺史，进位大将军，时年十九岁。公元 566 年，与杨忠同为北周大将的柱国大将军独孤信将第七个女儿嫁给杨坚为妻，这一联姻为他日后的飞黄腾达带来了裙带基础，因为独孤信的长女和第四女均为北周皇后。杨忠于公元568年去世后，杨坚袭爵为随国公。公元573年，杨坚长女杨丽华被选为皇太子妃，这是杨坚一生仕途的重要转折点。公元577年，北周灭齐，杨坚在平齐战争中立下战功，晋升为柱国，后又随齐王宇文宪出征，被任命为定州总管，不久转任亳州总管。公元578年，皇帝即位，立妃杨丽华为皇后，杨坚因皇后父亲身份，被征召回京城，进位为上柱国、大司马。公元579年，宣帝设四大辅官，以杨坚为大后丞。不久又升任为大前疑，权威始见隆重。

据史书记载，在杨坚未成名前，当时的著名相士来和、赵昭、董子华、道士张宾和焦子顺都曾对他说过：他会据有四海，为天下帝王。其中赵昭还对他说："您为帝王必须大诛杀才能稳定天下，请牢记鄙言。"中央和地方部分文武大臣如郑译、窦荣定、庞晃、郭荣、宇文庆等也以为他不是凡夫俗子，将来会奄有天下而倾心结纳。他由定州总管转亳州总管时，内心十分不乐意，在随州刺史任上与之过从甚密的庞晃竟劝他："燕代是天下精兵所在之处，现在如果起兵反叛，天下不愁到不了手。"但他以为"时机未成熟"而拒绝了这一建议，可见他很早就有政治野心。

在位帝王及执政者也暗中忌恨杨坚，北周明帝、武帝和权臣晋公宇文护、齐王宇文宪等都曾有过杀掉他的企图和行动，只是由于赵昭、来和等人的暗中保护，他才得以多次幸免于难。而杨坚也只好韬光养晦，遇事装傻，不露锋芒，"晦明藏用，故知我者希"。杨坚最后升迁到大前疑的地位，基本上是凭皇后之父的身份。

周武帝去世后，其不肖子宇文赟继位，是为宣帝。这位宣帝是个不折不扣的暴君，严刑峻法，滥杀无辜，喜怒无常，言行乖诞，对杨坚也嫉妒在心。他有四个最宠爱的妃子，便在杨皇后之外又别出心裁地设立四个皇后。五个女人争风吃醋，相互诋毁。宣帝自然袒护四个爱妃，曾有一次对杨皇后大发雷霆："我必定有朝一日要杀了你全家！"下令赐杨皇后死，并当场逼她自杀。又把杨坚召进宫内，预先吩咐手下人说："只要他脸色稍有变动，就杀掉他。"杨坚却能在周宣帝的百般责辱和女儿面临死神威胁的情况下装聋作哑、泰然自若。杨坚夫人独孤氏得知消息，立即进宫，在宣帝面前跪拜求饶，磕头流血，才算化解了宣帝怒气，免除了杨坚父女俩一场劫难。

虎跃峰峦

杨坚深知既然受到猜忌，留在帝王身边就等于慢性自杀，便通过深受宣帝宠信的好友、内史上大夫郑译请求出任地方官。北周大象二年（580 年）五月，周宣帝决定派郑译率兵讨伐江南陈国，郑译趁机推荐杨坚作元帅，于是杨坚获得了扬州总管的任命。正当杨坚准备溜之大吉的时候，继位刚满两年的周宣帝突然得急病于当月十一日死去，年仅二十二岁，其皇储周静帝则只有七岁（在这前一年的二月，宣帝已宣布传位给七岁长子宇文衍，后改名宇文阐，是为周静帝，自己则称天元皇帝）。同时由于宣帝的荒淫无道，诛杀了皇族中颇有权略的齐王宇文宪，又将叔父中有威望有军政经验的赵王、陈王、越王、代王、滕王等五个侯王一概遣送回各自的封国，以致此时朝廷中既无老练掌权的皇族侯王，也没有威权崇重的功臣宿将，宣帝所信任的郑译、刘昉等人则都是些无远略、无忠心的平庸之辈。显然，北周王朝出现了前所未有的权力真空。所以，当皇帝宠臣刘昉、郑译等对宣帝死讯秘而不宣，商议请身为皇后之父的杨坚出来主政时，胸怀宏图大略的杨坚紧紧地抓住了这一契机，略一推辞便答应下来，导演了一出改朝换代的政治连续剧。不过，其少年时代的同学元谐当时曾这样告诫他："您没有党羽援助，犹如水中一堵墙，非常危险，可要小心努力。"杨坚深以为然，在篡周立隋的过程中循序渐进、偷梁换柱，十分讲究策略，在历史上落了个"以诈取天下"的名声。

刘昉、郑译等人想让杨坚以大冢宰的头衔主政，以便自己能从中分一杯羹，分别出任小冢宰和大司马，实际上是想三人共同辅政。杨坚为此请教了当时朝廷中受人仰慕的大学者李德林。李德林告诉他："应当称作大丞相、假黄钺、都督中外诸军事。否则，不能以威服人。”当时的政治体制，大冢宰只是百官之长，相当于丞相。而李德林所列举的这一连串的头衔中，假黄钺意味着代皇帝行使权威，都督中外诸军事则拥有内外一切军队的实际指挥权，这就是说，李氏所列囊括了皇权、政权、军权。杨坚果断地采纳了这一建议，在宣帝死的当天就假传诏令，受命辅政并总督皇城内外禁卫军。三天后才公布宣帝去世的消息，出任假黄钺、左大丞相，总揽内外军政。

杨坚受命辅政之日，即将勇武过人的将军卢贲、元胄、李圆通、陶澄等召至身边日夜宿卫，委以心腹。五月二十三日，杨坚召集文武大臣公布宣帝去世、自己受命为大丞相的消息，并宣布要以东宫为丞相府，群臣议论纷纷，多有不服。卢贲即率兵将群臣团团围住，使之不敢不从。而杨坚在辅政的大半年时间里，屡遭周室诸王暗算，也是得力于元胄兄弟及李圆通等武士的死命护卫才化险为夷。

护身用武将，运筹需文臣。辅政之初，杨坚即特地派弟弟杨惠去找当时朝中素负重名的儒士李德林，告知心腹大事，转达倚重之意。李德林也是识时务者，毫不犹豫地表示“愿以死相从”。随后又派杨惠去找“精明强干、熟谙军事、足智多谋”的高颎，高颎同样乐意为杨坚效劳，说：“即使您的大事不成功，我也不怕遭受灭族之祸。”后又拔擢重用了苏威、李穆、韦孝宽、杨素、贺若弼、韩擒虎等文武俊才。李德林博通经史百科，具有军政大略，时人誉为“经国大体，是贾生、晁错之俦；雕虫小技，殆相如、子云之辈”。恒受北齐、北周诸帝器重，是北朝第一流的学者。他与杨坚一拍即合，遂成为杨坚改朝换代、治国安邦的重要智囊人物。高颎对于杨坚的重要犹如汉代萧何之于刘邦，不仅在后来杨坚在位时长期担任宰相，屡运奇策，多建伟功，而且为杨坚招纳了诸如苏威、杨素、贺若弼、韩擒虎等一大批名将名臣。

当然，杨坚虽有夺位野心，但并没有必胜把握，辅政之初，曾在夜晚把当时专掌天文历数的太史中大夫庾季才召到相府问道：“我以不才之身，受如此顾命重托，就天道人情而言，你以为结果如何？”庾季才说：“天道精微悠远，难以逆料，但以人情而论，大势所趋，不可推托。即使我说不可，主公您能再像商代箕子那样佯狂而退隐吗?”杨坚沉默了半天才抬头叹道：“是啊，我如今就像骑在老虎身上一样，诚然无法再跳下来。”杨坚还不止一次地征求其夫人独孤氏的意见，独孤氏是个有主见的人，以为：“大势已经形成，骑虎难下，一定要勇往直前。”

不论是刚刚到手的权力还是下一步要攫取的皇位，对杨坚来说，最大威胁来自皇室。当时宇文泰去世才二十余年，其威名与恩惠犹在人耳目。七岁的周静帝自然微不足道，周皇室诸王却不可等闲视之，特别是宇文泰的十三个儿子中仅存的五个儿子，即上面所谓五王。一旦他们与宇文泰的功臣宿将相呼应，足以翻天覆地。杨坚很清楚必须迅速除掉皇室诸王，但要杀之有名。当时宣帝弟弟、十几岁的宇文赞仍以皇叔身份任上柱国、右大丞相之职，位在杨坚之上，且与静帝同住在一起，这对杨坚控制静帝是个严重障碍。杨坚遂指使刘昉给宇文赞送去几个美女，并乘机骗他说：“大王，您是先皇帝的弟弟，众望所归，静帝太小，岂能做皇帝！如今先帝刚死，人心未定。您暂且回到王府去，等到事情办妥后，您再入宫做天子，这是万全之计。”宇文赞长期生活在皇宫，毫无政治经验，听了刘昉的话，好不高兴，即日便回自己的王府去了。在尚未公布宣帝死讯前，杨坚又假借赵王宇文招将嫁女于突厥为理由，以宣帝名义发布诏令，征召赵王、陈王、越王、代王、滕王速来长安参加婚礼；在公布了宣帝死讯后，又以周静帝的诏命征召手握重兵且极有可能与杨坚唱对台戏的宇文泰外甥、相州总管尉迟迥进京参加葬礼，而派当时一流的军事家韦孝宽去取代他。

六月，五王进京，看到宣帝已死，杨坚大权在握，内心既不满又不安。一直在京任太师但年轻而无政治经验的毕王宇文贤（周明帝长子、宣帝堂兄）也看出杨坚包藏祸心，就暗中联络五王，谋划伺机刺杀杨坚。殊不知杨坚表面上若无其事，实际上遍布耳目，早有戒备，很快便得到有关情报，立即下令以谋反罪名处决宇文贤及其一家。但杨坚讲究策略，对五王的同谋隐而不问。因为此时雄踞河南的尉迟迥已举兵对抗，如果杀了五王，惩治谋反罪就会被人理解成诛杀皇族，不仅使京城皇族和文武大臣寒心，而且也会给尉迟迥造成有力的借口。五王也不是傻瓜，深知杨坚要篡位换代就决不会放过他们。不久，赵王主谋，伏甲于帷幕而后邀请杨坚到府中宴饮，企图借机刺杀他。杨坚装聋卖傻、欣然从命，自带酒肴，带着堂弟大将军杨弘及大将军元胄、元威兄弟等几位心腹兼侍卫前往赴宴。席中赵王几次暗示部下动手，皆因元胄严密护卫而终未得逞。把柄到手，事后杨坚立即以谋反罪诛杀赵王、越王及其子女。十月，杀陈王及其子；十二月，杀代王、滕王及其子。罪名照例是谋反。至公元581年夏历二月，杨坚登基，大功告成，再也不需遮遮掩掩，于是，北周皇室所有王公子孙同日被处死。

杨坚在一个个铲除内部隐患的同时，对于外部叛乱则断然使用武力，毫不手软。当时的相州总管尉迟迥不仅是北周皇室外戚，而且手握强兵、控扼河东（今河南、山西）要地。杨坚刚刚受命辅政，即预计到尉迟迥可能举兵相抗，于是采取先发制人的手段，以进京参加葬礼为理由征召尉迟迥入朝。果然，朝廷征召和委任诏命甫出，代为总管的韦孝宽尚未到达相州，尉迟迥即举兵反叛，其弟青州（今山东临淄）总管尉迟勤以及东楚州刺史费也利进、荥州刺史邵公胄、申州刺史李惠、潼州刺史曹孝远、徐州总管席毗罗等都随之响应。不久，据有今湖北江北地区的郧州（州治在今湖北安陆县）总管司马消难和镇守巴蜀的益州（今四川成都）总管王谦也起兵反叛，与尉迟迥遥相呼应，加上北面突厥游牧民族的不断侵扰。这样，都城长安几乎处于四面楚歌的境地，形势相当严峻。杨坚首先派杨尚希率杨氏宗族家兵三千驻守潼关，以防叛军直捣关中；然后，先礼后兵，派破六韩裒为特使前往相州进行劝说，在劝说无效后，立即任命韦孝宽为元帅，率梁士彦、元谐、宇文忻、宇文述、崔弘度、杨素、李询等大将出兵讨伐尉迟迥，派王谊率军镇压司马消难叛乱，在消灭了这两股反叛势力后，再派梁睿率军进攻巴蜀的王谦。由于师出有名、将帅有略，这些叛乱很快被平定。

得民心者得天下，而收揽民心的最好办法是革除弊政、施惠于民。杨坚刚一上台即举贤任能，去奸除弊，制定《刑书要制》，废除宣帝制定的严刑峻法，停止洛阳宫的营建；尊礼佛道二教，施宽大无为之政，倡勤奋俭朴之风。这些措施很快博得朝野一片欢呼，也就取得了入主皇宫的入场券。

同时，杨坚循序渐进地一步步加强自己的权力、抬高自己的地位。在尉迟迥起兵叛乱后，七月二十四日，杨坚兼都督中外诸军事，将全国的军队指挥权抓在手中；平定叛乱后的九月二十八日，任命长子杨勇为洛州总管、东京小冢宰，加强对潼关以东地区的控制；九月三十日，受命为大丞相，废左、右丞相之职，以杜绝分权的可能；十二月，杨坚先是奏请静帝下诏废除以前周皇室对汉族文武大臣的赐姓，以取得大批汉族官员的支持；接着进位为相国，总百揆，即总领百官和内外一切军政事务，并晋爵为随王。以安陆等二十郡为随国，可以用九锡之礼，建天子旗帜，戴天子十二旒冕，乘天子六马金银车。这样，杨坚便取得了东汉末曹操、三国魏司马懿、东魏高欢、西魏宇文泰那样的名誉和实权，距皇帝宝座只一步之遥了。

不过，杨坚在消除了内忧外患、控制了军政大权、笼络了朝野民心、取得了大批文武干将支持后，却没有像曹操等政治家那样把已经到手的皇冠留给后代去顶戴，而是理直气壮地于次年二月接受周静帝迫不得已的禅让，登上皇帝宝座，时年四十岁。杨坚觉得“随”字带“走之旁”，不吉利，就把“走之旁”去掉，改为“隋”，是为隋朝。

春雨潇潇

杨坚登上皇帝宝座以后，取年号为开皇。二十年间，顺应时代潮流。对政治、军事、经济、文化等领域进行了一系列较为彻底而合理的改革，不仅孕育出了高水平的"开皇之治"，也为后来的盛唐气象打下了基础。

改革政治、安定社会要做的第一件事就是建立新的中央政府。北周实际开国者宇文泰崇尚《周礼》，执政期间据此推行周代官制，但由于汉魏官制行之千年，为人所习，故终北周一代实际是两种官制并行，弄得重架叠屋，使人们不知所从。所以，隋文帝刚刚即位，小内史崔仲方等大臣便建议依汉魏之旧改革中央官僚体制。于是，设太师、太傅、太保三师，太尉、司徒、司空三公，尚书、门下、内史、秘书、内侍五省，御史、都水二台，太常、大理等十一寺，左右卫等十二府；并置上柱国至都督十一等勋官衔和特进至朝散大夫七等散官阶，以褒奖那些有功有德的文臣武将。三师是给德高望重者的荣誉职衔，三公原则上有参预国家大事的职责，但只是顾问性质，没有实权，也不常设。秘书省掌皇家图书和天文历法，内侍省负责皇家日常生活的宦官机构，左右卫十二府是皇家和宫城卫队，御史、太常等台寺的职责比较庞杂但基本属具体办事机构。中央真正的掌权机构是尚书、门下、内史三省，尚书省是中央军政执行机关，长官为尚书令和左右仆射，下设吏部、礼部、兵部、都官、度支、工部六部；门下省和内史省原则上都是协助皇帝执政的决策和审议机关，对皇帝决策和国家大事有审议、修正、讽谏、驳回等职责，但实际上只是皇帝的顾问和秘书班子，大多只能负责皇帝诏令的起草、签发、保存和大臣章奏的批签、收发转呈，对皇帝决策和国家大事有一定建议权，其长官分别为纳言和内史监、内史令(不久即废内史监)。同时废除北周灭北齐后一直闲置于东都洛阳的另一套中央官属。这一新的中央官僚体制实际上是对汉魏中央三公九卿制的一次较为彻底的变革,也是对魏晋南北朝官制改革的经验总结,为后来唐宋几百年政治所继承。

确定了中央政体,接下来便是选任官员,组成了相当精明强干的中央政府,随后还对九品官人选拔官员方法进行了初步的改革。两年后,隋文帝又开始改革地方政治。针对西魏以来"民少官多,十羊九牧"的状况,将原来的州、郡、县三级行政体制改为州、县两级,合并了许多州县,裁汰了大批地方冗官,既节省了财政开支,又便利了政令的迅速推行。并规定地方九品以上官员全部由中央吏部统一任免、定期考查,刺史、县令三年一换地方,从而有效地控制了地方割据势力的发展和豪强地主把持地方行政的可能。

鉴于北周"刑政苛酷,群心崩骇"从而导致灭亡的教训,隋文帝在从中央到地方建立起新的政治体制后,马上指示新的中央政府把制定刑律作为第一件大事来抓。在高颎、苏威、牛弘等人的参预下,当年,新的《开皇律》颁布实施,刑罚分死、流、徒、杖、笞五等,另加"十恶"条例(十恶为谋反、谋大逆、谋叛、恶逆、不道、大不敬、不孝、不睦、不义、内乱等十大罪恶)。与北朝旧律相比,死刑由五种减至绞、斩两种,废除了极为残酷的枭首(即砍头)、裂(即车裂全身)、磬磔等死刑和鞭刑,改鞭为杖,改杖为笞,流放和徒役量刑标准都大为减轻,进一步缓和了社会矛盾。开皇三年(583 年),文帝看到法律仍然太严酷,再次命苏威等人重新修订,定刑律五百条,再次删除死罪八十一条、流罪一百五十四条、徒杖等罪千余条,并废除了一人犯法、九族株连之法。又在大理寺设律博士,在各州县设律生,专习律令。并明令规定审案时须将律文写出,按律判决;各级官员长史以下、行参军以上都要学习法律,政绩考核时一并检查。并明令各地,有冤屈而当地司法部门不理时可以越级上诉,直至到朝廷击登闻鼓。隋代的法制改革是对汉魏刑法系统的一次根本性的"手术",开此后唐宋几百年法制先河。

为加强对农民的控制、扩大政府财政来源，开皇五年(585 年)，隋文帝采取了“大索貌”(户口普查)和“输籍法”(户籍制度)两大措施。京畿地区以五家为保，五保为闾，四闾为族，分置保长、闾正和族正；京畿以外地区，五保为里，五里为党，分设保长、里正和党长。在此基础上，继续推行北魏以来的均田制和租庸调制。均田制是一种国家土地分配制度，规定二十一岁以上成年男子可分露田八十亩、永业田二十亩，另外，妇女、奴婢也可分得一定土地，王侯将相大小臣僚另有永业田和职分田。得到了土地就得给国家交税，成年男女每年交纳粟三石为租，养蚕地区每年交绢一匹和绵三两为调，成年男子每年为国家服徭役一个月为力役，五十岁以后力役可以交布帛代替，称作庸。这几项制度在一定程度上防止了土地的高度集中和农民的大量流亡，保证了国家财政收入的稳定。

币制和度量衡是社会经济生活的重要环节，北朝以来，币制非常紊乱，度量衡也变得参差不一。隋文帝即位之初便下令改铸五铢钱作为隋代通行货币，开皇三年，又下令完全废除其他各种货币，只准五铢钱流通。又做出规定：以古尺 1.2 尺为 1 尺，古斗 3 升为 1 升，古秤 3 斤为 1 斤，特制铜斗铁尺作为市场样板。这些措施有利于工商业的发展。

在文化方面，为了在大分裂、大乱离之后尽快建立正常的社会秩序和传统的道德规范，隋文帝还命牛弘等人重新制定了礼乐制度，颁行天下，在社会上极力鼓励好学行礼的新风尚；又接受牛弘的建议，开天下献书之路，并对收集到的各类文献进行了一次全面的整理。

在军事上，隋文帝一生做了三件大事：征服突厥、统一江南、改革府兵制度。突厥是我国北方逐水草而居的游牧民族——匈奴族的一支。兴起于北魏末年，到北周时，已占有今长城以北、贝加尔湖以南、兴安岭以西、里海以东总计约东西万里、南北六千里的辽阔地区，以于都斤山(今蒙古共和国哈尔和林西北)为可汗(突厥最高统治者称号，相当于中原地区的帝王称号)牙帐所在地，拥有精锐骑兵几十万，动如旋风，具有很强的战斗力和很高的机动性。但他们飘忽无常,中国有隙则入寇抄掠,举兵反击则远遁漠北,无影无踪,是当时中国北部边疆的不安定因素。隋文帝即位以后,以统一中国为己任,本打算先平江南,再征突厥,可是突厥沙钵略可汗以北周女婿身份(其王后为北周皇室赵王女儿千金公主)打着为周复国的旗号,且趁隋朝初立未稳,频频出兵南侵。在这种情况下,隋文帝被迫改变战略,先集中兵力打击突厥。并接受大臣长孙晟"远交而近攻,离强而合弱"的策略,先后派长孙晟、元晖等人和大量间谍对突厥各部落进行离间和策反工作,在反间得逞之后,连续三次出动大军对突厥实施全面进攻和战略打击,终于,在不到十年的时间里彻底征服了东突厥,在相当长一段时间内解除了北部边境的威胁。

征服突厥后,隋文帝立即回过头来着手完成统一大业。当时偷安江南的陈朝代表着魏晋以来腐朽的门阀士族统治,已到了公私俱竭、朝野思变的垂死状态。但隋文帝为统一江南做了十分认真和充分的准备,战前他广泛征求大臣的战略建议,最后采纳高颎和崔仲方两位大臣提出的战略:在大战前,对敌实施骚扰和疲劳战术,"废其农时,焚其粮储",造成"财力俱尽,陈人益敝"的状况。然后,在长江上游"速造舟楫,多张形势",发动牵制攻势,下游则"更帖精兵,密营渡计",待陈国在上游"令精兵赴援",下游主力部队"即须择便横渡"。经过几年准备,588 年三月,隋文帝颁发诏书,列举陈后主二十条大罪状,下令开始平陈战争。十月,任命次子杨广为总指挥,出兵五十一万,兵分八路从长江上游下游同时对陈发动全面进攻。十二月初,上游以秦王杨俊、信州总管杨素为主帅,兵力二十余万,对长江中上游各战略要地发动进攻。取得初步战果后,次年正月初一日夜,下游吴州总管贺若弼、庐州总管韩擒虎在杨广指挥下,趁陈国君臣与军民沉醉于过年气氛的机会,兵分两路,偷渡长江,直扑建康,二十天后攻占建康,活捉陈后主陈叔宝。然后由陈后主发布投降命令,江南各地军队纷纷解甲归顺。精心策划、规模浩大的统一战争不到两个月时间,以大获全胜而告结束。分裂近四百年的南北对峙局面从此归于一统,隋文帝成为继秦始皇、晋武帝之后,第三个统一中国的皇帝。

府兵制是西魏大政治家宇文泰一手创制的一种新的职业兵制，它将士兵及其家属和土地合为一个系统，在战争频仍年代显示出了很大的优越性。但在和平年代，这种职业兵制不仅直接影响国家赋税收入，还容易造成地方军阀割据势力。在完成统一大业后，隋文帝意识到大规模的军事行动暂时已不需要，于是着手对府兵制进行改革，将所有军人户籍全部划入当地州县政府管理，土地分配与赋税征收方式与农民一样。也就是兵归于农、兵农合一。这既增加了国家赋税收入，又加强了对军队的控制。同时还宣布将天下民间兵器一律收缴销毁，着力营造一种安居乐业、平和无争的太平景象。

同时，隋文帝努力倡导恭勤节俭之风，多次派出大批使节到各地巡省督察、了解吏治与民情，"人间疾苦，无不留意"。有一年，隋文帝东拜泰山，路上与饥民相遇，命左右随从让饥民与侍卫参杂而行，不得驱赶，遇有扶老携幼、荷担负重者，"令左右扶助之"，自己则上前安慰，引马让路。文帝一生最可贵的地方是生活十分节俭，所用之物，务从简朴，破旧者随时补用；除非宴会，自己所食，每餐不超过一个荤菜。后宫都时常穿缝补浆洗过的衣服。上行下效，所以，开皇、仁寿年间，社会上以节俭为荣，男子都穿布衣，不着绫绮，装饰不过铜铁骨角，无金玉之饰，居处不出屋门的女人更是如此。

隋文帝及其文臣武将的励精图治取得了预期的效果，二十年间，"爱养百姓，劝课农桑，轻徭薄赋"，"衣食滋殖，仓库盈溢"，"君子咸乐其生，小人各安其业，强无凌弱，众不暴寡，人物殷阜，朝野欢娱"，"足称近代良主"。(《隋书·高祖纪下》)国家垦田数增加三倍，户口翻了一番，"天下储积，可供五十年"(《资治通鉴》卷 192)。元代史学家马端临说："古今称国计之富者，莫如隋。"

秋风瑟瑟

隋文帝在位二十四年，前十八年是他事业的辉煌时期，后六年（开皇十八年至仁寿四年）则是他得意忘形、年老昏耄的多事之秋。

开皇十八年（598 年），隋文帝不近情理地发布命令，禁止江南各地造船。江南泽国，无船何以行路，何以谋生？这是政治上的不智迹象。也正是这一年，隋文帝从长安到仁寿宫（故址在今陕西麟游县西）建十二处行宫，与五年前仁寿宫建成时因其过分壮丽而要杀主持者杨素的文帝判若两人，这是生活上的不仁表现。

开皇十九年（599 年），隋文帝听信杨素和独孤皇后谗言，将二十年来一直作为自己左右手的宰相高颎免职为民。高颎可以说是隋文帝的第一功臣，文韬武略，德才兼备，不仅任宰相十九年，参与了所有政治决策和实施工作，而且，在平定三方叛乱、征服突厥、统一江南、进军高丽等所有隋代重大军事行动中都是实际主持者，多运奇策，屡建伟功。当朝执政二十年，朝野钦服，物无异议。隋文帝之所以能致治升平，实在是他倾心竭力的结果。隋文帝在解除高颎职务不久，当着高颎的面对文武大臣说："我没有辜负你高颎，是你辜负了我。我视你如同儿子，平日虽偶然不相见也像你在我眼前一样，但自从你被解职后，我却能一下子把你忘掉，就像原本就没你这个人一样。"这段话充分表露出隋文帝的刻薄无情和年老昏耄的心态。这恐怕是隋文帝一生最大的政治失误，由此导致了许多严重的后果。高颎去职后，杨素接任第一宰相。杨素是一个有大才无厚德的人，隋代政治在他手中江河日下。

开皇二十年(600年)十月,隋文帝下令废黜皇太子杨勇,立杨广为皇太子,这是隋文帝一生中的大悲剧。这一悲剧的根源还得从隋文帝惧内说起。作为专制帝王,隋文帝十分怕老婆,这在中国古代绝无仅有。隋文帝的皇后独孤氏是一位精明强干的女人,文帝从篡周夺权开始,遇事总是与她商量,“往往不谋而合,宫中称为二圣”。由于两人相亲相爱,在文帝称帝前,即商定“誓无异生之子”,也就是说除了独孤氏,文帝再不准和别的女人生儿子。果然,除孤独氏生有五个儿子(依次是杨勇、杨广、杨俊、杨秀、杨谅)外,文帝再也不敢和哪个妃嫔生孩子。隋文帝即位后,照例以大儿子杨勇为太子,定为皇位继承人,把其他几个儿子都封为王。据说杨勇比较好学,为人宽厚仁慈,俭朴洒脱,对其父的政务于时不便之处,“多所损益”,颇得父皇喜爱。无奈皇后独孤氏是一个非常古怪的女人,她一生最爱吃醋,最讨厌的是男人纳妾,不仅把丈夫隋文帝管得死死的,连五个儿子和文武大臣也不准在她面前公开谈论妻子的不是或妃妾的可爱,甚至要文帝对那些娶妾生子的大臣治罪。这就苦了皇太子,因为杨勇别的嗜好不多,唯独爱好奢侈淫逸生活和漂亮女人,且只喜欢姬妾而不喜欢正妃元氏,三十多岁的人居然已生了十个儿子和许多女儿,却没一个是元氏所生。最要命的是这元氏患有心脏病,有一天突然发作,一命呜呼。皇后平日就对杨勇冷落元妃颇有烦言,这下更是断定元氏是被太子毒死的,对杨勇深为不满,乃至派人暗中监视杨勇行动,以期发现他的过失。隋文帝则太热衷于权力,也许因为自己靠阴谋得位,所以对身边任何人都持有戒心,连既定皇储也不放过。开皇十八年冬至日,朝廷文武百官到东宫(古代皇太子所住宫殿称东宫,因往往在宫城皇帝所住正殿之东而得名)朝见皇太子,杨勇为隆重起见,就大摆乐队奏乐。不料这事却引得隋文帝醋意大发,说是节日庆贺,只应三五个人,随到即走,为何还要有关部门召集大家同一时间都去,且太子身着朝服设乐队而接待呢?这不就像我接受群臣朝拜一样了吗?因而下诏把杨勇痛骂了一顿。从此,对杨勇越来越不喜欢,派出许多人昼夜监视杨勇的一举一动,并逐步削弱东宫卫队实力。

这些早被觊觎皇位已久的次子晋王杨广看在眼里、记在心上。从史书记载和生平行事来看，杨广显然是一个天资高超、英俊潇洒的人，手不释卷，会写文章，爱好音乐，深沉严肃，“有类至尊”，就是说像他父亲，似乎各方面都比杨勇强些，所以“高祖及后于诸子中特所钟爱”。只是比大哥杨勇晚出生几年，遂屈居第二。但他十三岁即开始在外带兵打仗，征突厥、平三叛，特别是作为平陈战争总指挥率军平定陈国、统一江南之后，志得意满，自以为劳苦功高，对大哥杨勇身无尺寸之功而居皇太子之位极为不满。他知道母亲不喜人纳妾宠姬，不愿姬妾生儿育女，便只按照规定人数备足姬妾员额，且平日只与王妃萧氏生活起居。姬妾所生儿女皆弄死不养；凡是父皇和皇后的手下人到他那里去，无论贵贱老少，他都要和他的王妃一起到大门口接送，佳肴美酒款待，再赠以丰厚礼品，所以，这些人都称赞他仁孝厚德；他知道父皇和皇后不喜奢侈，偏爱谦恭，每次进宫朝见总是只带少量车马随从，在朝廷大臣面前则始终保持谦谦君子姿态，而对掌握实权且深得皇上喜爱的大臣则尽心结交，极力拉拢，因而在大臣中间声望远超过其他几位兄弟；每逢父皇和皇后到他府中来，他便事先把美貌姬妾统统关闭在密室中，只留下又老又丑的穿着朴素的服装出来侍候。又把宫室中的绸缎帐幕改为一般粗布，把乐器的弦统统弄断，撒上一层灰尘。伪装得非常漂亮，阴险得十分毒辣。由此骗得老父老母以为他不好声色，勤俭朴素，从而越发喜爱他。

杨广接下来便在亲信张衡的策划下，派遣亲信大将宇文述用大量金宝贿赂得宠宦官杨约，通过杨约拉拢其兄长、当权用事的宰相杨素，施展阴谋，陷害杨勇。结果，在杨素和独孤皇后的双重攻击之下，隋文帝终于宣布将杨勇软禁起来，命令有关部门收捕杨勇的党羽，下令废杨勇为庶人，立杨广为太子。

不久，隋文帝四子杨秀也在杨素、杨广的陷害下，被废黜软禁起来，直至隋亡才被宇文化及杀死。后来杨广即位时，又下令处死了杨勇及其所有子女。隋文帝的第三个儿子杨俊则早在杨勇被废之前，由于骄奢好色，被妒忌成性的王妃崔氏下毒造成重病，在文帝的削职责辱中死去。最小的一个儿子汉王杨谅在杨广即位时起兵造反，结果兵败被俘，死在狱中。

仁寿元年(601 年)，隋文帝下令："国学学生将近千人，州县学学生也不在少数。徒有名籍，空度时光。并没有培养出德堪楷模、才能安邦的人才。如今应当精简，明示奖罚。"于是除了国子学保留学生七十人外，京城的太学和四门学及各州县学一律撤销，这是隋文帝在晚年做出的另一个愚蠢的决定，其消极影响不亚于秦始皇的焚书坑儒。假如他再活二十年，中国的文化教育恐怕要灭绝！

次年，独孤皇后病逝，"妻管严"解除，隋文帝以六十二岁高龄从此大宠女色，两年后即寿终。那是在仁寿四年(604)四月，隋文帝在仁寿宫得病，七月，病危，传令尚书左仆射杨素、兵部尚书柳述、黄门侍郎元岩和皇太子杨广入宫守候陪侍，杨广怕父皇要死，有些后事要预先准备，就写条子问杨素，杨素为之写成书面条文，不料送信人把杨素写的东西误送到文帝病床前，文帝一看大怒：我还没死你小子就为我办起了后事，这还了得！正好在身边护理的宠妃陈氏早晨出去换衣服，被杨广调戏，神色慌张地跑回来，文帝追问出来，气得直捶床沿，大叫："畜生何足以托付国家大事！独孤氏害了我啊！"忙让柳述、元岩起草诏令，宣召杨勇进宫。杨素知道后，立即通知杨广，二人合谋，派心腹大将宇文述、郭衍率东宫卫兵将仁寿宫内外守卫全部撤换，假传诏令将柳述、元岩抓起来，派亲信张衡率亲兵三十人入宫赶走所有妃嫔宫女，隋文帝死于毒手，享年六十四岁！

隋文帝在位二十四年，文韬武略，选贤任能，对外平定叛乱、征服突厥、统一江南；对内改革政治、发展经济、富国强兵、与民休息，"天下无事，区宇之内宴如也"。个人品格上，兢兢业业，勤劳节俭，远奸佞小人，兴起了一代踏实苦干、勤奋节俭的良好社会风气。在中国历史上的地位应该说远远超过秦始皇与晋武帝等所谓统一中国的君主。当然，后人指责他最多的过错是为人猜忌苛察、听信谗言，导致过多杀戮功臣故旧乃至兄弟子女，尤其在晚年更是如此。这既是他品性残忍的表现，更是中国封建社会以皇权为核心的专制集权制度造成的必然恶果。

董恩林　文

乘时而起　知趣而退——唐高祖李渊

隋朝末年，隋炀帝杨广倒行逆施，政乱臣奸。自大业七年(611 年)始，全国各地几乎都爆发了农民起义。大业十三年(617 年)五月，隋太原留守李渊突然起兵反隋，率军三万直入关中，十一月攻入长安，立年幼的代王杨侑为帝，自任大丞相，实际上夺取了隋朝军政大权。次年五月，李渊废帝自立，登上帝位，国号大唐，建元武德，定都长安。

封疆大吏

李渊祖籍陇西成纪(今甘肃秦安县),祖父李虎因辅佐宇文泰建立西魏政权有功,成为当时著名的八柱国之一,官至太尉,爵封陇西郡公,是陇西名门望族,死后追封唐国公。父李昞袭封唐国公,北周时任安州(今湖北安陆县)总管、柱国大将军。北周天和元年(566 年),李渊在长安出生,七岁袭封唐国公。

据说李渊年轻时倜傥豁达,任性率真,宽仁容众,深得老幼喜爱。加上妻子窦氏是隋朝贵族神武公窦毅之女,隋文帝独孤皇后又是李渊的姨母,这样,李渊经常出入隋皇宫,颇得隋文帝喜爱,历任谯(今安徽亳县)、陇(今陕西陇县)二州刺史,那时他不到三十岁。隋炀帝继位以后,李渊先后出任荥阳(今属河南)、楼烦(今山西静乐县)二郡太守,不久,调回长安,出任殿内少监。大业九年(613 年),升任卫尉少卿,这已是高级官员,时年四十七岁。这一年,隋炀帝发动入侵高丽的战争,李渊调驻怀远镇(今辽宁辽阳市西北)督运粮草。杨玄感起兵反叛后,隋炀帝又派李渊前往弘化郡(治所在今甘肃庆阳县)逮捕留守元弘嗣,因为元弘嗣乃是杨玄感的党羽,并就便代为弘化留守,兼知关右诸军事,以防御响应杨玄感者。这期间,李渊大约看到隋室天下已从根本上发生动摇,便借助自己历任中央和地方官的有利条件,广结善缘,树党营私,颇受炀帝猜忌。一次,隋炀帝因事征召李渊,恰逢李渊生病在床,没能及时应召,隋炀帝便问李渊在后宫的外甥女王氏,王氏回答说舅舅有病所以没有及时前来,隋炀帝马上又问:“会不会死?”作为帝王,这样问大臣的病情,显然是十分不客气的。李渊此时已是相当老练的政客了,一闻此语，便知炀帝用意不善，从此好一阵子纵酒纳赂，以便自毁声誉。

毕竟是自晦有术，加上贵族皇亲的背景，不久，李渊又开始被重用。大业十一年，炀帝想北巡雁门，但当时的河南、山西遍地是农民义军，便命民部尚书樊子盖率关中兵数万前去镇压。樊子盖不分青红皂白，将当地农民房屋统统放火焚烧，抓到义军一律活埋，弄得农民个个义愤填膺，反抗烈火愈烧愈广。炀帝只得又任命李渊为山西、河东抚慰大使，总揽今山西全部及河南一部的军事大权，以取代樊子盖。这是李渊出仕以来最有权势的职位，李渊后来的发迹全得力于这一次的起点，也表明炀帝此时已开始信赖与重用李渊。当李渊率军及家眷赴任时，在龙门遇到母端儿率领的农民义军的围攻，但他很快击败并收编了这支起义军，声威一时大振。随后，又陆续镇压了几股小规模农民义军。在镇压这些起义军时，李渊采取恩威兼施的办法，对农民义军边镇压边诱降，很快就平定了大部分反叛，并收编义军，将自己的部队由几千扩大到几万人。不久，突厥人南下侵扰，山西一境人心惊慌，作为当地军事长官，李渊不能不奋起抵抗，但即使与边防要塞马邑太守王仁恭合兵一处也远远不能与突厥大军相敌。李渊挑选两千精兵扮作突厥人的样子，饮食居处与突厥人一模一样，专门袭击敌人并负侦察之责，另外又挑选善射者组成强大的伏击圈。突厥人被引入伏击圈后，看到与自己模样相同的兵士在那里悠闲驰射，正犹豫不决时，李渊指挥伏击部队发起攻击，突厥人大败而逃。这次战斗显示了李渊的军事才能，为他立足山西奠定了基础。

由于上述战功，到大业十二年(616 年)年底，李渊被任命为太原留守。由于太原为关中门户，也是阻挡北边少数民族武装南下侵掠的要塞，历来为山西乃至中原的军事重镇，自秦汉以来历代统治者均在此驻重兵，屯足粮，留守一职也就成为功臣宿将的去处。这一年的四月，当时山西最大的一股农民义军“历山飞”部的将领甄翟儿率军十万进攻太原，临阵斩隋将军潘长文，一时远近惊骇。李渊上任后，立即率军前往镇压，与甄翟儿的义军在雀鼠谷相遇。当时义军有两万多人，李渊所部仅六千多人，被义军重重包围。李渊面对兵力悬殊的状况，沉着冷静，将部队分为两部分：老弱病残及辎重部队居中，扬旗鸣鼓，虚张声势，排成主力阵容，将近千精兵分为左右队摆成犄角小阵。交战时，中军摇旗呐喊，做出决战架势，义军不知是计，倾全部精兵前来攻击中军，以期抢夺辎重物资，李渊则乘机指挥左右二队，两面夹击，拼死冲杀，义军抵挡不住，大败而溃。

李渊在太原任内，短短几年时间，便北败突厥，南平农民义军，深得当地官僚、地主、豪商的支持与拥护，成为当时山西、河南一带较为稳固的一方军阀。李渊便趁机招纳亡命，收留人才，训练士卒，屯积粮草，为以后的起兵反隋打下了较为坚实的基础。

横空出世

李渊坐镇太原时，全国各地的农民起义此起彼伏，隋室天下已是四分五裂、名存实亡了。农民起义军的三大主力李密领导的瓦岗军、窦建德领导的河北义军、杜伏威领导的江淮义军，基本摧毁了隋朝军队主力。

正是隋朝这种分崩离析的状况，促成了李渊反隋思想的产生。李渊身边此时已聚集一批具有反隋思想的志士仁人，他们时时劝告、怂恿李渊趁早起兵夺天下，李渊的儿子李世民更是极力主张举义兵、争天下。正好此时，突厥人进犯马邑，李渊派副将高君雅和马邑太守王仁恭率军抵抗，结果节节败退。炀帝得知消息，大为震怒，特派使者到太原逮捕李渊，以便押解到江都严厉惩处。李渊遂决定起兵反隋，他对李世民说："隋朝的天下将要灭亡，我李家上应符命，当继膺大任。之所以没有早早起兵反隋，只是顾虑到你几个兄弟尚远在河东，没有回来。如今我们将要遭受昔日文王所曾经历过的羑里之厄，你们兄弟应当举兵会盟津之师，不能同受孥戮，家破身亡，为英雄所笑。"（温大雅《大唐创业起居注》卷上）于是，一面派人召回儿子、女婿等人，一面让晋阳令刘文静、晋阳宫监裴寂和次子李世民秘密做好起兵准备。

要造反，首先要激起民众的不满情绪，虽说当时天下大势是民怨沸腾，但太原及其周围地区相对比较安定，李渊遂命刘文静诈称得到炀帝敕书，征发太原、西河、雁门、马邑地区居民年二十以上、五十以下男丁入伍当兵，年底到涿郡集中，以便进攻高丽。一时间，弄得人心惶惶，个个思乱。早在大业十三年二月，马邑部将刘武周举兵造反，杀太守王仁恭，自称皇帝，国号定阳。李渊在将民心撩拨得沸沸扬扬之后，马上利用刘武周割据马邑这一事件，将文武官员召集起来，准备征集兵马以便举兵反隋。他先说：“刘武周占据汾阳宫，我们身为太原留守官员而不能加以制止，按朝廷法律罪当族灭，怎么办？”王威等人见李渊如此一说，不觉害怕起来，都要求李渊出主意，李渊仍然诉苦：“朝廷用兵法度，动止都要禀报皇上，听候皇上节度。如今刘武周贼党近在数百里内，而皇上远在三千里外的江都，加以道路险要，还有其他反贼占据，我们如今以新集寡弱之兵，抵挡敌人狼奔豖突之势，必定不能获全城池。进退维谷，我们如何处置才好呢？”王威等人只好说：“主公您既是皇亲又兼贤才，同国休戚，若等奏报，岂能及时处理事机？关键在于尽快平定贼党，完全可以独自决定用兵事宜，不必上报皇上。”得到大家的认可，李渊才装出不得已的样子端出自己蓄谋已久的算盘：“那么我们应当先征集兵马，准备反击。”于是命令李世民与刘文静、长孙顺德、刘弘基等心腹将领各率随从募兵，几天之内，便征集到几万人。

再说忠于隋炀帝的副留守王威、高君雅看到士兵大批集中，特别是看到长孙顺德、刘弘基等从前线逃回的将领出来带兵，怀疑李渊有反心。为了铲除异己分子，李渊设下了逮捕王威和高君雅等人的计谋。五月十四日夜，李渊派李世民率兵埋伏于晋阳宫城外，次日晨，李渊约请王威、高君雅共坐议事，暗中则指使刘文静引开阳府司马刘政会来到议事庭中，诈称有密状禀报。李渊示意王威等人接状阅视，刘政会不给，说：“所告乃副留守事，唯唐公可以看。”李渊假意吃惊地说：“哪有这种事！”便走上前拿过状子，只见状子写道：“王威、高君雅已偷偷结连突厥人入寇。”李渊遂名正言顺地把王威和高君雅拘留起来。正巧，第三天，突厥人有数万骑兵入寇，直进到太原城北门外。这一来，大家都以为王威、高君雅果真召来了突厥人，王威和高君雅遂被斩首示众。同时，李渊命裴寂等人勒兵做好准备，将所有城门统统打开。突厥人不测高深，反而不敢进城。李渊又在夜晚把部队悄悄派出城外，天明后，这些部队则张旗鸣鼓，从不同方向进入城中，就好像是外地来的援军。突厥人更加疑惑，在城外驻扎两天后就退走了。

当时的李渊，论势力在隋末各路反隋大军中是相当弱小的一股。刘文静、裴寂等人都劝李渊联络突厥作为后援，李渊便亲自写信，派刘文静出使突厥，卑辞厚礼，说明自己举兵的目的是去江都迎回炀帝，重新与突厥和亲，恢复开皇时期的政治。突厥始毕可汗却复书说，只有李渊自为皇帝，突厥才会出兵相助。李渊部下纷纷怂恿李渊暂时答应突厥人的建议，以求得到突厥人兵马的支援。但李渊觉得以自己的实力一开始就打出争天下、做皇帝的旗号不太妥当，经与裴寂、刘文静等人慎重研究，最后决定了北连突厥、西入关中尊立留守长安的代王杨侑为帝以安定隋室天下的政治策略。于是，一面派人再次出使突厥，请兵马援助，一面发布文告到各郡县，改易旗帜，宣布起兵的政治意图。

确定了政治策略，还必须得到民众士宦的支持。而太原辖下处于太原西去关中要路上的西河郡太守高德儒却不服从李渊的命令，李渊毫不犹豫地派儿子李建成、李世民率兵前去镇压，并在不到十天的时间内攻克西河郡城。李渊又大开仓储，赈济贫民，以此争取了大批贫民百姓的支持。一切准备就绪，李渊遂于大业十三年六月十四日建大将军府，任命裴寂为长史，刘文静为司马，将部队分为左右六军。

不久，突厥派使者送来战马千匹，并答应派兵援助，多少随李渊所需。对于突厥援助，李渊采取了十分可取的策略，他只选留了五百匹战马，并对前去复使的刘文静说："突厥人的兵马进入中原，是我国民众的大害。我之所以采取联合突厥的方式，只是因为担心刘武周结连突厥人共为边患。而且，突厥军队可以放牧自给，不费我粮食，我可以借其壮大声势。所以，你去请援兵时要注意，至多只需数百人即可。"

七月四日，李渊留李元吉镇守太原，亲率大军三万，从太原出发，西图关中，并向各郡县发布檄文，表明西进关中的用意在于尊立代王杨侑。此时的瓦岗军首领李密正率几丨万人军围攻洛阳，随时可能进军关中，得知李渊在太原举起反隋大旗后，李密立即派使者前来联络，谋求建立联盟关系，共取关中。李密自恃兵强将猛，如意算盘是想借结盟以盟主身份拉李渊的军队一道与东都隋军作战。作为老练的政治家，正在进军途中的李渊深知李密势力远远胜过自己，是自己西取关中的强大对手，于是针对李密狂妄的特点，决定将计就计，先稳住李密，命名士温大雅复书说："天生黎民，必有君主，当今君主，非您有谁？我已年过半百，岂敢望此，衷心拥戴贤弟，只求攀鳞附翼。惟愿贤弟早日响应图录所示登上大位，以救百姓。我忝列兄长，只望宗族谱牒有名，仍封在太原，就平生愿足了。至于说到让我出兵长安和东都，诛灭像商纣王那样的隋朝帝王，实在不敢想望，因为我所在汾晋周围尚且需要安辑，哪还有余力出兵关中和东都呢。如今炀帝南游，恐怕难以复返，中原空虚，贤弟正可大展宏图。"李渊的意图用他自己的话说是这样的："李密狂妄自大，不是一封书信可以降服的。我如今正在计划进军关中，如果断然拒绝他，就是又树一个敌人。不如卑辞推崇以助长他的骄气，使他不在意我的出兵动向，并为我挡住东都的隋军，以便我专心西入关中。待关中平定，据崤函天险，足食足兵，那时再旁看鹬蚌相争，坐收渔人之利，为时不晚。"李密得到李渊复信后，不作深究，竟信以为真，对部下说："唐公如此推崇我，天下就不愁到不了手啊！"遂对李渊这支反隋大军视同盟友，不加注意。李渊由此赢得了进军关中、畅通无阻的大好时机。

隋代王杨侑得知李渊起兵反隋并准备进军关中后，即派郎将宋老生率精兵两万驻守霍邑，又派大将屈突通驻重兵于河东，试图阻止李渊的西进军团。李渊的部队距霍邑五十里时，遇上连绵阴雨，部队军粮供应不上，又传突厥可能与刘武周联合偷袭太原。面对这种形势，李渊召集将佐会议，多数将领认为太原是根本，而霍邑险固难以猝下，应暂时退兵回太原，伺机再图后举。李渊一时听信众言，遂决定退兵。李世民、李建成等苦苦请求，坚决主张避实就虚，不顾一切先入关中。最后，李渊感悟，命令继续前进。八月，天气晴朗，李渊率军从山中小道进至霍邑，李世民、李建成亲率数十骑进至城下，采取激将法将宋老生的主力诱出城外，围而歼之，顺利攻占霍邑。

在酬赏战功时，军吏打算将奴隶出身的士兵与一般平民身份士兵区别对待，李渊说："矢石交战时不分贵贱，论功行赏时为何要分等差？应当一律平等对待，按其本身功勋大小计功。"一路上，李渊采取开仓济贫、广授官爵、优待俘虏、来去自由、礼贤下士、惩恶赏善等政策，最大限度地取得了地主及平民的支持。有人觉得这样授官授勋太滥，李渊说："隋炀帝吝惜勋赏，这是他失民心的一个重要原因，我们何必要步他的后尘！而且，以散官虚衔收买人心，不比用兵攻城夺众要划算得多吗？"可见李渊的做法是为笼络天下民心而实施的权宜之计。

霍邑之战旗开得胜，鼓舞了将士的斗志，此后一路上李渊的军队势如破竹，很快打到龙门。是从龙门直接渡河直扑长安，还是从龙门顺黄河而下先消灭盘踞战略重镇河东且手握重兵的屈突通？这是李渊到达龙门后面临的又一个重大战略问题。河东城靠近潼关，是控扼关中的重要门户，李渊如果舍此而去，一旦攻长安不克，屈突通就随时有可能抄其后路，使李渊陷入腹背受敌的被动局面；但如果先攻河东，顿兵坚城之下，若连日不克，又会失去乘虚抢占长安的战略主动权。以裴寂为首的部分将士主张先攻河东，以李世民为首的部分将士则主张先占长安。结果，李渊同时采纳两种意见，留李建成、刘文静率大将王长谐等攻占潼关及附近的永丰仓，继续围攻河东并防备潼关以东有军队入关。李渊、李世民则率主力渡河直扑长安，一路上分兵廓清长安周边地区乃至整个关中地区，使长安成为孤城，李渊的队伍也扩展到二十多万人。十一月初，李渊召集各路大军围攻长安，于初九日轻而易举地占领全城。占领长安、控制关中，这是杨玄感、李密、窦建德等起义军久已看好的战略目标，李渊以区区三万人起兵，十分顺利地实现了这一战略目标，使自己一跃而成反隋大军中的领导力量，处在十分有利的战略位置上。

安邦治国

李渊占领长安后，立即下令封府库，收图籍，禁掳掠，并与民众约法十二条，尽除隋炀帝的苛酷政治，据说城内秩序井然，市民夹道欢迎，像没发生什么流血大战似的。李渊起兵时，长安留守官员挖了他家祖坟，毁了他家祖庙。李渊入城后，逮捕阴世师、骨仪等主要官员处以死刑，又把与他素有嫌隙而早已逃回长安的原马邑郡丞李靖抓起来，准备斩首示众。李靖临刑大呼："李公兴义兵，本欲平定暴乱，如今难道因私怨而要杀一壮士吗？"李世民又从旁说情，于是李渊释放了他，李靖就这样保住了性命。此后李靖为唐代一统天下立下了汗马功劳，成为一代名将和流芳百世的军事家，这件事也体现了李渊能够容纳异己的胸怀。随后，李渊依据先前的政治声明，迎立十三岁的代王杨侑为帝，遥尊隋炀帝为太上皇。李渊则自加假黄钺、使持节、大都督内外诸军事、尚书令、大丞相，进封唐王。朝廷文武百官全部换上李渊的文臣武将，李渊及其将帅从此控制了隋中央军政大权。

次年三月，隋炀帝在江都被部下大将宇文化及谋杀，四月，消息传到长安，李渊便加紧了代隋的步伐。五月，李渊迫杨侑禅让帝位，自己登上皇位，国号唐，改年号为武德元年(618 年)，隋朝统治历三十八年宣告结束。在李渊的新政府中，李渊特别器重萧瑀和裴寂，决策一听右仆射知政事裴寂，日常政务则委内史令萧瑀。李渊又立长子李建成为太子，封次子李世民为秦王，四子李元吉为齐王。

李渊建立唐朝后形势相当严峻，全国各地四分五裂，几十个割据政权同时并存，近在洛阳的李密义军、窦建德义军和王世充的军队各有几十万人，即使是关中地区西部也还存在薛举、李轨等几股割据势力。所以，李渊登上帝位后面临两大迫切任务：一是建立完善的中央政权体制和一整套新的法律制度；二是平定各地叛乱和割据势力，重新统一陷于分裂状态的中国。

于是，李渊一方面着手重建国家政治秩序和制度，一方面开始实施重新控制全国的战略部署。对于重新控制全国这一战略目标，李渊采取了先关中后关外、边巩固边发展的战略步骤，以及招降和镇压双管齐下的政治手段，并始终坚持与突厥人结盟的外交路线。

首先，李渊立即分派使者四出招抚，扩充地盘。一路由姜谟、窦轨率领出散关安抚陇右即今甘肃河西走廊，但很快被陇右割据者薛举挡回，李渊立即改以武力征服，派李世民统大军反攻薛举，于次年(618 年)彻底消灭了薛举集团；一路派堂侄李孝恭招慰山南即今陕西汉中和四川等地，这些地方一一表示归顺，并带动今甘肃中西部一些郡县相继降唐；一路由太常卿郑元铸、马元规率军出商洛经南阳，安抚今河南西部和两湖地区，争取地方势力的支持，很快便争取了控制着江淮、手握几十万大军的杜伏威和其他许多小股起义军的投降，兵不血刃地将统治势力扩展到今江淮及三吴地区和四川，这种胜利是李渊尊隋战略正确的有力证明。

李渊占领长安后，关中各地基本归顺，但近在眼皮底下的河东屈突通部和西面金城(今甘肃兰州)的薛举仍然直接威胁着长安的安全，这是李渊的两个肘腋之患。屈突通在得知李渊率军直扑关中后曾率精兵西援长安，但在潼关被刘文静、王长谐挡住，双方相持一个多月，后听说长安被占，即率军退走，打算东向洛阳，在途中被刘文静打败俘获，李渊素知屈突通有大将之才，遂命之为兵部尚书。薛举原是金城校尉，在前一年的四月，即李渊起兵的前一个月，与其子薛仁杲一道乘天下大乱夺取金城权力，自称西秦霸王，不久称秦帝，几个月之间占有今甘肃、青海大片地区，兵力号称三十万。在听说李渊攻占长安后，于当年十二月令全军进围扶风(今陕西凤翔县)，意在争夺长安，但不久病死，其子薛仁杲继统其众。李渊一面与突厥重申结盟关系，并派人封位于薛举集团西面的李轨为凉王加以笼络，借以截断薛仁杲的外援，一面派李世民两次率军出击，于次年十一月，彻底打败了薛仁杲，占领西北重镇灵州（今宁夏灵武）。与此同时，远在甘肃敦煌、张掖而自称天子的李轨，也是新唐后方一个不稳定因素。对此，李渊采取了智取的办法，派部下安兴贵前去联合诸胡和吐谷浑一道，对李轨软硬兼施，因为安兴贵的哥哥安修仁是李轨的户部尚书，并专掌机密，故得安兴贵为内应。果然，安兴贵不负李渊所望，至武德二年五月，与其兄安修仁一道擒获李轨，占领凉州（今甘肃武威），消除了关中西面的又一大隐患。

李渊在取得陇蜀的同时，也精心布置了对突厥的防御体系。当时对北方突厥的防御线主要由幽州、太原、灵州、凉州四大战略重镇构成。李渊及时派出使者全力争取原隋朝幽州总管罗艺归附，这样便最终形成了对北方突厥人的系统防线，并斩断了河东王世充、河北窦建德对突厥人的依赖。在完成了关中及陇蜀大后方的开拓与巩固，并向中原地区伸出了两个有力的触角（北为太原和幽州，南为杜伏威所据江淮）后，李渊实际上构筑成了对当时最具有军事实力的河北义军窦建德、河南瓦岗军李密、洛阳王世充部的战略包围圈。

李渊起兵时，马邑校尉刘武周即已杀太守王仁恭，依附突厥，不久自称皇帝，在李渊西入关中后，便频频出兵进攻太原。李渊留下来守太原的第四子李元吉是个无赖子弟，在刘武周的进攻面前丢下大军，独自溜回长安，没了主将的太原城很快于武德二年九月失守，刘武周成为横行山西的一支强劲军队。太原不仅是李渊的发祥地，更是关中的重要门户，刘武周占领太原，对长安构成了极大的威胁，关中为之震骇，李渊甚至主张放弃河东城，退保关中。李世民则坚决主张出兵消灭刘武周，夺回关中门户。此时，李渊已完全控制关中、甘肃和四川等地，形成了较为稳固的战略大后方，可以腾出手来对付河东地区了，于是李渊于十一月派李世民率军首先出击刘武周，拉开了争夺中原的序幕。经过近半年的苦战，刘武周屡战屡败，至次年四月，终于支持不住，率百余残兵投奔突厥，不久即被突厥人杀死。

当李渊进攻长安和忙于巩固关中时，与其争夺天下的真正劲敌李密的瓦岗军正在洛阳周围与王世充为首的隋东都洛阳守军捉对厮杀，大小百余战，最后，李密几十万大军被王世充彻底打败，李密本人率两万残兵于武德元年九月入关投降了李渊；王世充废帝自立，国号郑，成为洛阳一带新的霸主。另一对手窦建德所率几十万义军正横行河北、山东，忙于吞并周围小股起义军。打败刘武周后，李渊马上于武德三年(620 年)七月派李世民率大军出关，围攻洛阳。王世充立即向窦建德求援，具有政治战略眼光的窦建德深知王世充一旦败亡，唐朝的下一个目标就是自己，便亲率十余万大军从河北、山东向洛阳挺进。李世民则采取“围点打援”的方式，留下一部分兵力继续围困洛阳，亲率主力掉转头打击窦建德援军。经过几次大战，最后，窦建德于次年五月战败被俘，全军覆没。王世充见大势已去，也只好率部向李世民投降。不久，窦建德、王世充在长安先后被杀。

陇蜀和中原平定后，下一步的战略目标自然轮到了割据今两湖及河南西南部、拥兵四十万自称梁帝的萧铣。武德四年(621 年)二月，李渊派李靖率大军进攻萧铣，十月，萧铣战败投降。至此，唐朝基本重新统一中国，所剩边远地区一些小股割据武装已不足为忧。

与此同时，李渊在都城长安加紧制定和实施了一系列的政策措施，建立起较为完整而系统的中央和地方机构。武德七年(624 年)，颁布新律令，在隋代政体和律法基础上，确定了新的政体和律法制度。中央政府设太尉、司徒、司空为三公，尚书、门下、中书、秘书、殿中、内侍为六省，御史台、太常、光禄、卫尉、宗正、太仆、大理、鸿胪、司农、太府九寺，将作监、国子监、天策上将府，左右卫、左右骁卫、左右领军、左右武侯、左右监门、左右屯、左右领为十四卫府等机构。尚书省长官为尚书令，下设吏、户、礼、兵、刑、工六部，各部长官为尚书，部下各设四司，共二十四司，共同构成国务处理机关，相当于今天的国务院；门下省长官为侍中，中书省长官为中书令，秘书省长官为秘书监，内侍省长官为内侍监。与隋代相比，增设了殿中省，长官为殿中监，专掌皇帝一人的生活起居事宜；其次，进一步强化了中书省决策政令、门下省审议监督、尚书省具体实施的机制。御史台长官为御史大夫，具体负责中央和地方官员的监察检查工作，相当于今天的最高检察院；九寺长官为卿，其中，大理寺为司法审理机关，相当于当今的最高法院，其余都是为皇家服务的机构。将作监长官为将作大匠，职掌国家建筑设计与规划；国子监长官为祭酒，掌管中央教育事务；十四卫府则是皇城与中央政府的警卫部队。地方政治也照搬隋制，实行州县两级行政体制，州设刺史，县设县令。

武德七年的律令还规定继续实行隋代的均田制。所不同的是奴婢、部曲、妇女一般不再授田，而增加了对僧尼和工商业者的授田，这说明唐代奴婢已大为减少，工商业者已形成一股较大势力；此外，还放松了对永业田买卖的限制，允许在一定条件下转让或买卖田地。建立在均田制基础上的租庸调制，与隋代相比，租调额约降低了三分之一，力役也有所减轻。同时，于武德四年，发行新的纸币“开元通宝”，改变隋末钱币滥薄、民众不胜其弊的状况。

李渊还令刘文静、裴寂等人在“务从宽简，取便于时”的原则指导下，制订了《武德律》，宣布废除《大业律》，而与《开皇律》相比，条文和用刑标准都有所减轻。

总之，在太子李建成、秦王李世民、齐王李元吉等率军频频出击，逐一平定天下时，李渊在长安督率一批文官基本上建立起了中央和地方行政体制，制定了初步的各项制度，这些体制与制度虽然在后来李世民的贞观统治时期大多有所变革，但无疑是贞观体制必不可少的过渡。

急流勇退

作为开国帝王，李渊与隋文帝杨坚有着许多相似之处，冷静沉着，少言寡语，宽仁大度，胸怀远大。但李渊的性格更为静虚，政治作风也就更加散漫一些，缺乏一种大刀阔斧的凌厉之气。这不仅表现在他即位不久就开始宠妃怠政、不辨忠奸而枉杀开国功臣刘文静等方面，也暴露在处理皇储争夺问题上。李渊五十三岁即位为帝时，已有众多子女。长子李建成二十九岁时被册立为太子，性格大约如其父，有一定的政治与军事才能，也立有一定的军功，但并无远大抱负，比较乐于享受，在京城陪同李渊处理政务中渐渐养成骄奢之性；李世民则怀抱济世安邦之才，素有艰苦创业、从善如流之性，不仅于太原定策起兵，且屡屡带兵东征西战，可以说李唐平定战乱的功绩多半应记在他的身上，精兵猛将也就逐渐汇集门下。这样，自然产生了李建成忌讳李世民功高而威胁自己地位、李世民因才高功巨而不甘居李建成之下的矛盾，性情颇为简易的李渊则从太原起兵时就对李世民许愿说："若事成，则天下皆汝所致，当以汝为太子。"后来，李渊不能脱离封建宗法制规定的"立嫡以长"的原则，内心免不了对李世民深怀歉意，只好对李世民大加赞扬，任命其为尚书令，总理国家政治与军事要务，似乎想造成将来李建成做皇帝拥虚名、李世民做宰相得实权，各在其位、相安无事的政治格局。

殊不知专制政治的魔方不以人的意志为转移。李建成视李世民为眼中钉，必欲除之而后快。李元吉也对皇太子位垂涎欲滴，只是知道隔着两个哥哥，梦想难以成真，但他看出"只要把秦王扳倒，对付东宫太子易于反掌"。因而，两人结成一团，一面想方设法树立自己的威望，一面结好后宫诸妃，通过李渊宠妃在李渊面前诋毁李世民，并招兵买马、阴养死士，组成两千多人的东宫私人武装，号“长林兵”，谋求一旦文攻不成，就以武力除掉李世民。当然，李世民对李建成也早有防备，他不仅利用南征北战的机会将精兵猛将集于麾下，还将洛阳作为退身之所，驻屯重兵，派亲信将帅镇守，一旦有变，就拥兵自卫。武德九年(626年)夏，突厥人进犯边境，李建成在手下谋士的策划下，推荐李元吉为出征元帅，并借调李世民手下猛将尉迟敬德、程知节、段志玄、秦叔宝等归李元吉统辖。再借李世民为李元吉及诸将出征饯行之机杀掉李世民。李世民很快得知这一密谋，遂与诸将定计于六月三日将此消息告知李渊，借李渊之口令李建成等于次日进宫接受讯问。次日，李世民在长安皇城内玄武门伏下将士，当太子李建成、齐王李元吉途经玄武门时，李世民亲率伏兵将其杀死。然后，派尉迟敬德前往李渊处报告说，太子图谋造反，已被秦王处死。李渊是明白人，一听就知道几个儿子终于开始互相残杀了，气得半晌说不出话来。但事已至此，他也无可奈何，只好顺水推舟，承认既成事实，下令立李世民为皇太子，并很快于八月份宣布退位，让李世民登基为帝，自己做起了太上皇。

李渊本来为人宽简，不好权术，退位以后更是悠闲自得，将心思全放在女人和宴游方面，对政事概不过问。他的这种态度对减少宫廷矛盾和权力之争是非常有利的，也为李世民大展雄才创造了极为宽松平和的氛围，就这一点而言，他是一个较为明智的帝王。李世民作为一个英明的帝王，也对李渊隆礼相待，有求必应，尽到了儿臣之义与孝。所以，李渊的晚年是十分安逸快乐的。贞观九年(635年)正月，李渊寿终正寝，溘然长逝，享年七十一岁，心满意足地为自己的一生划上了句号，死后庙号高祖。

李渊年过半百才登上帝位，做了九年皇帝，便退位让贤。由于继承者李世民的丰功伟绩，致使李渊自身的光辉几乎被遮挡无遗，乃致千余年来说唐史者言必称太宗，赞必归贞观。近年，一些学者又反过来将李渊抬得颇为高大，把李唐开国全说成李渊一人的英明和伟大。这似乎又有点矫枉过正。

事实上，李渊最值得称道的应是两大功绩：一是乘乱而起，二是急流勇退。李渊身处隋末那种乱世，如同其他朝野人士一样，有着混水摸鱼、乘乱得志的意愿是勿庸置疑的，但他生性宽简，知足常乐，并没有冒险拼搏的精神。太原起兵，李世民等人的有意策划和再三敦促功不可没，而李渊审时度势，拍板定策，乃致以老练的政治手腕从容对付各种内政外交事务，这也是不容否认的。李唐建国，没有李渊的把握方向、因势利导，是不可思议的事，没有李世民的勇往直前精神和常胜不败记录，也是不可能的。急流勇退更是李渊在封建帝王中的胜人之处。中国封建社会的专制政治几乎使得每一个有机会接近权力的人为了权力可以不惜一切代价，可以不顾一切亲情，即使在众多太上皇中，也是假戏假做，很少有真正把权力完全交出去的人。李渊能在六十岁即把皇位让给李世民，而自己真正做到交位就交权，实在是很不容易的，这除了李世民的英明以外，恐怕与李渊善于审时度势和顾及大局、乐于知足和宽简的个人品格有关。历史也给了他这种比较伟大的品格以丰厚报答，唐代成为中国历史上空前绝后的鼎盛时期。所以，盛唐丰碑应是唐高祖李渊与唐太宗李世民共同树立的。

董恩林　文

陈桥兵变　乘势建国——宋太祖赵匡胤

后周显德二年（960 年）元旦，后周北方的镇、定二州传来边报，说契丹与北汉联军南下，形势危急，要求朝廷火速派兵抵御。当时在位的后周恭帝柴宗训年仅八岁，主少国疑，宰相范质等人信以为真，急忙派禁军的最高统帅、殿前都点检赵匡胤率军出征。初三早晨，赵匡胤率军出发，走至开封东北四十里的陈桥驿，因天黑驻扎下来。就在这天晚上，在赵匡胤的弟弟赵匡义及其幕僚赵普等人的策划和指挥下，一些将领和士兵鼓噪而起，发动了兵变。第二天天刚亮，兵变的将领们即把象征皇帝登基用的黄袍加在了赵匡胤的身上，兵将们高呼“万岁”，赵匡胤被推上了皇帝的宝座，这就是历史上有名的“陈桥兵变”。赵匡胤向兵变者们约法三章后，马上回军开封，顺利地夺取了后周政权。由于他当初任归德节度使的地方是宋州，就改国号为宋，赵匡胤就成了两宋三百二十年统治的开创者，史称宋太祖。

久经沙场完成统一

赵匡胤(927—976 年),字元朗,祖籍涿郡,生于洛阳。其父赵弘殷,在后周时已是禁军的高级将领。家庭的熏陶使赵匡胤从小就练就了一身高超的武艺。他还具有不怕困难和危险、顽强拼搏的性格。如他曾要驯服一匹烈马,不施衔勒,结果狂奔的烈马不听使唤,赵匡胤的额头撞在城门梁上,摔了下来。但他慢慢起身后,又紧追烈马,一跃而上,终于将烈马驯服。后汉初年,赵匡胤应募入伍,成了郭威的部下。他曾是郭威兵变时的积极参与者,由于他足智多谋,作战勇敢,很快就成了禁军军官。后周世宗即位后,进行了一系列的统一战争。赵匡胤曾多次随驾出征,献计献策,屡立战功,其官职和地位也一步步上升。高平之战,赵匡胤身先士卒,在危急时刻,大败北汉军,建立奇功,与临阵脱逃的樊爱能等将领形成鲜明的对比,深得周世宗的赏识,被提升为殿前都虞侯、严州刺史。显德二年(955 年),赵匡胤跟从周世宗征淮南,他在涡口斩将夺关,一举攻下清流关,又策应守扬州城的后周军,在六合大败南唐军,因功被提升为殿前都指挥使。第二年,征淮南时,周世宗指挥攻打寿、濠、泗、楚等州,赵匡胤率部为先锋,所向披靡,以至南唐国主也畏其“威名”。这次南征,迫使南唐割地求和,后周取得了重大胜利。显德六年(959 年),赵匡胤又跟从周世宗北伐,把矛头指向了北方劲敌契丹,后周军队进展比较顺利,但因周世宗身染重病,只好撤军。周世宗在临死前,把赵匡胤提拔到殿前都点检这个炙手可热的显要官位上,这为赵匡胤效法郭威,重演黄袍加身的故事,创造了有利条件。

赵匡胤黄袍加身以后,回到京城,震慑了在朝的后周文武臣僚,只有侍卫亲军副都指挥使韩通准备顽抗，结果全家被杀，京城安定下来了，但后周的其他地方割据势力对赵匡胤夺权十分不满。在上党一带盘据八年之久，后周时已“倔强难制”的李筠，首先起兵反抗。平定这次叛乱是“服天下人心”的战斗，赵匡胤亲临前线指挥。从建隆元年(960 年)四月到六月，在宋军的强大攻势下，李筠的反抗被镇压。九月，后周的淮南节度使、郭威的外甥李重进又以扬州为根据地起兵反叛，赵匡胤再次亲征，于十一月平定了这次叛乱。为避免重蹈“二李”兵败身死的下场，一些拥兵自重的地方势力不得不臣服宋廷。

五代后期，赵匡胤曾随后周世宗南征北战，进行了一系列的统一战争，并取得了一定的胜利。他称帝后，继续考虑和完成统一大业。当时北方的北汉政权有契丹的保护，幽云十六州在后晋时已割给了契丹，北方的敌手军事力量比较强大，而南方几个政权经济比较富庶，但军事力量相对较弱。针对这种情况，赵匡胤最后确定了“先南后北”、“先易后难”的统一策略。建隆四年(963 年)，宋以援助割据湖南的周保权平定湖南内乱为名，假道荆南，结果兵不血刃，占有荆南，紧接着又消灭了湖南的割据势力，可谓旗开得胜。北宋的统一使其他几个割据政权十分恐慌。后蜀与北汉准备联合攻宋，赵匡胤以此为借口，西讨后蜀，结果宋军只用了六十六天的时间就在乾德三年(965 年)灭亡了后蜀。这时，宋“必将尽有海内，其势非一天下不能已”已成为很多人的共识。事实亦然，宋于开宝四年(971 年)灭亡南汉，开宝八年(975 年)灭亡南唐。开宝九年(976 年)，赵匡胤去世，虽没能看到最后的统一，但大局已定，不可逆转。

调整机构加强集权

赵匡胤在进行统一战争的同时，也在着手解决五代以来的弊政，采取了一系列加强中央集权的措施。为此，赵匡胤与他的心腹谋臣赵普有过这样一段对话。赵匡胤提出两个问题："天下自唐末以来，数十年间，帝王凡易八姓，战斗不息，生民涂地，其故何也？吾欲息天下之兵为国家长久计，其道何如？"赵普回答："此非他故，方镇太重，君弱臣强而已。今所以治之，亦无他奇巧，惟稍夺其权，制其钱谷，收其精兵，则天下自安矣。"赵普的建议为赵匡胤采纳。

靠兵变登上帝位的赵匡胤，对五代时期"兵权所在，则随之以兴；兵权所去，则随之以亡"的现实是有深刻认识的，因此，他对加强军权尤为重视，可谓煞费苦心。以"强干弱枝"为指导思想，着眼于把禁军建成一支牢牢控制在皇帝手中的精锐部队。

建隆二年(961 年)的一天，赵匡胤在宫中设宴招待他的亲信石守信、王审琦、高怀德等禁军高级将领，正值大家高兴之际，赵匡胤向大家讲起自己虽然当上了皇帝，但因担心统兵将领中有人也可能兵变夺权，以致夜不能寐的苦衷。石守信等人赶紧请皇帝指示出路。赵匡胤说，人生短暂，你们要想永远富贵，就应该放弃你们手中的兵权，我授予你们节度使的荣誉头衔，然后你们就广置田宅，为子孙后代立永恒之业，自己可以每日有歌儿舞女相伴，喝酒娱乐，我还要与你们结为亲家，这样，我们君臣之间就会互不猜疑，上下相安，不是也很好嘛！大家听后，纷纷要求解除军职，于是赵匡胤当场就罢去了他们的军权。这就是"杯酒释兵权"的故事。

赵匡胤对禁军将领的设置也做了调整。他取消了殿前都点检、殿前副都点检的官职，而设置殿前都指挥使、侍卫马军都指挥使、侍卫步军都指挥使，即所谓的“三帅”来分领禁军，以削弱禁军统帅的军权。同时在中央设立主管天下兵籍、武官选授及军队戍守何处的枢密院，把三帅的统兵权与枢密院的调兵权分开，三帅和枢密院长官分别直接对皇帝负责，此外，对次一级的军官则用一些资望较浅、容易驾驭的人充当，遇有战事，统兵将领大多临时任命，而且实行将从中御，且不允许统兵将领有私人武装力量。这样，就使中央禁军牢牢地控制在皇帝手中。赵匡胤还大力整顿禁军，对于禁军中的老弱均加以裁汰，选择地方军中的精锐士兵补充到禁军中来。还选强壮的士兵作为“兵样”，分别送到全国各地，要求各地官员以“兵样”为准，召募士兵，进行训练，待练成精兵后，即送到京城，编入禁军。这是一箭双雕的办法，既可以加强禁军的战斗力，又可以削弱地方军事势力。对禁军，赵匡胤一方面厚其赐粮，另一方面又十分注意以法治军，若军士犯法，决不姑息，“惟有剑耳”。他还经常到校场观看训练，检阅士兵。这些做法，既可以鼓励将士为宋王朝卖命，又能树立自己对军队的控制权。为防止兵变的发生，赵匡胤在禁军的部署上实行了内外相制的方针，即把禁军一半部署在京师，一半部署在全国各地，使他们互相牵制，不敢轻举妄动。另外，还实行兵不知将、将不知兵的“更戍法”。

赵匡胤在集中兵权的同时，也采取了一系列措施集中政权和财权。在中央主要是削弱相权，赵匡胤设参知政事，分割宰相的一部分行政权，设枢密院分割宰相的军权，设三司分割宰相的财权，且枢密院、三司的长官与宰相互不统属，分别直接对皇帝负责。在地方主要是针对节度使的权力开刀。五代时期，节度使之所以能够与中央抗衡，独霸一方，是因为他们在地方上掌握一切大权。宋太祖通过对禁军领导机构的调整以及加强禁军士兵素质、禁军的部署等，已大大削弱了节度使的军权，即使节度使手中有兵可用，那也远不是禁军的对手。不仅如此，还削夺了节度使的财权。五代时，藩镇多以赋入自赡，节度使还任命自己的部下管理所在地区的场院，厚敛以自利，这样藩镇就逐渐积累了大量财富。富强的藩镇，往往就心怀异志，与中央抗衡。在赵普的建议下，赵匡胤下令各地每年除留下必要的经费开支外，剩余的财物一律送到京城，地方不许私下占留。对藩镇所辖的场院的管理也做了调整，经常派朝官廷臣监临，又设置转运使通判，节度使想从场院获得经济利益的途径也被堵住了。在地方政权方面，重点仍在解决武人跋扈的问题，实行的原则即重文轻武。当藩镇守帅出现空缺时，朝廷不再以武人补缺，而是命文臣权知；对于其他州，则以文臣知州事，设置州通判，规定通判要和知州联合署名，“文移方许行下”。作为一方之长的知州，无论事情大小，都要与通判或判官、录事一同裁处，这就让地方官在权力上互相限制，谁也不能独断专行，这对加强中央集权是十分有利的。

以法治国　任人唯才

法律和军队一样是国家机器的重要组成部分。五代时期，军人实力派掌权，连皇帝的废立都操纵在他们手里，国家的法律对他们来说只是一纸空文。赵匡胤即位后，决心改变五代诸侯跋扈，多枉法杀人，而无人过问的积习，着手进行法制建设。

首先，赵匡胤从藩镇手中收回了司法权。在各州设置司法参军，负责本州刑狱，为防止司法参军权力太重，又设了司寇参军，而且他们有明确的司法分工。宋廷还规定，对于各地上报的死刑案，要由大理寺详断，刑部核实。但赵匡胤还是担心刑部、大理寺用法不当，又另设审刑院，再做审核。司法程序理顺的同时，对执法官员的任用和要求也较严格。凡御史、大理官属，“尤严选择”，执法者渎职枉法，就再无进身之望，这就保证了国家法律的贯彻执行。

赵匡胤对以法治国是有深刻认识的。为了维护地主阶级的利益，他在位期间颁布了一系列法令，如“窃盗律”、“茶法”、“盐法”、“折杖法”、《重定刑统》等。要求各级政府必须依法断案，任何人都不能无视国法，不能设私刑，泄私愤。在制定法律和执行法律时，赵匡胤遵循“立法之制严，用法之情恕”的原则。他提出“禁民为非，乃设法令，临下以简，必务哀矜”，因而在很多诏令中，对前代苛法加以修正。如赵匡胤认为后周规定贩私曲至五斤者处死的律令太苛峻，于是下诏规定民贩私曲十五斤，“始处极典”。他还勉励执法官员以汉代张释之、于定国为榜样，秉公执法，让天下无冤民。严惩贪污是赵匡胤法律实践的一大特色。他在位期间，因贪赃枉法被处以死刑者比比皆是。赵匡胤还明确宣布，犯贪污罪的官吏，遇有大赦，均不予以赦免。

赵匡胤即位后，还通过一系列措施开创了宋代“优礼儒士”、“重文轻武”的社会风气。他黄袍加身之时，就明智地对兵变者提出了约法三章，要求他们保护周帝及太后，毋施暴于臣僚，严禁剽掠。这使宋政权建立伊始，就向世人预示着兴文教时代的到来。后来范质等人仍被重用，在新政权中发挥了应有的作用。赵匡胤以“兴文教，抑武事”为指导思想，大大提高文臣的地位。从建隆四年开始，派文官知州县事。以文臣为地方长官，不仅可使州郡长官不能擅兵逞强，据地自雄，而且文人知书达礼，能够依法办事，对推行教化是有益的，这对文人是一种优礼，对国家的巩固有利。史称：“太祖即位，罢藩镇权，择文臣使治州郡……每一诏下，虽拥众兵，临大众，莫不即时听命。”

为广泛吸收知识分子参政，北宋之初即恢复了科举制。最初几科，取士较严，录取者较少，后来宋廷不断扩大录取名额，争取地主阶级知识分子的支持。开宝三年(970 年)，赵匡胤为“贡士及十五举尝终场”的一百零六人，赐本科出身，称为“特奏名”。这种以皇帝特恩名义录取是宋代科举制中的一项新内容，是笼络知识分子的一个重要手段。开宝五年(972 年)，赵匡胤又在讲武殿召见科举合格举人，然后下诏放榜，以示重视。第二年，又通过殿试，考核了一百九十五人的优劣，从此殿试成为定制，录取之权掌握在皇帝手中。赵匡胤凭着自己的雄才大略，大刀阔斧地改变了五代以来武人跋扈、文人受歧视的局面，大大提高了文人的社会地位。

在用人的具体实践方面，赵匡胤遵循的具体原则，首先是任人唯才。他担心吏部在铨衡官员时只凭资历，埋没人才，于是下令，吏部选官要依据本人的才能和政绩，量材而用。他在选用人才方面也很细心，考察朝内外官员中有一材一行可取的，就暗暗地记下来，以后遇到某部门缺官，就按自己的记载选出适当的人充任，司马光称他：“知人善任使，擢用英俊，不问资级。”

其次，赵匡胤还实行略其细而求其大、久其官而责其成的原则。靠半部

《论语》治天下的赵普,深得赵匡胤的信任,虽然有人检举他的不法行为,赵匡胤却略而不问,而认定其为"社稷之臣",仍委以重任。这就使赵普在重要岗位上为宋初各项政策的制定,起了举足轻重的作用。又如张美,是位有才能的人,但他抢民女,掠民财,赵匡胤认为如果对张美教育好了,他的才能发挥出来,对国家是有利的。于是对他进行劝诫后,仍委以重任,结果张美在沧州颇有政绩。李汉超驻守关南,是独当一面的大将,当有人把他在榷场走私的事报告后,赵匡胤随即下诏:"汉超私物所在,悉免关征。"在赵匡胤看来,朝廷损失点商税,来换取沿边守将的忠心,保一方平安是值得的。赵匡胤统治时期,他所任用的边将任期多者达四十年,少者也不下十余年,如:何继筠屯棣州二十余年,董遵海屯通远军四十年,郭进控扼西山十余年,等等。这种略其细而求其大、久其官而责其成的做法,体现了赵匡胤的勇气和气魄。

最后,赵匡胤还用人不惑。平南唐时,他委大任于曹彬,并授给他尚方宝剑,全权负责灭南唐事宜。他以户部员外郎范旻当淮南诸州并淮北徐、海、沂等州水陆计度转运公事时,也授予范旻全权,凡是有关"除去民隐,漕辇军储"之事,均可便宜从事,不用一一上报请示。郭进的部下曾告发他不法,但赵匡胤认为这是因为郭进对部下严格,引起不法分子的不满所致,不仅处死了诬告者,而且为郭进造了一处只有亲王、公主才能享用的高标准府第。赵匡胤能够在短时间内拨乱反正,巩固新政权,进而基本完成统一,与他的用人方针是密切相关的。

革除弊政　发展经济

宋政权初建，百废待兴。除了在政治、军事、法律等方面需要改革整顿以外，如何尽快恢复和发展凋敝的社会经济，也是一个亟待解决的问题。对此，赵匡胤采取了一系列有力措施。

赈济灾民、蠲免租赋、招抚流亡。赵匡胤统治时期，局部地区的自然灾害时有发生，他多次下诏，或派使，或令地方官对受灾百姓予以赈济，帮助百姓度过难关。如建隆二年，濠州、楚州发生饥荒，他下诏地方官开仓赈济。建隆四年二月，派使臣到澶、滑、魏、晋、绛、蒲、孟等州，开仓赈济百姓。乾德四年(966 年)，数千淮南地区的饥民归附宋朝，赵匡胤下令，淮南饥民所在的地方官要开仓给以赈济。有时当地府库粮食不足，就从京城调运，或从其他地区调运，有时甚至动用军粮。开宝六年(973 年)，为赈济曹州饥民即从京城运去两万石米。次年，调用河中府军粮三万石赈济饥民。

对受灾地区或新征服的国家，赵匡胤均下诏蠲免钱粮或其他杂税，使人民有余力重建家园。建隆三年(962 年)，河北、陕西、京东诸州发生旱灾、蝗灾，河北地区尤其严重，赵匡胤下诏“悉蠲其租”。开宝六年三月又下诏，各地流民恢复本业的免去当年的蚕盐钱、租税，并免除三年徭役，类似的诏令很多。为避免灾民流离他乡，赵匡胤除了下诏赈济，给以蠲免租赋的优抚政策外，还要求地方官要安抚百姓，做好善后工作，不要使百姓迁徙流亡。对各地流民，根据他们离故乡里程的远近发给他们粮食，让他们回乡，回去后由政府给以赈济，使他们能尽快安顿下来，从事生产。

为保证宋政权的财政收入，赵匡胤即位以后，就沿用后周显德三年(956

年)的规定,确定了农民对国家的赋税负担,并要求地方官进行督促,劝课农桑,对垦荒者,止征旧租,以资鼓励。他还下令:朝臣出使回来后,要把在地方上见到的有关百姓利害的事汇报给他。在他看来"治世莫若爱民",因此,对害民之官,害民之事,赵匡胤一定程度上做了较妥善的处理。前面提到过赵匡胤对贪官污吏严惩不贷,处理得十分坚决。土地是老百姓的命根子,也是封建国家的主要税收来源。赵匡胤即位后,就派官到各地均括民田,在括田中官员若"苛暴失实",即行罢黜。如建隆二年,大名府馆陶县民郭赟到朝廷告状,说括田使和县令括田不均。赵匡胤派另一个县的县令去核查,果然查出有不实之处。结果,馆陶县令程迪被杖刑后流放到海岛,括田使常准被削夺两官。还有的官吏在收税时,用大量器多收,发现后也给予处罚,如吏部郎中阎式即是。对玩忽职守的官吏,赵匡胤也给以重处。开宝四年十月,黄河在澶州决口,郓、濮二州也因此受灾,大量民田被毁,损失严重。因地方官没有及时把险情、灾情上报朝廷,赵匡胤大怒,派使臣查问。最后对澶州通判、司封郎中姚恕处以弃市之刑,澶州知州、左骁卫大将军杜审肇被免职。

此外,赵匡胤曾下诏,要求诸道运送上供钱帛的车和船,一律由官府提供,不许从民间征调,骚扰百姓。开宝三年,赵匡胤诏三司,要求诸路两税折科物,不是当地所产,不得抑配,给百姓造成负担。还诏命各州,凡是丝棉、细绢、麻布、香药、毛翎、箭笴、皮革、筋角等,够支两年用的,就不要再去征收。赵匡胤看到桂阳监上缴的白金数后,对宰相说:"山泽之利虽多,颇闻采纳不易。"于是下诏减去旧额的三分之一,以宽民力。开宝四年,发厢军千人到京北地区修缮先代陵寝,他下令不许再为此征调百姓,而且自此以后凡是有类似的工役,都由镇兵来做,不再烦扰百姓。潭州上供的新茶,斤片重厚,与往年不同,赵匡胤看到后,也认为此茶甚好,但他同时又说这是重困吾民的做法,诏命潭州依旧棬模制造,不要增改。他曾说:"烦民奉己之事,朕必不为也。"还把"治世莫若爱民,养身莫若寡欲"作为准则,写在屏风上,以随时提醒和鞭策自己。灭后蜀后,赵匡胤命人砸碎后蜀国主孟昶镶有七宝的溺器，并说："自奉如此，欲无亡，得乎？"他自己生活比较节俭，常穿洗过的旧衣服，其弟赵光义认为他"服用太草草"。他乘坐的车辇、用的器物都比较质朴，很少装饰，寝殿设青布缘苇帘，宫闱帘幕无文采之饰。赵匡胤倡导并躬行节俭，对宋初节俭风气的形成是有促进作用的，直接或间接地减轻了广大人民的负担。

宋统一前，各政权都有名目繁多的苛捐杂税，赵匡胤在统一的过程中，逐步地革除了五代时的某些弊政。后周广顺初年，镇州属下各县，十户中选一位智勇双全的人为弓箭手，其余九户要为这名弓箭手提供武器、铠甲、粮草。建隆二年，赵匡胤下令取消这个规定。五代以来，收完税后，要求县吏"会州"，为此县吏乘机从里胥那里收敛财物，贿赂州吏，里胥又把这部分负担转嫁给农民，使百姓负担加重，苦不堪言。建隆四年，赵匡胤下令不得追县吏"会州"。合并荆湘后，免去当地的杂配之物，并颁度量衡，以"惩割据厚敛之弊"。灭后蜀后，凡无名科役及增益赋调，命令各州逐条写明上报，全部废除。后蜀弊政较多，赵匡胤多次下诏，要求地方官考察，对后蜀政令有烦苛刻剥害民的，一律蠲除。南汉刘𬬮(chǎng)统治时，收租税用大量器，凡输一石，乃为一点八石。开宝四年，赵匡胤下诏，在广南诸州收租一律用宋政府的标准量器，每一石外，另交两升为鼠雀耗即可。五代以来，常检视百姓新垦荒地以定税额，官吏从中作弊，使赋税不均，百姓失业，田多荒芜。赵匡胤下诏，百姓新垦土地，州县不得检括，只以百姓先前佃种的土地为准征税。五代弊政极多，赵匡胤从本阶级利益出发，不可能全部革除，但他为此而做的事情，对宋初经济的恢复和发展是有利的。

民族关系 友好第一

如何对待周边的少数民族，是历代中原王朝无法回避的问题。北宋建立后，赵匡胤即确定了与周边少数民族友好相处的方针。

五代时，招募百姓去盗少数民族的马，然后政府给盗马者钱，将盗马作为战骑使用。为敦信保境，建隆二年，赵匡胤下令沿边诸州严禁百姓出境盗马，以前所盗，要全部归还。这种不损害少数民族利益的做法，达到了“边方畏慕，不敢内侮”的效果。对于前来贡奉的少数民族，赵匡胤总是优礼有加，给以丰厚的回赐。

为了维护边境和平，赵匡胤对能贯彻执行他安边思想的边帅均给予重赏，对破坏民族友好关系的，一律撤换。如尚书左丞高防知秦州时，扩充地盘，侵犯了少数民族的利益，引起边境冲突；灵武节度使冯继业掠夺少数民族羊马，二人均被撤换。当然，赵匡胤所用边臣，除了能执行其维持和好的政策以外，还是能征善战的猛将。和好需要双方的共同努力，一旦边境发生冲突，军事威力的震慑作用不容低估，赵匡胤对此的认识十分清醒。其所用郭进、董遵诲、何继筠、贺惟忠等人都是威震敌胆的名将，有他们守边，少数民族就不敢轻举妄动。契丹是北宋的劲敌，其占有的幽云十六州，是赵匡胤时刻想收复的。然而，在处理双方关系时，赵匡胤仍然奉行友好政策。契丹使臣来访时，赵匡胤亲自接见，赠送了很多礼品，并派使臣回访。关于收复幽云十六州，赵匡胤也有打算：他曾设封桩库，等封桩库的财富积蓄到三五十万时，决定以此为赎金，换回幽云十六州的土地和人民。如果契丹不答应，就用这些财富招募勇士，再用武力收复此地。从赵匡胤的这个考虑可知，在解决幽云地区的问题上，他首先想的是用和平的方式解决，把维持和好放在了第一位。可惜的是，赵匡胤没能来得及实施这个计划就去世了。

赵匡胤承五代动荡之后，建立宋朝，励精图治。“在位十有七年之间，而三百余载之基，传之子孙，世有典则。”他是我国历史上一位雄才大略的地主阶级政治家，为结束五代时期军阀混战、纲纪不立、民不聊生的局面，做了不懈的努力。他以自己的睿智、胆魄和才能，抓住当时社会的症结，完成了统一大业，进一步加强了君主专制主义中央集权，在政治、经济、文化、军事、法律、外交等方面确立并实施一些切实可行的措施，保证了宋初各项事业的顺利进行，奠定了立国规模。赵匡胤所做的一切，不仅维护和巩固了宋朝的统治，而且创造了相对安定的社会环境，使广大人民从战争的苦难中解脱出来，促进了当时社会经济的恢复和发展，使社会生活的各方面步入了正常的轨道，这是赵匡胤对中华民族的贡献。

靳　华　文

国难当头　忍辱偷安——宋高宗赵构

宋宣和七年(1125年),金军大举攻宋,迅速进逼汴京城外。北宋朝廷围绕着和战问题展开了激烈的争论,尚书右丞李邦彦以兵弱将寡为由主张割地请和;太常少卿李纲则主张激励将士,拼死抵抗。朝中大臣们因各自附和某一种意见而分成主和派与主战派。宋钦宗本来就对抗金缺乏信心,主和派在这场争论中稍占上风,故决定派出使臣去金营求和,提出以割让太原、中山、河间三镇,换取金兵停止攻宋。恰在这时,金军统帅宗望也遣使入城,传言邀请宋之亲王、宰相到金营商谈议和之事。宋钦宗思前想后,把康王召来授以军前计议,使往金营交涉,又任命张邦昌为计议使,陪同康王前往。康王就是日后的宋高宗赵构。

靖康之耻　金亡北宋

赵构，字德基，生于大观元年(1107 年)五月，是宋徽宗的第九子，钦宗的异母弟，这次以弱冠之年接受重任，倒也大义凛然，慷慨应诺。只是张邦昌一脸愁容，因为他虽极力主和，但做梦也没想到自身会成为人质，被派往金营议和。

金军统帅宗望本以为很快就能攻下宋朝京城，没想到在城下遭到顽强抵抗，竟一时不能得手。气急败坏之时，忽有人来报，宋朝议和使节已到，宗望为了给其来个下马威，便在营帐内外布满了持刀荷枪的兵士。见到这杀气腾腾的阵势，赵构知道这不过是金人虚张声势而已，于是从容不迫地穿过刀山枪林，走进营帐。这一举止反倒令金人十分吃惊，他们没想到这位康王有如此胆量，而赵构身后的张邦昌已吓得脸色灰白，迈不开脚步。

就在赵构使金期间，种师道、姚平仲、范琼、马路等各路勤王兵马相继开到京师，宋军之势大振，金兵攻下汴京实际已无可能。这种情况下，钦宗一面加强京师及其要地的防御，一面改派肃王出质金国，换回康王。在经历了近一个月的人质生涯后，赵构与张邦昌一同被金人放还，不久，金兵撤走。

赵构此次使金为质，虽为求和，却不辱使命，为北宋政权度过危难立下功劳，钦宗也认为这位异母弟劳苦功高，特加封赵构为太傅。

靖康元年(1126 年)八月，金国又发兵攻宋，十月，以宗翰率领的一路金兵力攻太原，太原军民奋勇抵抗，终因后援不继，太原陷落了。十一月，宗望率领的另一路金兵攻破真定。这样，宋朝北方关隘重镇先后失陷，局势再度吃紧。

对宋用兵的同时，金人放还使金的宋臣王云，让他传话给钦宗，须再派赵构出质金营。钦宗也无他计可施，只得召来赵构，让他再度使金，还解下身上的玉带赐赠，以示信任。此举使赵构十分感动。回到府后，立即把与自己随行的耿延禧、高世则唤至房中，神情严肃地对二人说："国家多难，君主忧辱，如果此行可以解决问题，我们当义不容辞。可是，我们几人深入金廷，吉凶未卜，你们应回去与你们的父母、妻子诀别，明日五更起程。"二人听后，一股悲壮之感油然而生。

十一月十九日，赵构一行寻迹到达相州（今河南安阳市），知州汪伯彦告诉他们："宗望已于十四日由大名府（今属河北）魏县渡河南下，追赶恐怕是来不及了。"略停顿了一下，汪伯彦接着说："请大王暂留此地，从长计议。再说肃王在金营至今未返，大王此去，恐怕也难以顺利返回。"赵构听此话的意思是阻止他北上，于是态度坚决地答道："我受命于国事危难之际，此次北上议和的任务一定要完成，不能半途而废。"第二天一早，赵构一行又向磁州（今河北磁县）进发。刚到磁州城外，守御该地的老将军宗泽立刻迎了上来，激愤地对赵构说："肃王自被骗至金营，至今未返回，如今金兵又一次侵我宋境，这种情形下，大王再去金营又有何益？不如就留在磁州吧。"赵构哪里肯听，坚持前往金营。磁州军民见康王执意去金营，认为这是王云出的坏主意，一腔怒火喷向他，结果把王云当场打死。正在这时，忽有两名士卒持汪伯彦用蜡丸密封的书信求见，信上说："大王离开相州的当晚，本州西面火炬相连二三里远，金人铁骑五百余一路追索大王。大王如在此渡河，那正好自投罗网。现在宗望已率金军直扑京师，议和已失去时机，不如先返回相州，聚集人马，牵制金军，以副二圣维城之望。"看完此信，赵构才打消了赴金营议和的念头。

没过几天，耿南仲受钦宗之命，赶来相州求见赵构，说金兵已把京师围得水泄不通，京城已危在旦夕，陛下令其尽起河北诸郡兵马前往救驾。赵构便立即与耿南仲联名揭榜，招兵买马，组建起一支勤王军。到十二月一日，这支勤王军人数已达万人，赵构在相州成立大元帅府，将其所部分为五军，自任河北兵马大元帅，知中山府陈亨伯为元帅，汪伯彦、宗泽为副元帅。十四日，赵构率领这五路兵马出击，攻到大名府时，宗泽及信德知府梁扬祖等各率所部来与之会合，“兵威稍振”。

稍后，宋钦宗派使臣曹辅带着诏书来见赵构，告诉赵构金人攻城未能得手，正与我方谈判议和，令其原地屯兵，不要轻举妄动。接到诏书后，赵构部下对于在何处扎营屯兵产生了不同意见，宗泽主张南下直趋澶渊（今河南濮县），以此为基地，继而解京师之围，汪伯彦、耿南仲等相信和议主张应移军东平（今属山东）。经过权衡，赵构决定兵分两路，令宗泽率军一万屯于澶渊，并谎称自己在这一路军中。另一路则由自己亲自统领，朝东平方向而去。

靖康二年（1127 年）正月间，宗泽在开赴澶渊途中，与金兵交战十三次，每战皆捷。金兵自此惧怕宗泽，不敢与之交战。赵构在东平驻扎了一个多月，队伍不断扩大，所属官军和百姓自发组织起来的抗金武装人数已达八万之众，却未与金兵交过一次手，眼睁睁地看着京城被金人攻陷。由此可见，在入援京师，救回二帝、同金兵作战等问题上，大元帅赵构是另有打算的。

金兵俘获徽宗与钦宗后，为彻底倾覆北宋，金主下诏废二帝为庶人，在靖康二年三月扶持傀儡张邦昌登帝位，国号为“楚”。四月一日，金军押着徽、钦二帝及亲王、皇孙、驸马、公主、后妃等三千余人，满载劫掠来的大批资财北归。

金兵北去后，伪皇帝张邦昌失去了靠山，而赵构却拥有十余万大军。在民心归顺，实力对比悬殊的情形下，张邦昌不得不一面迎元祐皇后（哲宗皇后孟氏）入居延福宫，尊为宋太后，垂帘听政；一面派人把“大宋受命玺”送至赵构手中。在大家的一致请求下，赵构决定移师应天府（即宋之南京，今河南商丘市南），积极准备登基大典。

建炎元年（1127 年）五月初一，赵构在应天府天治门登坛接受册命，正式即皇帝位。大礼完毕后，赵构遥望被掳去的父兄母妻，心中一阵楚痛，伤心得痛哭一场。这一天，元祐皇后在东京宣布撤帘还政。她在写给赵构的贺信中说："宗庙得以保全，就全靠你了。"

中国历史从此进入了南宋时期。

李纲为相　高宗畏敌

赵构即皇帝位后，金兵虽然撤出了东京，但仍然控制着河东、河北两路的太原、河中（今山西永济县）、真定（今河北正定县）、磁州、相州、河间等地，对南宋政权的威胁很大。所以，抗金依然是头等大事。在此问题上，原先的主战与主和两派的纷争又延续下来，以李纲、宗泽为代表的主战派与汪伯彦、黄潜善为代表的主和派进行了激烈的争吵，而宋高宗则游移于这两派之间，由此构成这一时期一波三折的政治、军事局势。

建炎元年五月，宋高宗召宿臣李纲入宫，任命其为尚书右仆射兼中书侍郎，同时任命黄潜善为中书侍郎、汪伯彦为同知枢密院事，从而构成自己的班底。

起初，赵构对李纲还是十分信任和重用的。在说服李纲就任宰相之职时，赵构曾说："朕很久以前就知道卿的忠诚信义，智勇谋略，想要使敌国畏惧归服，四方安宁，非认卿为相不可，卿不要推辞了。"这番话感动得李纲落泪叩头谢恩，并且说："如陛下能允诺臣的十事，赐令施行，臣才敢于接受任命。"李纲上奏的这十事为：国事、巡幸、赦令、僭逆、伪命、战、守、本政、责成、修德。高宗口头上允诺，并实际采纳了部分建议。李纲兼任御营史后，建议设置河北招抚司、河东制置司，组建地方上的军队，为抗金作准备。他还提出募兵、买马、劝民出财三项建议，增强军事力量。此外，李纲还向朝廷推荐张所、傅亮等统兵贤才。对于上述重要建议，宋高宗尚能认真听取，并且付诸实施。

如果说，李纲这时是南宋朝廷中辅佐皇帝、重建朝廷、制定守战御敌方案的总设计师，那么，宗泽则是将此付诸实施并且最得力的统帅。宗泽到应天府见高宗，陈述兴复大计，高宗便想将宗泽留在宫中。因黄潜善等人阻挠，遂任命宗泽为襄阳知府。六月，又任命宗泽为东京留守。

宗泽就任东京留守后，以他杰出的才能，英勇的气魄，很快便安定了京师的社会秩序，并加强城池守备设施。建炎二年(1128 年)正月，金兀术统率金兵再次来犯，宗泽在与金兵交战中多次打败敌人。宗泽的声望，使金兵闻风丧胆，称他为“宗爷爷”。

在金兵攻占河北、河东部分地区后，两河地区的民众自发地组织成抗金队伍，并汇集成以王善、杨进、丁进、王再兴、李贵、王大郎等人为首的几十万人的浩荡大军。这些被诬称为“盗贼”的抗金武装，在民族危亡关头，是抗击金兵的一支重要力量。李纲就是鉴于南宋朝廷刚刚建立，正规军还来不及整编的情形下，建议设置河北招抚司、河东制置司两大机构，招募各地奋起的义军，抗击金军。宗泽较好地贯彻执行了李纲的这一意图，在任期间十分重视联络各地义军，使之得以发挥抗击金兵的作用，这无疑是十分高明的。在此过程中，宗泽发现了有勇有谋的军事人才岳飞，并着力培养，岳飞由此成长为知名的将领。

然而，李纲一时受高宗的重用，引起了黄潜善、汪伯彦的嫉恨，他们处处与李纲作对，不仅污蔑宗泽联络义军，共同抗金，诋毁其赫赫战功，而且将李纲所推荐的张所、傅亮罢官。

赵构即皇帝位后，李纲、宗泽与黄潜善、汪伯彦就战与和问题上争执的焦点，集中在定都于何处。宗泽极力主张高宗应以京师汴梁为都城，以振作全国军民的抗敌士气，收复两河失地。李纲提出如汴京不可，则以长安为上，襄阳次之，再次为建康的上中下三策。宗泽、李纲定都意见的出发点，是把定都与收复河北、中原的失地联系起来，以有利于恢复失地为宗旨。很显然，定都于汴梁，抑或长安、襄阳乃至建康，都能使君王不忘失地，又可集结天下的抗金力量，维系河北、中原人民盼望光复的信念，有利于振作全国军民的士气，抵御金人南下，并收复失地。

以黄潜善、汪伯彦为代表的一派人，主张皇帝迁都东南，以杭州为都城。这种意见的出发点是为着顾全自己的身家性命，认为杭州有长江、钱塘江两道天险，比汴京、建康更有安全感，可见他们主张的是一条妥协投降的路线。

宋高宗作为一国之君，在定都问题上游移不定。汴京陷落，二帝被掳给他的刺激太大，可以说赵构被吓破了胆，因此在收复失地与自身安全的问题上，宋高宗显然把后者看得更为重要，所以，从内心上讲，他倾向于定都东南。但是，赵构也明白，一旦这样做，将永远丧失中原，国仇家恨无以为报，而且中原沦丧，东南的偏安局面能否长久也是个问题，因而他内心极为矛盾。

高宗即位不久，在李纲的劝说下，曾颁旨还都汴京，可没过多久又改主意，提出“巡幸东南”。李纲对赵构要巡幸东南很不满意，极力劝说道：“自古以来中兴的君主，起于西北则足以占据中原而领有东南，起于东南则不能光复中原而领有西北，因为天下的精兵健马都在西北。陛下如认为汴京不安全，可暂时在南阳驻跸。但如果现在乘舟顺流而前往东南，固然是很方便，但恐怕一旦失去中原，东南难保无事，那时再想退保一角，便不可能了。况且曾经降诏，应许留在中原，人们心悦诚服，为什么诏书墨迹未干，便急忙失去天大的信用呢？”这番话讲得有情有理，使高宗一度打消了巡幸东南的念头，决定巡幸南阳。

赵构迫于形势紧迫，对李纲的意见无不容纳，但他真正亲近的，是靖康时期护驾有功的黄、汪二人，视此二人为心腹。黄、汪二人为了削弱李纲对朝政的影响，鼓动高宗罢免河东经制副使傅亮。李纲立即表示反对，但高宗不听，傅亮等终于被罢官。

由于与自己志同道合之人纷纷被排挤出朝廷，李纲感到自己在朝中已是孤掌难鸣，于是提出辞官请求。此举正中黄、汪二人下怀，劝说高宗将李纲调离朝廷。李纲在相位才七十七天，就被降职为观文殿文学士。在此短短的时期里，他为朝廷建设、治理国家、组织军队准备抗金等方面做了大量的工作，南宋王朝因此得以维持，诚如朱熹所评论的那样，“李纲入来，方成朝廷”。

李纲被罢相的消息一传开，群情激愤，太学士陈东、布衣欧阳澈等上书赵构，极言李纲忠勇，不该罢相；黄、汪二人平庸无能，不可重用，并恳切地希望高宗亲自率兵讨伐金朝，救还二帝。黄潜善等人对陈、欧阳二人恨之入骨，于是由黄出面密见高宗，请诛陈东、欧阳澈。赵构竟然听信谗言，将上书二人斩首示众。过路之人见此惨景，无不为之掩面悲泣。

自李纲被罢相后，他原所规划的军政、民政一律废除，尤其是河北招抚司、河东经制司的罢废，极大地伤害了中原军民的抗金热情，两河民众誓死抗金的大好形势被葬送。同时，朝中主战派的影响力大减，在定都问题上，赵构采纳黄、汪等人主张，决定巡幸东南定都扬州，这是最后的决定。老将宗泽极力劝阻不成，“忧愤成疾，疽发于背”，不幸去世。抗金斗争遭遇重大挫折。

金军南侵　宋廷无能

建炎元年十月初一，高宗赵构带着他的那帮宠臣，以及后宫家属，乘船离开应天府，启程南行。京师军民闻此讯息，相聚而啼哭，知道光复无望。

赵氏王朝的复辟，势必为金人所不能容忍。但在被侵占的北方地区，广大军民的抗金斗争如火如荼，给金人统治造成极大的威胁。鉴于这种情形，金统治者决定对南宋用兵。十二月，金兵分五路南侵，宗翰所部自云中（今大同市）出发，沿太行山由河阳（今河南孟县）渡过黄河，进攻河南，分派银术可攻汉上；讹里朵与其弟兀术所部，自燕山出发，从沧州（今河北沧县东南）渡河，进攻山东，分派阿里蒲卢浑攻淮南；洛索、娄室所部攻陕西。

金人各路大军中，进攻河南的一路遭到宗泽统率的宋军及义军的抵抗，过河后没有什么进展，进攻陕西的一路，开始时颇为得手，一路西行，竟引兵进犯熙河（今甘肃临洮），被都监刘惟庸率领的两千精骑击败，金兵统帅之一的黑锋被刺死，金兵向东逃回。这说明，当时陕西的各路军马是有能力给金军以重创的。遗憾的是将帅之间意见不合，节制陕西六路军马的王庶却调动不了曲端、王似、席贡等人的兵马，宋军因而不能协力配合作战。金兵则正是利用王、曲二人的不和，攻城略池，横冲直撞。进攻山东的金兵，也取得了重大的进展，相继攻陷德州、东平、济南和大名府。稍后，一代抗金名将宗泽病故，河北抗金局势迅速瓦解。

赵构等人弃国家民族利益于不顾，偏安东南，以为这样就可以远离战火，保全自身，结果又怎样呢？

建炎二年春天，金兵南下，南宋将领张浚见事态严峻，请求赵构预做临战准备，在一旁的黄潜善、汪伯彦二人听后哈哈大笑，阴阳怪气地说："还是不必太多虑吧！"建炎三年(1129年)正月，金军前锋已攻下徐州，直驱淮东。二月三日，天刚蒙蒙亮，天长军来报：金兵即日趋扬州，内侍邝询急忙跑进皇帝卧榻旁，一时竟忘记了昔日宫廷的规矩，大声呼喊："金兵到了！"此时正搂着美妾熟睡的高宗惊坐而起，不待细问，撇下美妾匆忙穿戴好盔甲，骑马而逃，护驾的只有王渊、张浚和军卒数人。金兵尾追不已，赵构一行逃至镇江仍感不安全，未敢久留，二月四日，命朱胜非驻守镇江、刘光世控扼江边，杨惟忠驻守江宁府(今南京市)，他自己则躲在了杭州。

此次高宗逃难，宗室播迁，皆因黄、汪二人把持朝政，不修军备所致，因此激起朝中大臣们的共愤，纷纷上书弹劾此等奸佞之臣，御使中丞张澂勇敢地写下黄、汪二人的二十大罪状，要求赵构罢免他们。高宗此次也对二人十分不满，于是顺应舆论，罢免了黄、汪二人的相职，黄潜善、汪伯彦把持朝政大权以来，嫉妒残害忠良，放逐李纲，毁坏宗泽抗金大业，朝臣、内侍乃至布衣进言政事的人，都遭到其迫害，可以说，朝廷内外对此二人切齿痛恨，唯独高宗一直宠幸。黄、汪二人终被罢免，人们无不拍手称快。

此役扬州一度被金兵占领，说明扬州也并非安全之处。为了顺应朝廷的要求，赵构不得已将自己的处所慢慢地由杭州北进至江宁府(今江苏南京)，并改江宁为建康，摆出了一副把行都设在建康的姿态。

建炎三年六月，金兵在攻陷中原之后，分两路再次渡江南下，一路进攻江、浙，一路进攻两湖及江西。尽管黄、汪二人已被罢免，但是，南宋朝廷的避战求和路线并未改变，因而战事的失败依然是不可避免的。此役中，金人进攻江州(今江西九江市)时，手握重兵的统帅刘光世在江州不做战守准备，每天忙于置酒设宴，金兵渡江前三日，他居然毫不知晓，等到金兵逼近城下时，刘光世已被吓破了胆，引兵弃城逃遁。守卫建康的统帅杜充，在金兵到来之时，则干脆叛变，献城投降。

金军在攻打镇江时，则遇到了宋军的顽强抵抗。镇江守将韩世忠在金兵到来之前，在金山（今江苏镇江市西北）龙王庙设下伏兵，待趾高气扬的金兀术统兵到达，伏兵突然杀出，金兀术慌乱之中掉下马来，险些被宋兵活捉。接着，双方交战数十次，韩世忠极力奋战，他的妻子梁红玉也披挂上阵，亲执桴鼓助战，给南宋军兵以极大的鼓舞，俘获金兵甚多，连金兀术的女婿龙虎大王也被生擒。兀术无奈，借用火攻之术，突袭宋军的战船，乘机逃回了江北。后来韩世忠因战术运用失误，才丢了镇江，退守江阴。

从总的方面看，金人的两路大军所遇到的像镇江这类顽强的抵抗毕竟不多，因而能长驱直入。进攻江、浙的金军，攻陷建康，自广德越独松关直抵临安，乘胜攻下定海、昌国；进攻江西的金军，在接连攻破江西各郡后，乘胜进入湖南，攻陷长沙。

其实，金兵长驱直入东南，与其说是金兵的强大，倒不如说是南宋朝廷的腐败所致。最高统治者赵构，在金兵南下时，首先考虑的是自身的安全，一逃再逃，甚至远逃至温州，在海船上度过了建炎四年（1130 年）的春节。后来，是金兀术害怕战事迁延过久于己不利，才退兵回北方。与此形成鲜明对比的是，广大抗金军民却创造出了辉煌的战绩，韩世忠以八千士卒同金兀术的十万大军相持四十八日，屡败金军；岳飞率兵在广德境内与兀术六战六捷，移兵常州时又四战四捷；徐州知州陈丘率三万士卒勤王，在楚州城下与金兵激战。兀术北还时，他又固守楚州，为国捐躯；庐陵的举子胡铨，在太守弃城逃走的情况下，团结壮丁入城固守，保得城池完整无缺；等等。只是由于朝廷这时已丧失了抵御侵略的功能，使得各处分散的抵抗不能汇聚成一座铜墙铁壁，挡住金兵的南侵。

金兵退出江南后，又在已侵占的山东、河南地区扶持了一个傀儡政权——刘豫小朝廷。刘豫本为南宋济南府知府，金兵来攻时，他投降了金人。被金主册封为皇帝后，定国号为“大齐”。伪齐政权建立后，在宿州设置招受司，招降纳叛，当时也确实有一些南宋叛将投降刘豫。但是，这一伪政权却遭到广大人民的唾弃，一旦刘豫丧失其利用价值后，便被金人废掉。

保国北伐　功败垂成

金兵的两次南侵，都对南宋王朝构成严重的威胁，被金兵追得东躲西藏，乃至避难于海上的宋高宗终于明白：消极、被动的防御并不能保全这半壁河山。从建炎三年起，南宋采取了一些战略措施，抵御金人的南下，其中经略川陕具有使南宋转危为安的重大意义。

建炎三年五月，高宗向张浚询问治国的方针大计，张浚说：国家由衰落而重新兴盛，应当从治理关中、陕西开始。考虑到金人或者首先侵入陕西，窥视蜀地，如此则东南地区不可保有，请求到陕西、蜀地任职。高宗听后，认为此建议十分重要，降旨让朝中大臣们议论此事。张浚宣抚关陕得到了监登闻检院汪若海的肯定和支持，汪若海说："普天之下，北岳恒山（今河北曲海阳西北）是长蛇的形势，秦蜀犹如蛇首，东南地区犹如蛇尾，中原地区犹如蛇脊，现在以东南为蛇首，怎能起动天下的脊梁？将要图谋恢复中原，必定在于川陕。"这番话进一步点明了张浚建议的意义。高宗认为很有道理，于是任命张浚为宣抚处置使，听任他根据情况升降官吏。与沿长江、襄阳、汉中的守臣商议储备，来等待皇帝的临幸。

赵构采纳张浚建议，经略川陕的这一步棋走对了。在治理川陕的三年期间，张浚任用赵开为转运使，为他理财，使经费开支常常有余；他任命吴玠、曲端等为统兵大将，屡败金兵；他任用刘子羽为参议军事，为他运筹谋划。事实表明，张浚经略川陕的方略是成功的。从绍兴元年（1131 年）到绍兴三十二年（1162 年），长达三十余年中，宋、金军队在陕西南部、甘肃东部、宁夏南部以及青海西部多次较量，宋军胜多于负、得多于失。宋方虽然在关中、陕西丧失了一些土地，但四川全境安然如故。四川物产丰富，金国把攻取四川作为灭亡南宋的重要目标之一，为此投入了大量的兵力与物力。南宋王朝对此亦有明确认识，把保全四川看成国家安危所系。为保全蜀地，宋军必须扼守入川的交通要道，因此，西北战场成了江、淮战场之外的又一主要战场。在保全蜀地的军事斗争中，吴玠、吴璘兄弟二人成了功勋卓著的军事统帅。吴玠于绍兴元年在和尚原大败金兀术；绍兴三年(1133 年)，在金牛镇大败金将撒离喝。次年又在仙人关大败金兀术，从此金兵不敢轻举妄动。吴玠死后，吴璘受诏同节制陕西诸军，成为该方面宋军的主帅。绍兴十年(1140 年)，吴璘与胡世将大败金兵于扶风，次年又在剡家湾大败金兵，如不是这时宋金议和，朝廷下诏令班师，还可扩大战果。绍兴三十一年(1161 年)，吴璘任四川宣抚使，在黄牛堡大败金兵，绍兴三十二年，宋军攻占德顺，接连收复十三州、三军，战局为之改观。吴玠兄弟屡败金军，使其始终不得染指蜀地，还大大牵制了敌人的兵力，使得金兵在江、淮及东南战场上也未能得逞，南宋政权得以转危为安。

在此期间，宋高宗诏令岳飞出师北进，则是南宋的另一重大战略性举措。绍兴六年(1136 年)六月，岳飞奉命进驻襄阳，被任命为宣抚副使。绍兴七年(1137 年)，岳飞向高宗赵构提出收复中原的战略方案，被高宗批准，授予他全权主持北伐，然而由于宰相张浚对岳飞的不理解和秦桧的暗中破坏，使岳飞的北伐方案一时未能施行。

绍兴十年五月，和议破裂，金兵分四路南下，宋高宗下诏命岳飞从襄阳出击，牵制向淮南及陕西进攻的金兵，并相机恢复京师汴梁。在赐予岳飞的亲笔信中，高宗表示："设施的方略，一切委托于卿，朕不从中遥控。"岳飞受命抗金，立即分兵北上，并联合忠义社等义军共同作战，这时，他被任命为河南、北诸路招讨使。

闰六月，岳飞派出的各路大军接连告捷，颍昌(今河南许昌市东)、蔡州(今河南汝县南)、洛阳等地相继收复。七月，岳飞在郾城(今河南郾城)与金兀术的十二万大军交战，此次战斗极为激烈，双方酣战数十次，死尸布满原野。金兀术军中有一支劲旅，都身披重铠甲，用皮索相连，三人为一联，号称“拐子马”，历次战斗都是所向无敌。这次派出了一万五千余骑兵前来。岳飞指挥将士持刀斧跃入敌阵，专砍马足，“拐子马”本用皮索相连，一马倒地，其他两马不能行走，于是大破“拐子马”，取得了有名的郾城大捷。岳飞乘胜进驻朱仙镇，距汴京仅四十五里。郾城战役的胜利，使抗金军事斗争的形势发生了极为有利的变化。两河地区的忠义军纷纷归附于“岳”字旗下，各路人马形成了对金军的包围之势，而敌方则心惊胆寒，金兀术部下的将领纷纷率众投降岳飞，兀术见大势已失，已准备放弃汴京逃走。

正是在即将收复中原的大好形势下，主持朝政的投降派首领秦桧害怕岳飞的胜利阻碍他与金人的和议，请求赵构给岳飞下达班师的命令。赵构此时对拥重兵在外的将领戒心日重，他害怕苗、刘作乱的事件重演，决心在适当时机收夺兵权。于是以论功行赏为名，诏令韩世忠、张浚、岳飞三大将速回临安，对于岳飞，竟连下十二道金牌，勒令其立即退兵。岳飞接到此命令，心中异常悲愤，但又不能违抗朝廷的命令，只得率军退驻鄂州。这样，岳飞、韩世忠、张浚等人所开创的大好形势瞬间化为乌有，全国军民浴血奋战的果实也付诸东流。

更令人气愤的是，为了讨好金人，秦桧与张浚合谋陷害岳飞。张浚素与岳飞不合，积有宿怨，此时为一己之私利，竟与秦桧密谋策划，先买通岳飞的部下王贵、王俊等人，写下“首告状”，诬告岳飞最倚重的部将张宪要引兵到襄阳造反，然后将其逮捕。接着，逼张宪招认是岳云唆使他这样干的，又将岳飞之子岳云逮捕入狱。再进一步把此事往岳飞身上引。当这些岳飞“谋反”的材料摆上龙书案上后，赵构居然深信不疑，当即表示一切听从秦桧办理。秦桧立即将岳飞投入狱中，一面令狱吏严刑拷打岳飞父子，逼其招供，一面搜寻“谋反”的证据。岳飞在狱中两个月，秦桧等人却未找出任何有罪的证据。在这种情况下,绍兴十一年(1141年)除夕夜,秦桧把岳飞父子及张宪定成死罪,全部杀害。秦桧陷害力主抗金的岳飞,成为千古罪人,而高宗对这起冤案也负有不可推御的责任,诚如史官所评论的那样:“高宗忍自弃中原,故忍杀飞。”

议和辱国　无奈退位

赵构置抗金军民的军事胜利于不顾，下令岳飞、韩世忠、张浚等人班师，并随即解除了三人的兵权。经他的同意，秦桧将岳飞迫害致死，这些都反映出赵构不图恢复失地，一心只想偏安于东南半壁江山的思想。虽然赵构也支持过抗金将领，但他更看重的是与金人的和议，因此才对秦桧倾全力支持。

绍兴十一年，宋金和议终于达成，从宋方来讲，这是一个割地赔款、丧权辱国的和约，从此，宋金关系不是平等的兄弟关系，而是君臣关系，南宋成了金王朝的附属国。除了割让河南、陕西、甘肃等处大片土地之外，每年还要纳银、绢各二十五万。对于订立这样一个耻辱的和约，赵构不以为耻，反而认为，能够获得金人对其帝位的承认太难得了，安于称臣、割地、纳贡。

赵构以为和议成，天下从此太平，可以好好享受一下了，这时期他建造了各种神殿宫宇，还举行过盛大的典礼。而在金朝方面，绍兴十九年（1149年）十二月，金主完颜亮即位后，开始筹划发兵南下，灭亡南宋王朝，为此做了一系列的准备，其中包括把都城由上京迁到燕京。

对于金国的南侵征兆，南宋的一些有识之士已有察觉，绍兴二十六年（1156年）三月，东平（今山东东平县）进士梁勋上书说："金人必定要发兵南下，应当为此有所防备。"高宗阅后勃然大怒，竟以诋斥和议、迷惑大众的罪名，将梁勋流放到千里之外。并下诏宣布："今后如再如此类事情发生，当严惩不贷。"

绍兴三十一年九月，金主完颜亮统率六十万大军，分多路南侵，宋金战火自此复燃。赵构这才慌了手脚，急忙起用患病在身的老将刘锜和王权率军抵挡。由于宋方战前未做战守准备，完颜亮凭借他众多的兵力，在发兵初期攻宋颇为得手。宋军副帅王权因慑于金军势大，居然主动放弃军事重镇庐州（今安徽合肥市），致使全军溃败。当王权兵败的消息传进宫里，赵构惊慌失措，竟打算疏散百官，自己逃至海上以避敌，被宰相陈康伯所阻。在陈康伯等人劝说下，宋高宗答应率军亲征，不久，两淮地区失陷，金兵从长江中游的荆、汉以下，一直到扬州一线，占有长江以北的荆、汉、两淮地区。完颜亮在扬州临江筑台，督促金军渡江，想一举灭亡南宋。

然而，金军的攻势已是强弩之末，在长江北岸屡遭败绩，尤其是宋将虞允文所部宋军在采石矶一举击败完颜亮的大军，从而将金军扼制在长江以北。此时，金朝又发生宫廷政变，曹国公完颜雍自立为皇帝的消息传至金营，金兵军心大乱，不少将士已开始逃亡，完颜亮恼羞成怒，一意孤行，仍不改南侵之策，甚至以严苛的军令强迫部下冒死渡江，结果激起兵变，一些将领杀死完颜亮，率军北退，南宋军队乘势收复两淮，与此同时，山东人耿京起兵收复东平。金兵此次南征终以失败而告终。

绍兴三十二年六月，宋高宗下诏退位，由他的养子，宋太祖的七世孙赵昚继皇帝位，自己当上了太上皇。在禅让典礼上，高宗回首战乱以来，赵宋王朝所经历的一系列重大灾难，以及自己几十年来的辛劳和蒙受的耻辱，深有感触地说：社稷有主，我再也没有忧虑啊！

淳熙十四年（1187 年），赵构死于德寿殿，享年八十一岁。

赵构作为南宋王朝的第一位皇帝，在国难当头、民族危亡之际称帝，客观上为中原及南方人民抗金树起了一面旗帜。但后来的事实表明，他并非抗金军民所厚望的“中兴之主”。赵构三十六年的皇帝生涯，基本上是在宋金交战之中度过的，处理与金国的关系，是他的第一政务。与广大抗金军民要求他进取奋进、收复失地的愿望相反，赵构对金人惧怕如鼠，只知退避忍让。为了能偏安东南一隅，不惜称臣纳贡。虽然赵构也支持过主战将领的抗敌斗争，那也只是为了保存自己的身家性命和赵宋半壁江山不致被金人全部吞噬而已。至于国家与民族的根本利益，广大人民深受金人蹂躏之苦，赵构是很少考虑的。

从南宋王朝成立的那一天起，朝中大臣就分成主战与主和两派，赵构虽超然于两派之间，但实际上是倾向于主和派的。关于这一点，从赵构的用人上便可看出。他用过主战大臣，如南宋初创时用过李纲为相，后来也曾经有过此类任命，但他真正倚重之人是汪伯彦、黄潜善、秦桧等人，这些人不仅主和，而且心术不正，在专断朝政时干尽坏事，使不少的忠臣良将遭到排挤，主张抗金之人惨遭迫害，尤其是奸臣秦桧以“莫须有”罪名杀害岳飞，遭世人唾骂，成为千古罪人。对于奸臣残害忠臣良将，赵构负有不可推卸的责任。更令人叹息的是，蓬勃发展的抗金大业也屡遭破坏，宋终未能反败为胜，收复失地。其实，赵构自己也成为退避求和路线的受害者，他在位这几十年里，受尽了金人的欺侮。

赵构算不上“明君”，更没有让赵宋王朝“中兴”，但他也并非“昏庸”。赵构主政的三十六年间，是宋金之战最为激烈的时期，金朝数次举重兵南侵，却终未能灭亡南宋，这与赵构对战局的谋划以及选帅用将等有一定关系。他虽倚重奸臣，甚至让这些人把持朝政，却始终不让其危及自己的皇位。一旦皇太子长成，便主动禅让，顺利地实现了皇权的交接。由此可见，正是赵构在位的这三十六年，为南宋的延续打下了基础。看来赵构缺的不是智慧，而是政治家的胆识、气魄和雄才大略。

谢　冰　文

塞外争雄　中原问鼎——元世祖忽必烈

忽必烈是十三世纪蒙古族的杰出领袖。他在父祖们连绵征战的土地上建立了一个庞大的帝国——元朝。从此，变各族之间相互倾轧厮杀的战场为一个民族大熔炉，开创了中国历史上一个空前广大、空前统一、多种文化交相晖映的时代。

同室操戈腥雨浓　侧窗独开喜南风

忽必烈十二岁的时候，成吉思汗不幸故去，给他的子孙们留下了一片横跨亚欧大陆、极其辽阔的土地。这一大片土地虽然已经被征服，但依然闪烁着点点星火，潜伏着重重危机。紧邻的金朝尚在苟延残喘；西子湖畔的南宋朝廷依然歌舞升平；遥远的钦察、斡罗思（俄罗斯）、波斯、大食等地仍有那么多诱人的宝物和不屈的人民。这些对于成吉思汗的继承者而言就意味着征伐永无止境。尤为可叹的是，随着被征服领土的扩大和成吉思汗的故去，成吉思汗子孙（被称为“黄金家族”）间的裂痕渐渐显露出来了。

成吉思汗临死前立第三子窝阔台为继承人，而第四子拖雷，也就是忽必烈的父亲却依照蒙古人幼子继承的惯例继承了成吉思汗的蒙古本土和绝大部分军队。对此，当上大汗的窝阔台一直心有所忌。1232 年，窝阔台与拖雷攻金北还，路上窝阔台得了重病。据说拖雷祷于天地，愿代其死，并在窝阔台帐中饮下了巫师给窝阔台洗身除灾的水，两三日后即“病死”途中，而窝阔台却安然无恙。拖雷神秘而突然的死亡令他的妻子和儿子们悲愤交加，尤其是没过多久，窝阔台不经诸王同意，就以大汗的名义夺走了拖雷的三千户军队。本来就对窝阔台心存不满，对父亲之死怀有狐疑的忽必烈兄弟（大哥蒙哥、弟旭烈兀及阿里不哥等），此时更是义愤填膺，忍无可忍。他们鼓动诸位大臣、将领到母亲唆鲁禾帖尼那里去诉情，请她对窝阔台提出质询。唆鲁禾帖尼考虑到她的儿子们都还年轻，势力单薄，需从长计议，于是劝他们忍下这一口气。虽然事情就这么过去了，但忽必烈兄弟都暗暗发誓，一定要把本该属于自己的汗位夺过来。年少的忽必烈更是深深领会了母亲的坚强、隐忍和深谋远虑的心性。

1241年，窝阔台大汗死，皇后脱烈哥那临朝称制。虽然窝阔台生前曾指定其孙失烈门为继承人，但脱烈哥那却一心想要自己的儿子贵由即位。经过五年的精心准备，她在和林召集了选汗大会，与会的东西诸王及各地的大臣、将领，包括唆鲁禾帖尼及其儿子们在内，都同意了推举体弱多病的贵由为汗。唆鲁禾帖尼率儿子参加大会并同意选贵由，可以说是又一次策略性的妥协。此后，她利用窝阔台的长支宗王拔都与贵由的矛盾，极力争取术赤系诸王的支持，精心守护着拖雷留下的庞大军队及财产，全力培育诸子的势力，尤其是长子蒙哥被寄予了更多的期望。

果然，两年后，贵由暴死（一说是被拔都的奸细毒死的），蒙哥为汗的倡议和说法便在术赤系和拖雷系的宗王、大臣中传开了。拔都召集诸王到他的领地内召开“忽里台”（大会），推举蒙哥继任大汗。贵由的皇后海迷失派代表参加，他们以窝阔台曾有意于其孙失烈门为由，主张推举失烈门为汗。这时，忽必烈出来反驳道：“窝阔台有命立失烈门，但前者脱烈哥那后已经立贵由。你们早已背弃了窝阔台遗命，现在还有什么可说！”会上遂强行通过了拔都的倡议，立蒙哥为汗。但窝阔台、察合台两系诸王以大会不是在成吉思汗根本之地召开的，不予承认。此事又拖延了两年之久，经拔都和唆鲁禾帖尼的多次商议、多方联络，终于1251年6月，在克鲁伦河和鄂嫩河的源头重开大会，正式推举蒙哥为大汗，并强调违反“札撒”（法律）者处斩。

蒙哥即位后，立即以违反“札撒”罪处死了窝阔台孙失烈门、脱脱和贵由之子脑忽、火者以及海迷失皇后、察合台之孙不里等人。许多跟随他们的将领、宗王或被流放或被废为庶奴。这次汗位的转移，成为蒙古国建立以来最大的一次政变。

在这一系列的家族纷争中，忽必烈似乎一直是寂寞而无奈的。父亲拖雷死后，汗位之争尚轮不到他，他只能协助兄长蒙哥积蓄力量，一起从窝阔台系手中夺回汗位。但他的心思却比蒙哥更深。他虽不敢奢望与蒙哥一争高低，但也常“思大有为于天下”（《元史》）。早从少年时期起，他除了和兄弟们一起勤练骑射、舞枪弄棒之外，还爱学习汉文，吟诵汉赋唐诗，习读《孝经》等汉文典籍。他对汉文化有一种天然的喜爱，对其中的为人立世、齐家治国之道领悟深刻。尤其喜好打听前代帝王的事迹，听说了唐太宗招贤纳士，宽厚爱民，统一天下，终致太平的故事，“喜而慕焉”（《元史名臣事略》）。渐渐地，他开始注重结交汉人中的儒士，而他也日益明显地透发出一股儒雅之气。这位年轻的蒙古藩王，因其英武豪放、俊雅文秀而不同于一般蒙古人，因而受到了一些汉族知识分子的喜爱。

成吉思汗以来，蒙古诸王都兼容各种宗教，以为各教的教士都能“告天”祈福。燕京（即今北京）大庆寿寺海云和尚早为蒙古大汗所尊崇。1242 年，忽必烈把他请到自己营帐中，询问“佛法大要”、养生之道及“安天下之法”。海云回答说：“我释迦氏之法，恐怕大王不能实行。还是应该访求中原的大贤硕儒，向他们请教古今治乱兴亡之事。”于是把同来的青年僧人子聪介绍给忽必烈。子聪俗名刘秉忠，早年在邢州当过小吏，他博览群书，精习《易经》和邵雍的《皇极经世书》等，通天文、地理、律历及卜算之术。工于诗词，且“论天下事如指掌”；忽必烈与他一见投缘，遂把他留下，左右不离。他给忽必烈灌输了“以马上取天下，不可以马上治天下”的指导思想及历代封建统治的经验。同年，西京怀仁人赵璧也应召到忽必烈身边，被称为秀才，赵璧学习蒙古语，为忽必烈译讲《大学衍义》，还帮他驰驿四方，聘请中原名士。1244 年，金朝状元王鹗被推荐到忽必烈王府，为忽必烈讲《尚书》、《易经》及儒家的政治学和历史，两人促膝长谈，常至深夜。1247 年，刘秉忠的同学张文谦、张易、汉族豪强史天泽的幕僚张德辉等人又陆续来到忽必烈王府，同时还引见了魏璠、元好问等前金朝名儒二十余人。他们给忽必烈奉上了“儒教大宗师”的尊号，忽必烈欣然接受。此后，在中原号称儒学经师的窦默、姚枢和许衡也先后被招揽到忽必烈府邸。在蒙哥即位之前，忽必烈整日与这群汉儒们一起讲经论道，吟诗作赋，过着一种与其他蒙古王子不同的清雅的儒生生活。正是这种生活，使忽必烈开阔了眼界，丰富了见识，接受了儒家文化的熏陶，积蓄了治国平天下的雄才伟略及人才优势。

蒙哥为汗，权力中心回归拖雷家族。但这并没有使忽必烈心情轻松，反而更添了一些惆怅和郁闷。叔父拔都一心扶持大哥即汗位，为的是换取一个对他在西部土地统治权的确认。因为在拔都看来，与其争一个没有实力基础的大汗座位（蒙古本土和东方诸地是拖雷系的势力范围），不如加强自己封国的地位更为有利。蒙哥即位之后，果然对这位拥戴功臣听之任之，拔都也就一心一意去经营自己的地盘——钦察汗国，与蒙古本土只保持着松散的联系。察合台和窝阔台系的诸王们在被蒙哥打击之后，大都小心翼翼、阳奉阴违起来。他们的领地被分成了许多小块，各人维护自己一小块的利益，互不关联，各行其是。老三旭烈兀被派往前线进行第三次西征，奔赴遥远的波斯、木剌夷（今阿拉伯）地区，他能否再回到本土恐怕都很难了。自己被任命管理漠南汉地（即原西夏与金朝的领土），这虽说是委以重任，并任己之所长了，但忽必烈心里喜中有忧。从此，他将远离和林这个蒙古帝国的政治中心。况且，祖父留下的精锐军队、老营和大量财产几乎全部掌握在蒙哥汗和留守本土的幼弟阿里不哥手中。

成吉思汗“黄金家族”的裂痕无可弥补地扩大了。各支贵族都着意经营自己的“汗国”，大蒙古国实际已经接近于分裂了。在这种形势下，忽必烈决心以他山之石攻玉，索性把力量重心放在汉地，逐步培育起自己的势力，然后圆那个久藏于心的“天下”之梦。

苦心耕耘漠南地　沥血跋涉林瘴中

蒙古人于1234年灭了女真族建立的金王朝，占领了长江以北的广大地区，其浓厚的草原奴隶制生产方式一时间造成了中国北部社会经济的严重倒退。长期的战乱，使人民横遭杀戮；幸存的百姓也因无法忍受蒙古贵族和一些汉族军阀的劫掠，纷纷逃亡，农业生产残破不堪，水利失修，农田被破坏。

忽必烈主管漠南汉地之后，听取儒士们的建议，采取了招抚流亡、禁止妄杀、屯田积粮、整顿财政等一系列措施，初步扭转了局面。例如，针对邢州（今河北邢台地区）一带百姓因不堪忍受蒙古贵族的差徭征发，纷纷逃亡，致使户口从万余户急降至五六百户的情况，刘秉忠上书忽必烈建议：应该减去一半或三分之一的赋税徭役，并以现有的人口数制定税额和差役；招募流亡者回来耕作；对地方官吏要有迁降、赏罚的措施，以限制其强取豪夺。于是忽必烈以邢州为试点，派了脱兀脱、张耕、李简等人去邢州。他们协力整治，革除贪暴，不过月余，流亡者纷纷复归，户口一下子增了十倍。忽必烈从邢州的变化中得到了启发，从此更加信任重用儒士。

又如，贵族、官吏在地方上和战争中随便杀人的现象在当时也是一个十分突出的问题。忽必烈接受了儒士"以人为本"的思想，对恣意杀戮的做法用法律的手段严加制止。规定："凡死罪必详谳（即详细审讯，弄清原由）而后行刑"，如有军士妄杀无辜者，将被杀以殉，从此使军队凛然（《元史·世祖纪》）。对于战俘，忽必烈也主张释放，不许杀戮或强逼为奴。忽必烈还规定不许焚烧民宅、不许抢掠百姓财物等。这些不仅为当地儒士们所接受欢迎，更重要的是赢得了广大被征服地区的民心。

为了做好攻打南宋的准备，忽必烈一改过去蒙古贵族退耕为牧，使大片农田荒芜的做法，十分注意屯田积粮。1252年，忽必烈建议在唐州（今河南唐河）、邓州（今河南邓州）等地屯田，并在邓州立屯田万户府。敌至则战，敌退则耕。1253年，忽必烈又在凤翔（今陕西凤翔）屯田，以盐换取粮食，供应军需。同年，忽必烈又设置京兆交钞提举司，印发纸钞。这样，忽必烈逐步控制了当时蒙古政权在中原汉地的很大一部分财政权。

忽必烈在漠南汉地采取汉族传统的生产方式，花了将近十年的时间，使中原地区的经济逐步得到了恢复，并建立起以法度纲纪为核心的统治秩序，使动荡混乱的局面趋于稳定。而中原这块肥沃的土地则回报了忽必烈充裕的粮食、丰厚的军饷和其他蒙古藩王所无法企及的赋税收入。

进驻漠南汉地后，忽必烈依靠他早年结交的汉人谋士，更紧密地同当地汉族地主、儒士、军阀等结合起来。看到刘秉忠、姚枢、杨惟中等早年投靠蒙古的汉人都得到了忽必烈的重用，郝经、许衡、王文统等一大批原受制于金朝的汉人也纷纷应召而来。他们向忽必烈论述了旧制度的弊害，主张建朝省、立法度、定官制、整饬赋税，采用汉法，对忽必烈产生了极大影响。忽必烈在中原采取的改革措施，更是受到了汉族地主知识分子的欢迎。在他们看来，忽必烈能礼贤下士，重用人才，又能行“中国之道”，将来必能成为“中国之主”。因而一传十，十传百，纷纷前来投靠。忽必烈对这些汉族地主知识分子也十分信任，凡有关吏治、用兵、理财、屯田等事宜，以及后来的夺取汗位、“立国规模”，都出自这些人的谋略。除了收罗文人谋士，忽必烈还格外注意笼络各族的地主武装。如河北永清的豪族史天倪、史天泽兄弟，易州的张柔、张弘范父子，真定的董文炳、董文用兄弟，山东的李璮，等等，都被忽必烈授予高官厚禄。这批汉族地主武装的头目成为忽必烈的重要统军将领，无论在争夺帝位、铲除政敌或者是灭亡南宋的战争中，他们都立下了显赫的战功。

对于其他民族的上层贵族，忽必烈也加以笼络利用。如回族人赛典赤、畏兀儿人廉希宪(人称廉孟子)、河西人高智耀等，都是汉文化修养较深的少数民族知识分子，忽必烈同样予以器重礼待。

广泛紧密地联合各族的代表人物及可用之士，使忽必烈在漠南汉地收获了远在经济果实之上的战略性成果，那就是：一、学会了统治之道；二、扩充了军事实力。学会统治之道是势在必行。他除了自己学习汉文化，还要儿子真金及其他蒙古贵族也跟着学。真金王子从小便跟随姚枢、窦默学习《孝经》等儒家经典，长大之后成为比父亲更为坚定的"汉化"政策的代表人物。忽必烈的近侍阔阔拜王鹗为师，学习"治道"，后来成为元朝的中书左丞。忽必烈和他的贵族集团逐渐成为懂得汉法、决心变易蒙古旧俗的革新者。

1256年，忽必烈命刘秉忠在桓州(今内蒙古正蓝旗北)东北、滦河北岸的龙冈(今内蒙古多伦西北)，营建宫室、房舍，三年后建成一座都城，取名开平。在这里聚集了忽必烈的一批重要谋士，成为忽必烈的政治中心和根据地。

在悉心经营漠南汉地的同时，忽必烈一刻也没有忘记祖宗的使命。征服南宋理所当然成为忽必烈的一项光荣事业。1252年，忽必烈向蒙哥提出先取大理(今云南)以包抄南宋的计策，得到了蒙哥的赞赏，被委派亲统大军万里南征。参加这次远征的，除了精锐的蒙古军队外，还有投降蒙古的汉族地主武装和色目人的军队。忽必烈是如此重视汉儒的意见，以至把姚枢、刘秉忠、张文谦等作为随军参谋带在身边。这些参谋建议忽必烈要采用怀柔政策，不要多杀人。这年暮秋，忽必烈从蒙古起兵南下。

1253年，忽必烈驻六盘山，等诸军会齐，粮饷、器械准备充足，于秋天进驻临洮，取道吐蕃(今西藏和青海的部分地区)向大理进军。他们从北往南，翻越大雪山，跋涉大草地，渡过了大渡河和金沙江，完成了中国古代军事史上一次创举。忽必烈率领他的军队经历了雪山、沼泽、深川、莽林的严酷考验，表现出同他的祖先一样的刚毅勇猛、吃苦耐劳。

忽必烈进军吐蕃，虽说仅是假道而行，但它在元代历史上有着与远征大理相等的重大意义。当时，吐蕃正处于四分五裂的状态，忽必烈军所过吐蕃东部地区，各部首领各自为政、互相征战，秩序十分混乱。忽必烈大军开来，攻下了许多城寨，降服了许多部族首领。加之他们远道而来，征服了雪山、草地，克服了千难万险，使当地人感到震惊和钦佩，于是分裂割据的吐蕃头人不得不陆续投降这强有力的蒙古人。这个地区在忽必烈的武力下获得了统一和安定。

大理国原称南诏，公元 937 年为段氏所立，统治区域包括今云南全省、贵州、广西西部和四川南部以及缅甸、泰国、老挝的一些地方。境内有许多少数民族。当时大理国势已衰，内部族与族的矛盾激烈，一些部族已摆脱段氏王朝而自治自立，并相互争夺地盘，呈现一片割据混战的状态。忽必烈军进入大理，遭到了各部落的顽强抵抗；忽必烈遣使去招降，使者往往被对方杀死。面对这一形势，忽必烈听从其汉人参谋张文谦的建议，在武力强攻的同时，实行怀柔政策以取得当地百姓的信任。大臣姚枢制了许多小旗，写上忽必烈“止杀”的命令，派人到各村寨及城镇街巷去宣传。军队攻下城寨后，也不再对百姓进行屠杀。1255 年，忽必烈的大将兀良哈台俘获了大理国王段兴智，将他们押送至蒙古去见蒙哥汗。蒙哥采纳忽必烈的怀柔政策，不仅不杀，还赐段氏金符，送其归国，希望他协同蒙古所委官员、将领安抚并继续征服未附部族。段兴智归国后，献上大理地图，统率本族军队帮助蒙古征服坚持抗战的各部落。蒙哥重新授予他“摩诃罗嵯”（梵语大王的意思）的称号，命其管理云南各族。

忽必烈征服了大理国都大理城之后，便留下大将兀良哈台率军戍守并继续征服所剩地区，自己北还关中。兀良哈台又用了将近一年的时间，才基本征服了大理全境。在这里设置了十九个万户府，万户下设千户、百户，分管各地。

忽必烈的这次远征，损失也是十分惨重的。因为路途艰险，气候恶劣，军中疾病流行，非战争伤亡十分巨大；加上大理国人民的英勇抵抗，原来是十万军队到最后北还时剩下的还不到两万人。但通过这次远征，消除了大理各部的割据纷争，使云南得以统一于后来的元朝中央政府管辖之下，从此结束了五百年的分裂历史，这个意义是十分积极而深远的。忽必烈对吐蕃、大理的征服为他自己积下了一笔巨大的政治资本，为今后灭亡南宋奠定了坚实的基础。

忽必烈采用汉法治理漠南，无疑损害了蒙古贵族中倾向于游牧经济的一派及西域商人的利益。他在治理陕西、河南过程中积聚物力财力，修筑开平城以及征吐蕃、大理之后在各族人士中获取的威望，自然也威胁到了蒙哥的汗权。有些宗亲大臣便在蒙哥面前挑拨说“忽必烈赢得了中原的人心”，指责“忽必烈王府的人经常擅权，奸利营私”等等。蒙哥对忽必烈疑心大起。1257 年，蒙哥解除了忽必烈的兵权，同时，派阿兰答儿、刘太平等亲信到陕西、河南钩考钱谷，检查忽必烈的财税状况。阿兰答儿等罗织罪名，对忽必烈的手下进行大肆迫害，以达到打击忽必烈的目的。忽必烈岌岌可危。这时，谋臣姚枢等人献策，让忽必烈把妻子、女儿送到汗庭为质，表明自己并无异志。这年十一月，他又亲自去谒见蒙哥。兄弟相见，忽必烈诚挚的手足之情及满腹委屈一齐涌上心头，竟至满眼泪花，喉头哽咽而不能言。蒙哥见此，也触动情怀，不由得疑虑全消，叹言：“兄弟，什么也不用说了！你好自珍重吧。”随即下令停止钩考。而忽必烈回府后也撤销了设在邢州、陕西、河南的机构，调回了自己派出的官员。从母亲处学会的谦恭、忍让使忽必烈保全了自己，避免了一场不测之祸。

不久，在大举攻伐南宋的过程中，忽必烈终于又重权在握。

逐鹿塞外得帝位　却向中原认正统

1256年,出于掠夺的欲望和与忽必烈争夺中原汉地控制权的动机,蒙哥决定亲征南宋。他让幼弟阿里不哥留守和林,自己率主力进军西蜀;同时命塔察儿、张柔进攻长江中游,在东面配合;又命原在大理的兀良哈台引兵北上,形成南北夹击之势。

1258年年底,蒙哥军攻至合州(今四川合川)。合州三面环水,形势十分险要,知州王坚动员全体军民拼死抵抗,致使蒙古军连攻了五个多月也未能成功。蒙哥亲临前沿视察阵地时,身负重伤,于1259年七月死于军中。

塔察儿率东路军于1257年秋进围樊城,但无功而返。蒙哥大怒,不得不请忽必烈出来统率东路军攻宋。在忽必烈心中,中原早已是他的领地,征服南宋是他平天下、建霸业计划的重要部分。在遭忌闲居的日子里,他天天与幕僚谋划进兵南宋的策略方针,运筹帷幄,早已了然心中。他曾对郝经感叹:"现在缺的是时机啊!"蒙哥命他"出山"领兵,正是时机已到!他便欣然从开平南下,至1259年八月初已渡过淮河,接着进抵长江北岸。

这时,传来了蒙哥的死讯。忽必烈的异母弟末哥还专程从漠北派来使者,请忽必烈赶紧回去,以他的威望"维系天下人心"。忽必烈踌躇了:是马上回去争取那久已心仪的汗位,还是乘胜收获南宋这块唾手可得的土地呢?思量良久,忽必烈还是决定继续攻打南宋。既已南下,就不能无功而返,何况拿下南宋就对争取汗位又多了一份力量。忽必烈自信阿里不哥的力量尚不如自己,蒙古军的主力全在征宋前线,也就是自己的手中呢!于是,忽必烈领兵进攻鄂州,突破了南宋长江防线,并与兀良哈台取得联络,形成南北夹击之势。南宋朝野震惊,急派宰相贾似道率军前来援助鄂州。

然而,留在和林的阿里不哥等人却不似忽必烈这么气沉心定。他们迫不及待地策划起汗位继承的问题。趁着忽必烈在征宋前线的时机,派阿兰答儿发兵于漠北诸部,派脱里赤括兵于漠南,企图以武力迅速控制和林政局。忽必烈的妻子察必闻知,派人责问:“发兵这样的事,成吉思汗的曾孙真金在这里,为什么不让他知道?!”她察觉有变,立刻秘密派人去报告忽必烈。

忽必烈得到密报,惊得跳了起来,立即召集幕僚。郝经说:“现在阿里不哥已经行动起来。大王虽然握有重兵,但是,如果他宣称有遗诏,正式继位,我们还回得去吗?愿大王以社稷为重,与宋议和,而后亲率轻骑,直奔燕都(今北京),使他们的阴谋奸计冰消瓦解。”寥寥数语,字字敲在忽必烈的心坎上。很快,在郝经等人的筹划下,忽必烈制定了下列措施:派一支军队去堵住先帝灵舆,收大汗印玺;遣使通知旭烈兀、阿里不哥、末哥诸王会丧和林;差官到诸路抚慰;命王子真金镇守燕京。试图通过摆出一副老大哥的架势,给人以先入为主的印象,使汗位能顺理成章地到手。这时,正好南宋的贾似道遣使议和,请求称臣,以江为界,每年纳银二十万两、绢二十万匹。忽必烈当下同意,随即北上。但忽必烈仍旧将大军留在了江北,自己仅率一支亲军先行。为防阿里不哥遣使前来大军中策反,忽必烈走到半路又回到军中与诸位将领立下盟约。不久,阿里不哥的使者果真来到军中,忽必烈手下的将领便如约把他们杀了。

1259年年底,忽必烈抵达燕京,第一件事就是将脱里赤征括的兵全部解散了。此时,阿里不哥传来通知请忽必烈去漠北参加“忽里台”,会葬蒙哥。忽必烈置之不理,反命廉希宪先到开平去“审察事变”。廉希宪在开平鼓动了一大批宗王拥护忽必烈为汗。1260年三月,忽必烈到达开平时,塔察儿、也先哥、合丹、末哥等一批有实力的王爷就急切地劝他召集“忽里台”,宣布继位。看到尚有一些地位较高的宗王如旭烈兀、别儿哥(拔都弟)等没有赴会,忽必烈不免有些犹豫。廉希宪等人便私下对忽必烈说:“先发制人,后发人制。时机一失，就再也追不回来了。”于是，忽必烈欣然登上了汗位。

同年四月，阿里不哥得知忽必烈已抢先一步，便也在和林召集了另一个“忽里台”，在另一些王爷的拥戴下宣布继位。谁是真正的大汗？就只有靠武力来解决问题了。

双方的争夺首先在川陕一带展开。阿里不哥为了获得中原的物资支持，抢先策动驻扎在六盘山及成都一带的大将起兵反对忽必烈。忽必烈派出廉希宪、商挺、刘黑马、汪良臣、合丹等大将，全力以赴进行反击。双方在甘州会战，结果，阿里不哥一方失败。阿里不哥从此失去了西线的军势，失去了从川陕得到财力物资的机会。

无奈中，阿里不哥撤到西北面的谦谦州(今叶尼塞河中上游一带)，谋求向西北发展。他截杀了忽必烈派往察合台汗国掌政的阿卜失合兄弟，另派了阿鲁忽去察合台汗国主持国事，要阿鲁忽为他收集货币、给养和装备。同时阻挠旭烈兀、别儿哥声援忽必烈。1261 年秋，阿里不哥回马攻占了和林，并向漠南进军。忽必烈大怒，立刻率军亲征。双方在昔木土脑儿(今蒙古苏赫巴托省南部)遭遇。阿里不哥又一次大败，逃回了谦谦州。在困境中，阿里不哥不断向阿鲁忽征求财物，不断增加当地赋税，阿鲁忽不堪其扰，又看到阿里不哥气势不振，遂倒戈投靠忽必烈，在阿里不哥后院点了一把火。而此时，忽必烈又得到了旭烈兀、别儿哥的支持，从此，阿里不哥处于十分孤立的地位。

1264 年七月，走投无路的阿里不哥只好率领身边将领、大臣到上都(即开平)表示归顺。忽必烈故意问他：“你说说看，按道理讲，我们兄弟两人，谁当继承大位？”阿里不哥虽然满心不服，但他承认失败，因而回答：“原来我是对的，现在你是对的。”事后，忽必烈下诏：阿里不哥等成吉思汗的后裔不予问罪，但阿里不哥的谋臣全部伏诛。

忽必烈的胜利，也就是蒙古贵族中主张实施“汉法”的一派的胜利。从他即位之日起，忽必烈就开始大力推行汉法。

第一，忽必烈仿中原王朝的制度，创建了年号、国号和礼仪制度。蒙古人原以十二生肖纪年，没有年号一说。忽必烈在即位之后，颁布了一道《中统建元诏》，定当年(1260 年，农历庚申年)为中统元年号，表明了以他为首的蒙古统治者要继承中原封建王朝"前代之定制"，要统一全国、实现"天下一家"的意志。1264 年 8 月，阿里不哥归降后，他改年号为至元。1271 年 11 月，他又宣布将"大蒙古"国号改为"大元"，取《易经》"大哉乾元"的意义，表示国家的极其广大。1266 年，他在燕京设立太庙，祭祀祖宗；1270 年，采纳中原的礼仪制度，制定朝仪。

第二，建立中央集权的封建国家机构和职官制度。原来，大蒙古国也有一套国家制度，但要简略得多，且没有定制和章程。忽必烈即位以后，命刘秉忠、许衡考察中原前代典式，参照当今情况，逐步确定了以中书省、枢密院、御史台三足鼎立格局为核心的国家机构和职官制度。在地方上设行中书省和路府州县等常设机构，进行分级管理。官有常职，位有常员，食有常禄，权分上下，各有从属。一切都依规章定制，井然有序。为加强中央集权，忽必烈还限制了蒙古诸王和汉人世侯的特权，不许他们擅征赋役、擅招民户、擅取官物等，进一步削弱蒙古旧俗中的奴隶制色彩。

第三，实行劝农政策，由重游牧变为重农桑。忽必烈在中央专设了一个劝导督察农事的机构——劝农司(后改为司农司、大司农司)，专管各地农业生产，并把"户口增，田野辟"作为考核地方官吏的首要标准写入了典章。每年还要采取一系列措施招集逃亡者，鼓励开荒，发展屯田，兴修水利，限制"抑良为奴"，禁止退耕为牧及妨碍农时的劳役等，使中原地区长期受破坏的农业生产得到了恢复和发展。

第四，承认和提倡以儒学为主体的汉族文化传统，并设立孔庙和国子监，用汉文化教育勋戚子弟。他即位后，对许衡、姚枢、王鹗、窦默等儒士更加尊敬，许多汉儒被充实进了最高行政机构中担任要职。忽必烈还支持各地学校的恢复和发展，这对于中原传统文化的保存和儒士的培养十分有利。

同时，忽必烈还将他的统治中心从蒙古移到中原地区。起先，他升开平府为上都，以燕京为中都，自1266年起，在中都营造了新的皇宫和城墙，1272年中都改名为大都。从此，大都就成为他最大的和永久的政治中心。至于漠北的和林，则变成了地方机构宣慰司的治所。

通过这一系列汉化的改革，原先那个建立在大草原上的大蒙古国终于转变成了元王朝，并使元初出现了比较稳定的“中统至元初治”。忽必烈在这个基础上进而灭亡南宋，实现了中国新的大统一。

东晴西雪风云定　南川北岭日月同

忽必烈以一个新朝雄主的姿态登上了历史舞台，但大汗位下危机四伏：一是不甘心居于蒙古人统治下的汉人及其他族人的反抗和叛乱；二是蒙古宗王勋贵中不满汉化政策的保守派势力的挑战和分裂夺权阴谋；三是远在长江南岸的已“俯首称臣”的南宋朝廷并非真的那么顺从，他们在江淮一带常有反扑和骚扰，严重影响着中原的安定。

果然，1262 年二月，忽必烈还在全神贯注地与阿里不哥较量的时候，山东爆发了李璮的叛乱。李璮，金末红袄军首领李全之子，是山东一带著名的汉人世侯。蒙古灭金后，投附蒙古，为忽必烈所器重，封为山东益都行省长官、江淮大都督。他虽然降于蒙古，但一直认为这是一个“干戈烂漫”的乱世，“狐居兔穴，暮烟残照”，蒙古统治中原未必就是定局，因此总在等待时机，成就自己的帝业。当忽必烈忙于与阿里不哥争斗时，内地防务空虚，李璮便趁机起事。

他以海州、涟水等三城（今江苏东海至涟水沿海一带）献给南宋，杀尽蒙古戍军后，挥兵北进益都。消息传到漠南，忽必烈立即筹划对策。他断定李璮充共量只能占据一个济南，不会掀起更大的波澜，但同时又积极调配各路蒙、汉军队从北方前线转师，讨伐李璮。

忽必烈对李璮的叛乱采取了稳妥的策略。他并没有因一个李璮叛乱就猜疑其他所有汉人武装，相反以一种信任之态派遣他们到伐李璮前线。如史天泽、张柔、严忠济等被派为伐李璮的主力。这是忽必烈审时度势基础上的一种自信和镇定。实际上，这些汉人世侯并非毫无反叛之心。他们依恃手中的武装，在蒙古与南宋之间一直鼠首两端，谋求发展自己的势力。李璮敢于与蒙古反目，是因为估计其他世侯必将风起响应。事实上，他也做了这方面的准备。忽必烈信赖的中书平章政事王文统就是李璮的岳丈和幕僚，两人秘密来往，勾结已久。史天泽、张柔等其他汉人世侯与李璮关系也很密切。李璮认为，自己一旦起兵，这些人都会站到他这一边，因而进据济南之后就没有更积极地行动，而是等待他的同胞们来响应。然而，忽必烈的一纸信任却彻底粉碎了李璮的梦想。其他汉人世侯除个别人外，不仅没有响应，而且都服从忽必烈的调度，参加了讨伐李璮的队伍。他们认为忽必烈的统治基本上是可以接受的，而且他有强大的兵力；与其反对他，不如领受他的一份信任，继续追随他，这样才能真正保全和发展自己。

如此一来，忽必烈的各路军队将李璮死死围困在济南城四个多月，李璮绝望之际，投大明湖自尽，却又不幸未死而被俘。史天泽等深怕拔出萝卜带出泥，不敢将他交忽必烈亲审，便匆匆把李璮处死了。

李璮之变历时虽不到半年，但影响却很大。忽必烈由此感到，尽管统治汉地当用汉法，但汉人却不能完全信赖。他最重用的王文统竟是李璮一党，这使他震惊而愤怒，当即予以诛杀。他对推荐过王文统的刘秉忠、廉希宪、商挺、张易等都产生了怀疑。李璮与其他汉人世侯的秘密交往，他也看得很清楚。然而在局势尚未稳定的时候，他还需要利用这些世侯力量，更不能自逼其反。因此，忽必烈一面安抚济南一带军民，奖励未参加叛乱的李璮部属；一面不追究过去与李璮的来往关系，连史天泽等擅杀李璮也置之不问。这倒使汉人世侯很不自安起来，他们断不敢再步李璮的后尘，反而只想投合忽必烈的心思，以消除他对自己的疑虑。在这种压力下，声望最高的史天泽也不得不主动向忽必烈请求削权。于是，各地军阀、世侯纷纷效法。忽必烈乘机开始果断地削夺世侯们的权力，其措施包括：在各地实行军民分职，军政民政各有所属；汉人世侯的子弟不能担任官职，已任官的一律罢免；取消世侯的世袭制；在各路设达鲁花赤一官，由蒙古人充任，负责监督地方长官；

等等。从此，地方军阀的实权被剥夺了，他们对新王朝也就更加死心塌地了。

这时，本来就对拖雷家族夺走汗位心怀不满的窝阔台孙子海都，支持阿里不哥反对忽必烈遭失败。他返回叶密立河联合术赤后裔诸王，占有窝阔台原来的封地，公然声称不服从元朝，割据称雄。

忽必烈自然不能容忍。他先派察合台系的宗王八剌联合察合台汗国国王木八剌沙进攻海都，其后又派人联合术赤后王忙哥帖木儿出击海都，自己则从岭北源源不断地发兵前去配合。海都与八剌、忙哥帖木儿等在西北地区一片混战。忽必烈于 1268 年乘机进占了军事重镇阿力麻里。为了把它建设成为抵御西北叛王的根据地，忽必烈在这里设官置署，迁来大量中原的劳力、工匠，进行军垦民屯，设立驿站，增修道路。还在天山南北的别失八里、忽炭、鸭儿看(今新疆沙车)、沙州(今甘肃敦煌西)等处设置驿站，以加强西北与内地的交通往来及对前线的支援。1271 年，忽必烈派自己的儿子北平王那木罕建幕庭于阿力麻里，总镇西北。后来，与那木罕同镇西北的还有蒙哥之子昔里吉，阿里不哥之子明里帖木儿、药木忽儿等。

然而，面对忽必烈的这份信任，昔里吉、明里帖木儿、药木忽儿等人并没有忘记父仇家恨，他们暗中勾结，于 1276 年发动叛乱，且“一石激起千层浪”，原先的海都、笃哇等大大小小的西北叛王乘机又抬头，一时间，西北危机。忽必烈不得不急调兵力北上平叛，连攻宋主帅伯颜也被委派重任北上。好在叛军是一团散沙，除了权欲和仇恨并无其他可以调动军心民心的利益目标，又没有像忽必烈那样背倚一个广大富饶的中原，因而很快在内部出现分化和争夺权利的现象，从而最终归于失败。

初步平定西北诸王叛乱后，忽必烈在天山南北设置北庭都护府和若干宣慰司，进一步扩大屯田和移民，修筑道路和驿站，将其纳入元朝的管理体制。

西北藩王的叛乱，使忽必烈深深感到对东北地区也必须加强控制。

1286年，忽必烈设东京行省，治咸平府(今辽宁开原北)。然而，早与海都有勾结的帖木格斡赤斤的后裔乃颜，却不甘心俯首顺从。他于1287年在东北发动叛乱。忽必烈亲率大军镇压，不出半年即平定叛军，处死了乃颜。其后，虽有哈丹等人再起叛势，但终难得逞。忽必烈在东北置辽阳行省，在叛王封地置万户府，削弱了藩王权力，巩固了东北地区的统一。

忽必烈对他的叔伯兄弟们在遥远的边陲建立察合台汗国、钦察汗国及伊利汗国等，尚且可以容忍，只要他们在名义上归顺元朝，尊重他的帝位即可。然而隔江相望的南宋却以它那美丽富饶的山水和发达的经济，时时撩拨着忽必烈的心。一俟帝位稍稳，他便挥师南下。

但如何突破长江天险一直是忽必烈及其谋臣们深感棘手的问题。1261年夏，南宋潼川安抚使刘整向忽必烈投降，这对忽必烈来说确实是“天助神佑”。刘整是南宋骁将，因不附宰相贾似道而屡遭忌恨。他对南宋的防务十分熟悉，他向忽必烈献策说：“攻宋的方略，应当从襄阳突破。如能得到襄阳，由汉水入长江，就可以平定南宋。”对此，忽必烈的谋臣中颇有不以为然者。但忽必烈却接受了它。

忽必烈当即起用刘整，令其与阿术等共同进攻襄阳。1268年，蒙古兵临襄阳城下，南宋守将吕文焕一面死守，一面向宋廷告急。而把持朝政的贾似道此时却沉溺于声色，既不愿亲往前线，又不肯派人前往增援。吕文焕独守五年，终至樊城、襄阳相继被破。慌乱中，吕文焕投降元朝。忽必烈当即任他为襄汉大都督，作为攻打南宋的前锋。

攻克襄阳后，元军便顺江而下，长驱直入。1274年六月，忽必烈发布伐宋诏书，命左丞相伯颜和平章政事阿术统帅二十万大军，水陆并进。临行，忽必烈对伯颜说：“古时候，只有曹彬善取江南，你如果能做到不杀，就是我的曹彬。”(曹彬是北宋初年大将，率军灭南唐时曾禁止部下杀掠。)忽必烈要的是统一江南各地，而不是像他的父祖那样发动一次新的杀掠。

“天马浮江，兵强将锐”，伯颜和阿术由汉水趋长江，以吕文焕为水军前锋；同时，由合答、刘整、塔出、董文炳进驻淮西，分兵博罗欢从东路取扬州。各路大军节节推进。一年后，便直捣南宋都城临安（今杭州）。宋廷罢免了贾似道，再三向忽必烈求和，表示可称侄纳币，称侄不许可称侄孙，再不许可称臣，只求存一小块境土。对此，忽必烈决无怜悯之心，宋帝赵㬎无可奈何，只得上表投降，自削帝号。

南宋也有一部分忠义顽强之士。临安失陷后，大臣陆秀夫、张世杰、陈宜中等拥立广王赵昰于福州，文天祥等也据南剑州等地顽强抵抗，力图恢复。无奈大势已去，元军从各个方面步步进逼。文天祥、张世杰等虽一度恢复了广东、江西一些地方，但终难抵挡元朝的刀锋。赵昰逃亡到雷州湾里，惊惧而死。陆秀夫又立赵昺，年仅八岁，可怜这小皇帝被围困海上，终也逃不过葬身大海的厄运。1279 年二月，陆秀夫不愿被俘受辱，抱着小皇帝在崖山（今新会境内）投入滚滚的南海。南宋的国祚从此断绝。

蒙回汉南分亲疏　嗜利黩武追前功

忽必烈毕竟是一个蒙古贵族，他的出身和血缘归属决定了他天然地亲近蒙古贵族，本能地保护同胞的阶级利益。他的身上不可避免地打着民族和阶级的烙印，保守、落后的一面渐渐地在他的统治中显露出来。

在元朝建立之初，忽必烈便吸收金朝等推行民族分化政策的经验，推行了“四等人制”。即依据不同的民族和被征服的先后，把全国各族人民分为蒙古人、色目人、汉人、南人四等。在任用官吏、法律地位、征收赋税、礼仪待遇以及其他权利和义务等方面，都有种种不平等的规定。蒙古人为元朝的“国族”，是忽必烈的“自家骨肉”，是最高贵的人等，凡是各级机构的实权职位都要掌握在这些“国姓”手中。忽必烈在开始还曾任史天泽和契丹人耶律铸为丞相，但后来即规定：“不以汉人为相。”在入仕途径上也优待蒙古、色目而限制汉人、南人。至于在法律上，更赤裸裸地规定，若四等人犯同样罪，量刑依次加重。灭亡南宋后，为防止反抗势力的兴起，他在中原腹地及江南地区镇戍蒙古探马赤军，进行严密的军事防范，甚至禁止汉人、南人养狗、养鹰、习武练枪和结社、唱戏等。如此种种，都是为了保护本民族贵族的利益。李璮叛乱后，忽必烈对汉人疑心日重。随着南宋的灭亡，一些可利用的汉人都利用过了，汉族军阀的威胁也渐渐不存在了，忽必烈便开始疏远他原来的汉人幕僚，重用起色目人来。

色目官员多以经商理财擅长，他们可以帮助元朝统治者搜刮财富，又不致像汉人军阀那样形成武装集团。忽必烈最初在朝廷中兼用汉人和色目人，是为了二者能相互牵制。随着大一统国家的形成和军费、行政等财政开支的陡然增加，忽必烈越来越倚重这些能给他带来丰厚收入的人。由此，阿合马、卢世荣、桑哥三个“理财”之臣相继执掌全国财政大权达二十一年之久。

阿合马，花剌子模人，原为察必皇后的侍臣。因时常出入宫殿，为人巧言而精明，渐渐受到忽必烈的赏识。1262 年起用他领中书省左右部诸路都转运使，1264 年即升任中书平章政事(相当于副宰相)，专管财政事务。他以提高赋税，增加盐、茶、酒、醋等商品的课税，官办矿冶，铸造农器官卖，大量发行纸钞等手段，来敛取社会财富，邀宠于忽必烈。忽必烈高兴地称赞他是“明天地，察地理，尽人事”的称职宰相。殊不知，阿合马的所作所为激起了民怨，也引起了朝廷内部的派系之争。他为了实施掠夺性的敛财政策，到处安插自己的亲信、党羽，排挤主张“汉法”的官员。而且，他的子侄们也“鸡犬升天”，占尽了元廷的高位肥差。他还大肆进行权钱交易，侵吞国库大量财物。如此久了，各族人士的愤恨自然就归结到他的头上。一些汉法派大臣如史天泽、张文谦、廉希宪、许衡等纷纷起来抗争，多次在忽必烈面前与他对抗争执。忽必烈也看到了阿合马的一些不法行为，但总难舍他在“理财”方面的才能，因而大多偏袒阿合马。凭借忽必烈的宠爱，阿合马更加趾高气扬，朝廷中渐渐无人再敢与之论争了。但权势的堤坝是挡不住民众愤怒的洪水的。1282 年，益都千户王著和高和尚等人在朝中官员的暗中支持下，乘忽必烈在察罕脑儿行宫之机，伪装皇太子真金返回大都，诱骗阿合马来到东宫，在门前以一把铜锤结束了阿合马的性命。

事后，王著等人自然难逃一死。但人们终于敢向忽必烈揭露阿合马的种种奸恶了。起初，忽必烈对阿合马之死感到震怒，咆哮着要严惩凶手。但当得知阿合马等人侵吞国库里的大量财宝时，他的心里就像吞了苍蝇一样感到恶心，他恨阿合马蒙骗、利用他，恨他拿自己的权威和信任去挖大元的墙脚，甚至恨自己用人不明。他下令挖出阿合马的尸首(此时阿合马已被厚礼下葬)，戮尸三百下，并让狗食其肉。阿合马的子侄全部处死，他们的家产全部没收。

但是，阿合马虽死，忽必烈却依然需要像阿合马那样的人。南宋灭亡了，但祖先遗传给他的嗜好征战和掠夺的本性使得忽必烈的征服欲望依然不减，他还要远征日本、越南、缅甸乃至爪哇等国。忽必烈曾对被元军俘虏的日本人说："我叫你们来朝拜我国，并不为逼你们，而是想给后世留下一个盛世之名。"反映了他急于宣威海外，仰慕汉唐盛世君王的思想。从1274年起，忽必烈在江南诸省招募水手，大造海船，多次发动对日本的远征，又相继对安南（今越南）、缅甸等地展开进攻。1292年，还千帆相携闯入爪哇。规模庞大的远征，需要源源不断的巨额军费，除此，给宗亲勋贵的俸禄及赏赐也不断增加。忽必烈实在是离不开那些能给他增加国库收入的人，因此，继阿合马之后，卢世荣和桑哥又相继得到忽必烈的重用。他们与阿合马一脉相传，甚至有过之。他们同样弄得朝廷内外怨声载道，结果也都难逃被诛杀的命运。但到处死桑哥时，忽必烈自己也已不久于人世了。英雄盖世的忽必烈因为"理财"的问题而跌入由小人构制的泥潭，不能不说是忽必烈的一大悲剧。他因此在历史上留下了"黩武嗜利"的骂名。

无奈日暮愁云起　更叹逝水直向东

悲剧是个连环套，如果这悲剧的根源在于人的天性的弱点，晚年的忽必烈日益暴露出他复归旧巢、滞恋旧俗的一面。元初大刀阔斧进行的汉化改革渐渐停顿了，汉法派在失望之余将目光投向了忽必烈的儿子真金。真金受父亲及老师姚枢、窦默、许衡等人影响，对汉文化有较忽必烈年轻时更深的感情。由此，一场父子间的悲剧发生了。

真金是忽必烈与察必皇后的次子（长子早夭），从小在忽必烈的熏陶下接受了纯厚的儒学教育。成年时，正值忽必烈创建元朝，他被封为燕王，掌中书令，后又兼枢密院使。他追随父亲的汉化改革，并在元初的政治风浪中经受了锻炼，在汉法派人士眼里，他是理所应当的皇位继承人。当忽必烈亲理财派，远汉法派时，汉法派更急于从真金处取得支持。他们把按照中国历代王朝的嫡长子继位制预立皇太子一事作为“定国本”的大问题，一次一次地摆到忽必烈的面前。

确定嫡长子继承、预立皇储的制度是多数蒙古宗室成员难以接受的。忽必烈对此不免有些踌躇，迟迟未予决定。这可急坏了汉法派儒臣。一次，汉儒张雄飞觐见忽必烈。忽必烈躺在榻上问道：“有什么急事吗？”张雄飞伏身一拜后，说道：“老百姓有点积蓄，还懂得托付给后代。这么大的一个国家，怎么能不早立皇储呢？如果蒙哥皇帝懂得这个道理，陛下今天能坐在皇位上吗？”忽必烈听到这最后一句，腾地一下坐起，脸上变了色，却没有发作。末了还赞叹道：“你说得对啊！”1273 年 3 月，他正式册立真金为皇太子。

真金立为太子后，在东宫自有一套班子和一批官员，形成了一支新的汉法派力量。他们与先后以阿合马、卢世荣、桑哥等为首的理财派展开了针锋相对的斗争。真金十分厌恶阿合马，甚至当着忽必烈的面责打他。王著等谋杀阿合马虽只是假借了太子之名，但确与真金的间接支持分不开。阿合马死后，真金的态度更加明朗，他对新任命的中书右丞相和礼霍孙说道："阿合马死于盗手，你担任了中书丞相。凡是便国利民的事，你不要怕改弦更张。如果发生阻挠，我一定全力支持。"和礼霍孙正是恪守真金的旨意，严惩了阿合马一党，并准备继续推行汉法。

儿子与自己的格格不入，很让忽必烈恼火。阿合马死后，在真金的影响下，朝中一派讳言财利之风，这实在不合忽必烈的心意。忽必烈罢去了和礼霍孙等人的官职，起用了卢世荣。真金则公开地讲卢世荣不仅害民，而且是"国家的大蛀虫"，支持一群御史对卢世荣进行弹劾。忽必烈为了自己的名誉，不得已诛杀了卢世荣，但结果却是进一步抬高了真金的威望。

这时，一批汉法派官吏头脑发热，他们迫不及待地想用真金来取代忽必烈，以实现自己一方的政治主张。于是，他们奏请忽必烈禅位。1285 年年初，南台御史上奏说："皇帝年事已高，应当禅位给皇太子，皇后不应当干预朝政。"如此奏章，激起了忽必烈的雷霆大怒。他本来就对儿子深感不满，现在则更加无法容忍了。他怀疑儿子是要搬掉他，于是下令严加追查此事的幕后。

原本无辜的真金太子听到这个消息，犹如大祸临头，又惊又怕。真金太子性格文弱柔顺，有些书生意气；他只是按他一贯的喜好和主张参与政治，并不敢有冒犯父皇的念头。如今"忤逆犯上"的帽子要扣下来，他如何担待得起？加上他自幼体弱多病，在这极度忧心恐慌中，竟至一病不起，突然夭亡。

儿子的死深深刺痛了忽必烈的心。自真金幼年时起，忽必烈就在他身上寄托了厚爱和期望；在创建元朝的过程中，儿子也确实不负众望，成为自己的得力助手。虽然后来真金与自己的政见南辕北辙，但终究还是可以托付江山的可靠继承人。真金的死使老年的忽必烈一蹶不振，此后八年，他一直忌讳再立皇太子一事，直到自己临死前一年，才选定了真金的第三子铁穆尔。仍在真金系中选接班人，这也许是老忽必烈想给亡儿的一点慰藉吧！

个人的悲剧毕竟还是小事，但真金之死给元朝带来的悲剧影响却是十分深远的。汉法派失去了有力的支持和靠山，而新的儒臣们又没有像刘秉忠、姚枢等随忽必烈出山起家那样的根基。从此，汉法派在朝中的力量便大大削弱了，汉法推行大体也就到此为止了，这也许是导致元王朝国祚不长的一个原因。

由于忽必烈中期以后汉化政策的停顿和"理财"等问题，元朝的政治变得混乱起来。朝中派系斗争十分激烈，地方上则因阿合马、卢世荣、桑哥等的横征暴敛，闹得民怨沸腾。由于阶级矛盾的激化，从1276年起，江南一带相继爆发了反元武装起义。较大的有黄华、陈桂龙、钟明亮、杨镇龙等几支，人数有的达几十万之多，时间延续达二三十年之久。

然而，此时的忽必烈却终日囿于深宫禁苑，衰老和疾病使他很少能接触到外界的阳光和新鲜空气，陪伴他的也只有年轻的南必皇后和两个吐蕃喇嘛。他的长妻察必皇后早在1282年便因病去世了。察必貌美贤淑，与忽必烈感情笃洽，在忽必烈早期的政治生涯中起到了相当大的辅佐作用。她的离去是忽必烈晚年生活的第一次重大打击。而南必皇后却工于心计、有着较强的权欲。自1284年入主正宫之后，她以皇帝年老体弱不宜烦劳为由，插手朝政。大臣们的奏章多经她的手传上，忽必烈的谕旨也常由她传出。那两个吐蕃喇嘛则整日围着忽必烈诵经做法事，按宗教习俗影响和安排着忽必烈的生活起居。他们不断地拉近忽必烈与"神"的距离，自然也就使他疏远了他的臣民和国家。1294年，忽必烈以八十岁的高龄永久地告别了他亲手缔造的元帝国。

虽然，忽必烈死得并不轰轰烈烈，但在中国历史上对他的评价，却显然超过了他那位英勇善战的祖父成吉思汗。他是中国历史上第一位入主中原并统一全国的少数民族皇帝，由于他能以宏大的气魄和胆略"变夷为华"（魏源《元史新编》)，革除蒙古旧弊，顺应中原文化的潮流，从而受到中国历代正统史家的赞誉。尤其是他开创的元朝，在地域上“北逾阴山，西极流沙，东尽辽左，南越海表”，极其广阔。元朝人曾自豪地描述自己的国家“适千里者，如在户庭，之万里者，如出邻家”。实为开天辟地前所未有。现在中国的疆域就是在忽必烈时定下的轮廓。在文化上兼容并蓄，儒、道、释、医、卜并重，蒙文、汉文、波斯文通行，来自欧洲、西亚乃至非洲的商人、使节、传教士徜徉在大都街头，元朝的使团、商船直达红海和东非海岸。东西方经济文化的交流也是前所未有的活跃。这样一个广大、统一、开放的国家，对世界文明的进步都是具有重大意义的。因此，忽必烈在历史上有着不可磨灭的功绩，那就是“广大、统一孰能比？开放、融合堪称颂”。

吴文涛　文

淮右布衣　一统江山——明太祖朱元璋

朱元璋是一个锐意进取又极富传奇色彩的人物，他最不喜欢攀附历史上的名人作为自己祖先的传统陋习。做了皇帝以后，不管是发敕文还是传口谕，他每每开口即称："予奉淮右布衣！"质朴、实事求是之中又颇具傲气。洪武十一年（1378年），他在开国创业初具规模之后，命江阴侯吴良到濠州（今安徽凤阳）督工新造他父母的陵墓——皇陵，又命以危素为代表的一代大文豪们起草了皇陵碑碑文。朱元璋不满意这篇文士们吹捧美化的粉饰之文，于是亲自撰写了一通特述艰难往事，让他的子子孙孙世代都可以看到，并能从中受到教育的御制碑文。这就是刻石至今仍屹立于安徽凤阳明皇陵神道口之南的《大明皇陵之碑》。

御制皇陵碑文后，他又亲自撰写了《朱氏世德碑》和《龙兴寺碑》。这三通碑文以不文不白、似通非通的韵语，记载着朱元璋的故事，颇具浩浩荡荡的威势，又深情感人，催人泪下。这当事人的纪实之作，以最有价值的历史资料的魅力，将人们引入了元末明初那段历史的深处。

为求生而从戎

元天历元年(1328 年)秋九月,朱元璋出生在一个极其贫苦的农民家庭。他家先世居沛(今江苏徐州),后辗转迁徙到了濠州的钟离乡孤庄村。兄妹六人中,朱元璋最小,因而有幸被送进蒙馆读了几个月的书。

至正四年(1344 年),淮河流域遭受严重的旱灾,父母相继去世后,为生计所迫,朱元璋被送进皇觉寺剃度做了和尚。

社会矛盾剧烈发展,顺帝至正十一年(1351 年),终于迸发了汹涌澎湃的反元斗争浪潮,江淮流域各地区短衣草履的贫苦民众头包红巾,手拿长枪、板斧,甚至竹竿、锄头起而攻城邑,杀元官,开仓散粮,破牢释囚。反元的队伍都无一例外地以弥勒降生、明王出世相号召,前后不过几个月,就东起淮水西至汉水,把元政权"拦腰切做了两段"。

朱元璋小名重八,所在的濠州也有郭子兴、孙德崖等扯大旗起来造反,不久即攻占了濠州城。当重八与少年放牛伙伴周德兴正商量着投奔郭子兴时,皇觉寺又被元军烧毁,"为保身之计",重八只有投奔郭子兴一条生路了。

重八投军后,办事非常得力,足智多谋、敢作敢为;既长得身材魁伟,又勇于出力报效,因而很快崭露头角,得到郭子兴的赏识,升为亲兵九夫长。

作战时重八身先士卒,所得战利品从不取为一己之私,又努力学习文墨,一些从刘福通总部那里发来的文告和战友们的家信,都一一由他解说、宣读和代写,他竟是出落得格外能干、勇敢、有见识、讲义气。不久,即在郭子兴的军中成为了有威望的人物。郭子兴和他的小张夫人都把重八当作心腹看,遂决定以所抚好友马公之女妻之,招赘重八为郭家的上门女婿。郭子兴的义女马氏，就是日后明朝的孝慈高皇后，她是顾大局、识大体、忍辱负重的贤妻，又是众多子女的慈母，堪称杰出的古代东方型的伟大女性。

作成了这件婚姻，重八作为郭元帅府的东床娇客，自然身份不同了，从此军中称之为“朱公子”，文士们为他起名元璋，表字国瑞，即由此而来。

当时兴起于濠州的共有五股势力，除郭子兴外，还有孙德崖、赵均用、彭大、芝麻李四人。五帅在一起议事，每每龃龉不得要领，而常常又是郭子兴独持一议，不与众合。由于谁也不服谁，各自发号施令，他们占据濠州大半年，除了向四乡征粮要草以外，势力竟不能扩大发展一步。

郭子兴聪明的小张夫人，早就觉察到郭子兴脾气不好，与众龃龉迟早总会吃亏，因嘱咐朱元璋时时追随在郭子兴身边，细心地帮助郭子兴斡旋排解。一次适逢朱元璋奉命外出，赵均用命孙德崖拘捕郭子兴，进行火拼，元璋得讯奔回，助小张夫人和郭子兴二子解救了郭子兴。正值此时，元将贾鲁进围濠州，各帅这才又协力坚守濠州城池。为分散元军兵力，元璋奉命领兵攻打五河，夺取定远。在元军合围以前，他又出兵攻怀远、安丰，招收壮丁以增强濠州的防守力量。元军合围以后，他又勇敢地领骑兵突围而出，攻克含山、灵璧和虹县，与濠州的城守相呼应，避免形成濠州孤城被困死的局面，从而振奋了濠州城守的士气，迫使元军不得不撤围他去。

元军撤退，彭大、赵均用等忙着称王称霸，唯独朱元璋冷静地认识到濠州缺粮缺兵。于是，他想方设法弄到一批盐，卖到怀远换军粮，又回钟离乡竖旗招兵，乡里的少年伙伴如今都风华正茂，魁梧雄伟的徐达、周德兴等都来投效。其中徐达与朱元璋自小莫逆，十分契合，且徐达性格凝重，刚毅英武，日后成为有明开国功臣第一的中山王。先来的汤和也是朱元璋少年时的亲密伙伴，从来喜爱并尊重元璋，其人倜傥有智谋，日后也为明朝开国的六王之一。邵荣则是一名英勇出众的战将。周德兴、郭英、吴良等大都一直紧跟朱元璋开国创业，冲锋陷阵，出生入死，成为朱元璋最可以依恃的基本队伍，他们日后也大都官封列侯，《明史》中有传而名垂青史。

徐达等来投以后，接踵来投的越来越多，朱元璋募兵七百余人，充实了郭子兴的力量。郭子兴大喜，因命他为“镇抚”之职，他正式成为带兵的军官。

朱元璋冷眼旁观，清醒地认识到彭大、赵均用的部队畏缩在濠州，缺乏训练，纪律不好，没有发展前途，日子长了还会闹出事来。他禀告郭子兴后，就带着徐达、费聚等出濠州，往南略地定远，招收了许多人马，又用计降服了附近驴牌寨的民兵三千人，夜袭元将张知院，得精壮两万余，又得骁将缪大亨，这是朱元璋所得到的一支生力军。他充分认识到这支生力军的价值，立刻重新组建，加强训练，尤其着重纪律教育。至此，朱元璋有了以徐达等一大批知根知底的骁将，用以指挥这批他亲自训练的生力军，为他日后的军事活动和建明事业的发展奠定了强有力的基础。

南略定远时，朱元璋还得到了深沉而有计谋的冯国用和慓勇而多智略的冯国胜两兄弟，兄弟两人都喜欢读书，精通兵法，是不可多得的人才。朱元璋因虚心向冯国用请教今后的发展方向，冯国用披诚与语：建康（南京）形势险要，是古称“龙蟠虎踞”的帝王之都，应夺之以为根据地，然后再扩充地盘。又说：在势力发展之时不要贪子女玉帛，多做好事，约束军纪，才能取得民众支持，进而建功立业。朱元璋闻言大喜，以冯国用为幕僚，备顾问。

自定远南下滁州的途中，定远名儒李善长求见于军门。他喜读书多智谋，且善于料事，治法家学问。朱元璋倾心接纳他，谈得十分投机。李善长引导朱元璋了解汉高祖刘邦，学习刘邦，说是刘邦也是沛人，也是出身布衣，但为人豁达大度，知人善任，不嗜杀人，只五年功夫就平定天下，建成帝业。又说而今元朝已不得人心，到了土崩瓦解的地步，正是学习刘邦以成帝业的良机。这“法汉高所为”的一番推心置腹的畅谈，如醍醐灌顶，为朱元璋注入了“榜样”的生机，当即朱元璋留李善长在营掌书记，同下滁州。此后，李善长“为参谋，预机务，主馈饷，甚见亲信”。李善长长于治事，善于做好桥梁，调和文士和武将之间、将军与士卒之间的矛盾，又善于理财，每每被朱元璋称之为萧何。徐达最是众良将之首，自然就是朱元璋心目中的韩信了。有明确的学习楷模和奋斗目标，这是朱元璋由淮右布衣发展成为明朝的缔造者，个人事业取得巨大成就的重要条件。

朱元璋下得滁州，增加了自己的知名度，这时，他的二哥、三哥均已去世，大嫂带着二侄儿，二姐夫带着外甥保儿都前来投奔。朱元璋于是将两儿连同他在定远收养的一个无父无母的沐姓孤儿，都收养为义子，命名文正、文忠、文英，同姓朱氏。后来，他又收养了二十来个聪明俊秀勇猛的小青年为义子。这群俊秀勇猛的孤苦小青年，从朱元璋和马夫人那里得到了他们所共同缺少的严父的培育和慈母的爱抚，在实战中成长，成为朱元璋的心腹干才，打仗时他们肯出力，紧要关头至死不变，还是为朱元璋监军视将的耳目哩！

濠州诸帅不和，孙德崖几次欲加害郭子兴，碍于朱元璋在滁州的势力，而不敢贸然下手。郭子兴乃率领本部人马离开濠州来到滁州，并打算在滁州称王。朱元璋劝说郭子兴，滁州山城，无险可守，且不通舟楫之利，如若称王，目标太大，引人注目，难免遭到攻击，不便于发展。郭子兴听取了意见，放弃了称王的念头。倒是日后朱元璋做了明太祖，成全了郭子兴生前在滁州称王的愿望，追册郭子兴为滁阳王。

滁州城小，军粮不足，军心不定，朱元璋建议郭子兴南取和州（安徽和县），移兵就食，郭子兴乃令朱元璋取和州，得和州，后朱元璋升任总兵官，时值至正十五年（1335 年）正月，朱元璋不足二十七岁。他因年轻名位不高，奉命总军，怕仅凭一纸任命文书不足以服众，于是先密其檄而不宣，在与己不相上下的诸将面前视事，不露声色，他“剖决如流”，显示了卓越的办事才干，又按期完成了共同议决分工的修筑城防的工事，而其他诸将，皆因循拖拉，没有完工。在聚会议事之时，诸将心服之后，朱元璋才拿出郭子兴的任命檄文，南面坐而总军。从此，这个从投军为兵丁，而九夫长、而镇抚、而总兵官的朱元璋，就成长为很有威望并镇守一方的大将了。

就是在这年二月，刘福通迎立韩林儿为皇帝，称小明王，建国号宋，年号龙凤，并派人南下联络郭子兴。郭子兴不幸在三月病死，军中推郭子兴的内弟张天祐到小明王的亳都议事，不久，张天祐带回小明王的命令，以郭子兴之子郭天叙为都元帅，张天祐为右副元帅，朱元璋为左副元帅，统领郭子兴原来的队伍，军中颁发命令和文告都用韩林儿的大宋国号和龙凤年号。

由于郭天叙年轻无能，张天祐不过一介武夫，逢事均无能决断，他们的地位虽然在朱元璋之上，但驾驭不了全军，更驾驭不了朱元璋，朱元璋实际上已成为这支队伍的主帅。

在和州的收获还在于朱元璋得到了年轻且勇武非凡的战将邓愈，虽是强盗出身但不甘心打家劫舍而亟思建勋立业的人杰常遇春。到此时，徐达、常遇春、李文忠、汤和、邓愈、沐英，明朝开国武臣之首的六王已是风云际会了！

和州毕竟缺乏养大军之粮，而跨过大江面对的太平（安徽当涂），即南临米市芜湖，东北达集庆（南京），东倚丹阳湖，环湖都是产粮区，不渡江如何得到军粮？没有军粮又如何谈得上发展？正在朱元璋为缺乏渡江船只踌躇无奈之时，巢湖水军头领李国胜遣部将俞通海来商讨军事。原来，在巢湖周围集结着许多不同派系的力量：有彭莹玉的门徒；有结寨自保的水上豪杰；有与元朝势力有瓜葛的水上力量。其中李国胜势力较强，组织了前两种力量与元朝的势力斗争，吃了多次败仗，故而遣俞通海前来求援于朱元璋。朱元璋得讯大喜，亲自到巢湖联络，劝求援者们双方合力渡江，寻谋新的出路。正值五月梅雨，巢湖和江、河水满，李国胜及其联络的各路巢湖水军均驾船自巢湖驶出，扬帆往和州而来。朱元璋率领诸将，分领大军登巢湖来船渡江，直达采石和太平。渡江成功是巢湖水军所立的大功，李国胜居心不良，遂欲乘势吞并朱元璋的军队而未果，反而断送了自己的性命。李国胜的副手“双刀赵”不欲与朱元璋合作，率部下离队西去投徐寿辉，其他巢湖诸将日后随朱元璋建立明朝成为“从渡江”级别的元勋。从此，朱元璋开始有了一支颇具规模的水军。

走上独立发展之路

元军分两路来包围太平，朱元璋率众拒守，郭天叙、张天祐则率军进攻集庆，被元军生擒杀死。这时，以郭子兴旧部为基础的这支队伍，不管是名义上还是实际上都完全归朱元璋指挥了，他走上了自己独立发展的道路。

至正十六年(1356年)二月，朱元璋自太平亲统水陆两军三攻集庆。三月，城破，元军守将福寿败死，朱元璋得陆军三万六千人，又得水寨元帅康茂才及麾下水军，民众共五十余万。这是朱元璋势力发展的新契机。

他改集庆为应天府，以应天为根据地。但四面的形势并不乐观：东有元将定定扼据镇江，东南有盐枭出身的张士诚据有平江(苏州)，东北有青衣军张明鉴占据扬州，南有元将八思尔不花据有徽州(安徽歙县)，别不华据有宁国(安徽宣城)，西面的池州(安徽贵池)已为徐寿辉的部将占据。在东南的外围，还有一个元朝势力的包围圈。然从全国的大形势来看，元朝的统治中心大都在北方，元军的主力也在北方，以刘福通、韩林儿为首的北方红巾军已分兵三路北伐，与元军主力战斗正酣。元朝的统治早已被腰斩，命令不能南达，南方占地拒守的元朝官员均成了断线风筝，互不统属，各自为战，拧不成一股绳，形不成大气候。从另一角度看，朱元璋与元朝的势力北隔小明王韩林儿，东隔张士诚，西隔徐寿辉、陈友谅，而这三股势力则好像环绕着朱元璋的三颗卫星。故而朱元璋在危局中意识到自己危中有安，危中仍有有利时机。他充分地利用了这个实际上并不受敌的有利时机，壮大自己的力量。他遣徐达攻取镇江，邓愈夺下广德，自己亲攻宁国，又陆续遣将夺得江阴、常熟、池州、徽州、扬州等地。这期间的军事活动，扩大了地盘，取得了足以拱卫应天的战略据点。

从起用冯国用居帷幄和使李善长掌书记以来，在取得应天并向应天周围发展势力的过程中，朱元璋一直特别注意礼贤下士，罗致人才。从渡江下太平时，得太平儒士李习、陶安。陶安慷慨倡言：不杀戮、不掳掠、东取集庆，然后以兵临四方，最终可以平天下。此议论深合朱元璋之意，乃留陶安为帅府令史，李习长于理事，则令其出任太平府知府。

攻取集庆以后，礼聘名儒秦从龙、陈遇，事无大小悉与秦、陈二人商议，史载其“宠礼之隆，勋戚大臣无与比者”。朱元璋为应天事多次到秦、陈两家请教，尊称他们为“先生”、“君子”，从来不直呼名字。

下徽州时得名儒朱升，朱升赠给朱元璋“高筑墙、广积粮、缓称王”九个字，朱元璋铭记心中，并时时以之自我鞭策。下宁越，得叶兑，在以后规划进取张士诚、方国珍和察罕帖木儿的三股势力的部署上，叶兑为朱元璋斟酌了一个“筹之甚详”的有益方案。后来在削平天下群雄以达到统一的步骤上，叶兑也为朱元璋做了合乎实际的设想。又得饱学儒士范常、许元、叶瓒玉等十余人，朱元璋俱收罗在左右，稍有空暇，就安排他们两人一组轮番为自己讲经说史。

礼贤下士最著名的事例，莫如尊礼和重用刘基、宋濂、叶琛、章溢“浙东四先生”。至正二十年（1360 年），他礼聘四人至应天，居之以新筑的应天“礼贤馆”，宠礼之隆达到极点。刘基向朱元璋陈时务策十八条，深契朱元璋之心，大得赏识，从此刘基（字伯温）成为朱元璋运筹帷幄的主角，佐破陈友谅、攻取张士诚、北伐中原，以成帝业，均是刘基一一为他具体谋划。朱元璋既以汉高祖自期，乃视刘基为张良，每每直呼刘基为“吾子房”（子房，张良字）。宋濂乃一代儒学宗师，日常“敷陈王道”，进讲经史，侍左右以备咨询顾问，后来又为朱元璋培养儿子们，以太子朱标为首的一群年龄大的诸子均从宋濂课读。叶琛、章溢也都是学识渊博、富于治才的人物，为朱元璋“宣力封疆”颇效巨劳。

朱元璋本不过幼年读了几个月私塾，而戎马倥偬的岁月，难得他认识为学的重要性，逐日学有所进，日积月累，渐次到讨论问题，每每引经据典，进而处理事务，讲究寻求历史借鉴。他常常亲自撰写文告和命令以治理封疆，指挥战争。即位后又亲自御制四通教育全国臣民和学校生员的《大诰》，甚至还写下了颇具风雅的《明太祖文集》，如他破陈友谅于鄱阳湖，追陈理于武昌之时，曾亲率军来到汉口河漫滩，那时正值初春，汛期未到，春意来临，滩上长满了苜蓿，他豪情满怀，即情即景吟诵了："马渡滩头苜蓿香，片云片雨渡潇湘，东风吹醒英雄梦，不是咸阳是洛阳。"此时的他只打败了陈友谅，还没有夺取元大都，自然是有如汉高祖还没有夺取到应夺得的咸阳了！朱元璋鞭策自己尚须进攻的文字写得竟然是既有典故又十分美化和高雅，比喻贴切，意境也处理得极其妥当。

有了以应天为中心的根据地很重要，但更为难能可贵的是朱元璋重视根据地的军事镇守、生产恢复、政权建设乃至"礼乐教化"。

此时，朱元璋境土的四邻已没有元军，东面、北面与张士诚为邻，东南是方国珍，南邻陈友定，西邻陈友谅。其中张士诚最富，但遇事顾虑，多疑心重；陈友谅最强，野心大欲望高；方国珍和陈友定则完全意在保境，没有远大企图。朱元璋在洞悉四周的情况后，决定对张士诚以守为攻，只以少数精兵扼守江阴、常州、长兴几个据点，张士诚即不敢向西进一步。对于陈友谅则以攻为守，使陈友谅总是穷于应付，不能集中兵力东下。总之，极力争取军事上的主动权，维系一个较长时间的安定，以便于巩固应天根据地的政权和恢复生产。

在开始攻取郡县时，军粮均征取于民，名叫"寨粮"。毕竟因元末战乱以来，壮丁从军，水利失修，社会秩序不安定，生产情况不佳，所征"寨粮"既不能满足军需，而人民亦难于应付。朱元璋在应天发展势力，首先面临的是军粮不足的困难，他没有像张明鉴的青衣军那样在扬州以人肉为军食，丧失民心；也不能学苗帅杨完者之类，在江南"检括"，抄掠得民间颗粒不存，以违逆民情。他以历史为鉴，即仿效“汉武以屯田定西戎，魏武以务农足军食”。至正十八年(1358 年)二月，他任命康茂才为营田使，职责是专掌水利，修筑堤防，康茂才尽心竭力，忠于职守，分巡各地，务使高处无旱灾，低地不病涝，处处宣泄得宜，抓住了水利是农业的命脉这一主题做文章。又命各处的镇守诸将分兵屯田，既可以收地利，使兵食充足，国有所赖，又可以减轻人民的“寨粮”负担，取得人民支持。屯田令下，镇守诸将边镇守边屯田，其中以康茂才的一支屯田成绩最显著，得谷一万五千余石，甚得朱元璋赞许，以为诸将学习的典范。兴屯足食之后，朱元璋下令不再向民众征收“寨粮”，于是大得民心。

在康茂才为营田使的同时，朱元璋又设置管理民兵万户府，专门组织农民在农闲之时练习武艺，以加强地方的保卫力量，稳定了社会秩序。这是同时并起的群雄们都先后失败，而朱元璋则越来越得民心，并最后取得成功的重要原因之一。

至正二十一年(1361 年)朱元璋立盐法，设专门机构统一管理，然后由商人贩鬻，取二十分之一为军饷。又立钱法，设宝源局铸大中通宝钱，以活跃商品交换。还立茶法，抽必要的税收以资用度。这些都是朱元璋在以应天为中心的根据地实施的，与恢复农业生产相并行的经济措施，实际上也是为明朝立国所做的准备。管理民兵万户府做了最基层的社会组织和治安工作，军事据点有得力的武将主持镇守，各地的民事则任用一批来投奔的知识分子为文臣做知府、知县，故而在朱元璋的辖区内，很快建立起井井有条、安居乐业的社会秩序。

从吴国公、吴王而称帝

“缓称王”不是不称王，“缓”是因为条件没有成熟，在条件一步步成熟之后，不仅要称王，还要称帝。朱元璋的行动部署大体可以归结为：一、在应天站稳脚跟；二、西向消灭恃强轻战的劲敌陈友谅；三、东向消灭张士诚、方国珍，取得东南富庶地区；四、适时称帝并高擎“恢复中华”的大旗，北伐元朝；五、西上四川，兼并明升；六、平定云南的元朝梁王和大理段氏残余势力；七、平定东北残元将军纳哈出的势力，完成统一。

在朱元璋经营应天根据地已见成效之时，至正二十年，徐寿辉下属大将陈友谅杀徐寿辉而尽有湖广、江西之地，成为群雄之中兵力最多、疆土最广的人物，陈友谅的野心剧烈膨胀，竟错误地视朱元璋为笼中之鸟，可以手到擒来，于是遣使约张士诚共同图谋夹攻朱元璋。陈友谅有大舰百余艘，号混江龙、塞断江、江海鳌等名目。又有中小型战船几百条，凭借江汉地区的河湖，练就了强劲的水军，大有“投戈断江，舳舻千里”，顺江而下，其锋不可挡的架势，导致了应天形势的急剧动荡。

在危急之时，朱元璋听取了刘基的意见，认为张士诚富足，但龌龊无大志，只想保住现时的地盘和眼前的利益，虽然答应了陈友谅东西夹击的邀约，行动必然迟缓，可以完全对张士诚不介意。主要的危险是陈友谅，必须集中兵力迅速除之。第一战在应天附近的卢龙山设伏，全歼陈友谅来犯的主力，收复太平，夺得安庆；第二战又大败陈友谅于江州（九江），得友谅骁将丁普郎、傅友德率军来归附，遂乘胜下蕲州（湖北浠水）、黄州（湖北黄冈），进逼武昌。另一支南下江西，取得洪都（江西南昌）。这年正月，小明王韩林儿正式册封朱元璋为吴国公。在江州一战以后，朱元璋的力量已优于陈友谅，是朱元璋与陈友谅最后一决雌雄的时候了！

此时，北方的形势发生变化，元将察罕帖木儿的势力在山东发展，又乘机进兵攻下了小明王的都城汴梁（今河南开封），小明王退保安丰，如安丰不保，应天就失去屏障。张士诚的部将吕珍，乘机围攻安丰，安丰粮尽援绝，军民饥困，刘福通求援于朱元璋，朱元璋亲率兵出救，不料兵未到达，刘福通已被吕珍击杀，朱元璋迎韩林儿到滁州居住。

朱元璋兵救安丰之时，陈友谅倾其全师东下，号称六十万众。大舰数百艘，围困洪都，洪都守将朱文正用尽一切防御手段，咬住陈友谅，以等待朱元璋自安丰回师，双方激战于鄱阳湖，苦苦鏖兵三十六日，最后以朱元璋取得决战的胜利，陈友谅中流矢死，部将张定边载陈友谅尸及其子陈理归武昌。这一战朱元璋也付出了很大代价，事后他反思，深以自己救安丰为非，又庆幸陈友谅东下之时，犯了在湖口折而向南攻洪都的错误，如果陈友谅一直长驱东下，乘应天空虚而袭击，后果将不堪设想。

至正二十四年（1364年）正月，朱元璋自立为吴王。二月，他亲统兵征武昌，陈理请降，乃立湖广行中书省，原来属于陈友谅的疆土：汉水以南，赣州以西，韶州以北，辰州（湖南沅陵）以东的大片地方，都归属朱元璋。

轮到攻取张士诚了。张士诚向来与朱元璋处于敌对状态，双方十余年来打打停停，所幸张士诚生性迟重，占据了富庶的地区以后，只求守有，别无远图，打仗规模不大，生怕冒险吃亏，此前陈友谅来约夹攻朱元璋，张士诚口头答应而实无行动，故而很难成为朱元璋发展的阻力。张士诚及其大臣们，胸中并无大志，日日修府第、建园池、养歌妓、玩古董，自然不是朱元璋的对手。朱元璋攻打张士诚时，不采取直捣平江的办法，而是先攻湖、杭，去平江的枝叶，最后攻平江时，又强调不准挖掘城外坟墓，尤其是对张士诚在平江城外新筑的母墓注意保护，入城不许烧杀掳掠，保持良好军纪。张士诚灭亡之后，在浙东称雄二十余年，拥有水军千艘和丰富渔盐资源的方国珍，为朱元璋的大将汤和、朱亮祖、廖永忠的水陆两军击败，途穷而降。

也就是这一年，因韩林儿已在由滁州赴应天的途中，被廖永忠凿沉舟船死于瓜州江浒，朱元璋正式去龙凤年号，文书告敕均称吴元年(1367 年)。这时他拥有的地盘大体是湖北、湖南、江西、安徽、江苏、浙江的全部，河南的东南部，是中国土地最肥沃、物产最富庶的地区。从此，他准备南征、北伐和西讨。首先是南征，进军福建、广西；其次，在南征的同时，已在筹措更为重要的北伐，这是由朱元璋和刘基仔细商定的作战计划。

朱元璋尤重北伐将领的任命，以用兵持重谨慎的徐达为大将军，以冲锋陷阵、勇敢无敌的常遇春为副将军，统兵北伐，发布北伐檄文，以“驱逐胡虏，恢复中华”相号召，对北方地区的广大汉族民众起了明显而广泛的作用，檄文中又称，“蒙古、色目……有愿为臣民者，与中夏之人抚养无异”，缓和了普通的蒙古、色目民众的反抗心理，于是由朱元璋领导的反元北伐就成为具有民族革命内涵的一次战争。战争进展迅速，洪武元年(1368 年)八月即取得决定性胜利，徐达进入大都，元顺帝北走上都(内蒙古自治区多伦北)。徐达、常遇春、李文忠等移兵山西、陕西，与元朝势力扩廓帖木儿、李思齐等进行了更为激烈艰苦的战争。朱元璋在这场战争中痛失爱将常遇春。扩廓败后奔和林(今蒙古人民共和国乌兰巴托附近)，朱元璋遣将分道进攻，反为扩廓帖木儿大败而回，扩廓未死，成为悬在朱元璋心上的一件大事。此后，扩廓在北方死去，元顺帝也死去，但元朝的残余力量仍然存在，称为“北元”，总是企图卷土重来，成为明朝历史上的所谓“北虏”问题，明修长城为防“北虏”，始于朱元璋之时。

南征、北伐的同时，朱元璋在军事进攻捷报频传的欢呼声中，即皇帝位，建国号明，年号洪武，以应天为京师，立马夫人为皇后，他就是中国历史上著名的真正起自布衣的明太祖。

北方平定以后，朱元璋于洪武四年(1371 年)出兵攻四川的夏，夏主明升乞降。

了解民间疾苦

明太祖做皇帝三十一载，他的自白是："至如天子总揽万机，晚眠早起，劳心焦思，唯忧天下之难治。"他的确是在"忧危积心，日勤不怠"，努力企望自己做个好皇帝。后世专门研究他的专家吴晗，也说明太祖"用全部精力、时间，管理他所手创的朱家皇朝。全国大大小小的政务，都要亲自处理"，可谓"辛勤一生"。

明太祖曾述及他起自民间，办事时主观上"务有益于民"，又常常训导他的儿子们穿草鞋步行下乡，了解故乡的风情，知晓农民的疾苦。他还是吃忆苦饭的真正发起者，那是做了皇帝以后，常命后妃们下厨亲炊粗粝的饭食，召集子女们共餐，以砥砺自己不忘微时，并教育子女知民间疾苦，懂得祖先创业不易。由于他对农村的状况和农民的疾苦比历史上任何一个皇帝都知道得全面，领略得深刻，对农民为何起而反抗有切实的理解和同情，对农民反抗的威力最能品评，故而他做了皇帝以后，考虑巩固明朝的中心环节是安顿农民。他博采历代制度所长，其政治经济措施的许多方面都致力于农民情况的改善，兹分条叙述如下。

一是奖励垦荒，蠲免赋役。

元末战乱之后，中原草莽，人民稀少，北方近城，地多不治，山东往年大姓族居的村庄，存者甚少，全国出现了大量无主荒田。洪武元年，明太祖规定农民自己耕垦的无主荒田，即为己业。后又规定北方农户人给土地十五亩，菜地两亩，免租税三年，多垦荒地者，可以"永不起科"。应该说，永不起科是不可能的，但确实实行了一段时间，不纳田租大大地刺激了农民的垦荒积极性。

除召民垦荒外，还有由官府组织移民垦荒的，如徙苏、松、嘉、湖、杭人口密集地区的无田之民四千余户往临濠耕种。又徙江南民十四万于凤阳，迁山西民于河北，以促成劳力与土地的结合，缓解元末土地集中、耕垦者无土地的矛盾。这些措施不仅满足了不少人的土地要求，而且使不少人成为自耕农，为明朝的农业生产和农村经济的恢复，打下了基础。

明初军费浩繁，本来由于军需，取之于民的费用有增无减，然而明太祖早在即位以前，就开始注意蠲免赋税，他常常说："四民之中，莫劳于农"，又说：农民"身不离畎亩，手不释耒耜，终岁勤劳，不得休息……凡一居处服用之间，必念农之劳，取之有制，用之有节，使之不至于饥寒……若复加之横敛，则民不胜其苦矣！"说明他对农民的作用、农民的疾苦认识深刻。他又常常说：大战乱后的农民，如初生之鸟不可拔其羽，如初植之木不可摇其根，要安养生息之。在这种较为关注农民的思想指导下，他在至正二十五年（1365年）遣常遇春去攻打赣州时，就开始注意蠲免租税，下令免其地去年的秋粮。从吴元年（1367年）至洪武十三年（1380年），本是用兵征战纷纷之年，而见于《明史·太祖本纪》记载的则常常是：或水旱灾伤的蠲免，或轮番蠲免以恤民困，甚至是常常普免天下田租。直至太祖晚年，亦时有蠲免赈恤。不管怎么说，对于农民奖励耕垦、蠲免赋税，总比土地兼并、横征暴敛好。

二是编造黄册和鱼鳞图册以整顿税役。

明太祖在洪武十四年（1381年）下令全国范围内整顿户籍，编十户为甲，十甲为里，实行里甲制度，编造户籍册，册面用黄纸装订以备御览。编册的目的是整顿清理户籍，用以防范征税徭时的飞洒、诡寄的弊端。

洪武二十年（1387年）又命全国普遍清丈土地，编造记载田土占有情况的鱼鳞图册，并绘有田土状况图，意欲以鱼鳞图册为经、黄册为纬，作为定赋役的根据，杜绝产去税存的弊端，尽量使赋役的征收较为合理和有章可循。

三是注意兴修水利,以利农业生产。

前述在建明以前,明太祖已任命康茂才为营田使,专管督修水利。即位以后,更以水利为社会生产的根本。曾遣派国子生分行天下,督修水利,又命工部因全国各地地势情况,计划修建湖、堰、陂、塘。至洪武二十八年(1395年)统计,全国凡开塘堰四万余处,治理河流四千一百余处,修陂渠、堤岸五千多处。一些年久失修的古老水利工程,如陕西的洪渠堰、四川的都江堰、广西的灵渠、云南的滇池等,都得到应有的淘挖和整治,重新发挥水利灌溉的效益。前辈明史专家孟森称赞说:原来“天下旧有堰闸皆坏,河渠失修,旱潦之患动辄数千里为一灾区。明祖于天下初定,全国大举为之,建设之伟,无过于此”。

四是移徙豪强,抑制兼并势力。

明太祖对于豪强地主欺凌小民、武断乡曲,感受极深,称帝后情不自已地采取一系列抑制打击豪强的政策,如他曾籍没苏州、嘉兴、松江、湖州等地富豪的土地,又鉴于富豪多聚族而居,形成了极大的在乡势力,于是将这些富豪成批地徙离本乡,拔根而去,使之失去原有的基础;又如徙江南富民于中都(安徽凤阳),徙天下富民一万四千余户于京师(南京);又移山东、山西、江西富民于云南,尤其是徙富可敌国的江南首富沈万三于云南。这种迁徙都是强制进行的,徙在京师、中都,既充实了这些地方的经济,又便于控制;徙到云南,既有利于边地的开发,又可免去腹心地带的矛盾尖锐。

早在洪武三年(1370年),明太祖即有召见浙西富民之举,告诫他们“循分守法”,不能“凌弱吞贫”,又下令禁止富户以垦荒为名兼并土地。他还用严刑重法消灭怙恶不法的“奸顽豪富之家”,如在京师,抄杀豪民一百七十余家。一时三吴大姓,或死或徙,浙江巨室故家,多以各种罪名倾其宗党,使江、浙“富民豪族,划削殆尽”。

五是严惩官吏贪污与屠戮约束功臣。

明太祖亲见元朝吏治败坏,建明以后乃以严刑峻法整顿吏治。史载他奉法无私的典型事例特别感人。如爱将胡大海之子犯法当斩，而大海正出征在外，人们劝太祖勿诛大海子，以安大海之心。太祖说："宁可使大海叛我，不可使我法不行"，表示了他按法办事的决心，然后他亲自手刃胡大海之子以行法。再是马皇后所生的爱女安庆公主的驸马欧阳伦，数犯茶禁，走私出境，又破坏马政牟取暴利，太祖闻之，诛不逾时，还赏赐举发此案的小吏。他对贪官污吏恨之入骨，惩治用法严酷，为千古罕见。如，他明确规定：地方管理民事之官，贪赃白银六十两，即斩首示众。他以为官吏贪污之弊不革，欲成善政，不过是一句空话，对于情节严重的贪官，一经查出，剥皮实草做成标本，悬挂当地衙门的公座之旁，以为继任者的鉴戒，知有所警惕，那剥皮实草的刑场，名之为"皮场庙"。洪武二十五年（1392 年），又将处置贪官的要案编辑成《醒贪简要录》一册，加以颁布，强令官吏们阅读，实欲千方百计告诫为官不可贪。明史专家吴晗就此说："洪武一朝是历史上封建政权对贪污进行斗争最激烈的时期，杀戮贪官污吏最多的时期。"明太祖做到了随犯随杀，严加惩处，虽然没有使贪污绝迹，但严惩贪污总比任凭官吏贪欲横流贿赂公行视而不见，要好得多。

至于明太祖大兴胡惟庸、蓝玉案，以屠戮约束功臣，如果换一个角度观察，不难发现其中也有值得肯定的地方。功臣都是随同明太祖打天下的人，其中大量出身贫苦，但亦有原是富足之户，不论属前属后，他们随着明朝的建立，因军功得到土地和财物的赐予，上升成新权贵，无休止的经济贪欲，使其中许多人早年即仗势欺压小民，破坏明朝的法纪。至正二十四年（1364 年）明太祖告诫徐达、常遇春，要他们对自己的家奴加以约束，不可使家奴"恃势骄恣，逾越礼法"，家奴是受主子驱使的，问题不在家奴，徐达是性恭谨处事虑精之人，都受到这种告诫，其他功臣决不比徐达更收敛，功臣们贪欲情况可想而知！至洪武三年（1370 年），即出现功臣获罪的情况众多，罪名都是纵容童仆，倚势冒法，凌暴乡里。其实，从开始告诫徐达约束家奴起，就是在告诫功臣本人，只不过说法婉转些！鉴于功臣们恃功犯法，屡诫不止的情况日益严重，明太祖特命工部造铁榜，铸上申诫条令，逐项规定处罚、处刑的法律，严重的还要处斩。然而立榜之后，凉国公蓝玉仍蓄假子、庄奴数千，强占东昌民田，百姓告状，御史审问，蓝玉以乱棍驱走，又私买云南盐引破坏盐法。营国公郭英恃功恃亲私养恶奴，擅杀无辜。江夏侯周德兴恃是太祖故人，营宅逾制，穷极奢华。德庆侯廖永忠器用僭用龙凤。永嘉侯朱亮祖在岭南尤贪婪残暴，横行不法。颍国公傅友德食禄三千石，其他赏赐亦厚，仍不断乞请怀远田千亩……总之，铁榜条文抑止不了公侯的漫无止境的贪欲，为了稳定局面，明太祖不得不加大对新权贵打击的力度，这也是胡惟庸、蓝玉案产生并牵延蔓衍的原因之一，也就是皇家和功臣权、利分配的再规范，屠戮约束功臣很严酷，但并未滥及平民。

六是实行军屯、商屯，减轻民间军费负担。

明太祖在刘基的协助下实行军卫法，按十人为小旗，五十人为总旗，一百零二人为百户所，一千一百二十人为千户所，五千六百人为卫，根据地势的要害或驻千、百户所，连郡则设卫，遍布全国。卫、所士兵另有户籍，世袭不改。又规定天下卫所兵员都要屯垦，大抵内地八分屯种，二分戍守，边疆三七开，最要紧处屯守各半。每卫所都设管屯军官，一军受田五十亩为一分，给耕牛农具，垦荒不征，垦熟后亩征一斗称为屯田籽粒，用为军粮。军屯遍及全国，共八十九万顷，相当全国垦田数十分之一强。这是采用古代寓兵于农的遗制，既不弃地利，又利用人力，使朝廷的养兵费用减少，人民的军费负担减轻。

在屯垦条件太差的边疆，创开中之法，即招商人运粮至边境，由官府付给专卖的盐引，商人凭引至盐产地兑盐，进行自由买卖获利，后来商人见边境荒地多，于是雇人到边地屯种，就近交粮以换盐引，省去运费使盐利更厚，这就是商屯。

七是其他利民的经济和社会措施。

奖励种植经济作物，主要是与衣着相关的桑、棉、麻及荒年可以充饥的柿、枣、栗等。建明以前曾下令规定：有田五至十亩的应种桑、棉、麻各半亩，不种桑的出绢一匹，不种棉、麻出布一匹，以示惩处。又规定地方官不督种的惩处。建明以后，更是三令五申种植经济作物，具体规定：这是地方官考绩的主要内容；凡按以上规定种植的免赋；违令不种的全家充军；缺种子的官府供应；不懂种植方法的由户部组织传授。

为劝课农桑，规定每村设鼓一面，农时命有德老人击鼓劝农，五更擂鼓，众人闻鼓声下田耕作，老人按册点名，切实督耕不许游惰，每月老人还应六次手持木铎(铃)，在本村游行宣讲劝农务本的道理。

为劝农，洪武元年下诏不得征田器税，还买牛以济缺耕畜的地方。又组织乡村的居民为“社”，规定遇农忙时或农民有疾病，同社的人必须共同助病者耕耘，使土地不至荒芜，疾病者可免饥馑。又告诫各官府使用民力在农闲，农忙时不可有工役兴作。

在灾荒之年除注意蠲免外，又规定赈济和贷给灾民米、布、钞。后又在地方设预备仓贮粮米以济荒歉，避免农户流离失所。设惠民药局给农户医药，设养济院收留孤贫。

放还奴婢为民，改善劳动者的地位。元代蒙古贵族带进了蓄养奴隶的制度，使社会上实际存在数量很大的奴隶，其中许多在反元斗争中挣脱了奴隶锁链。至此明太祖下诏，令昔日为奴的都放还为民，又申明庶民之家不许蓄奴，此规定以法律形式载入《大明律令》，故而明初奴隶数目大为减少，出现了大量自耕农。

又规定限制僧、道数量，不准寺、观势力膨胀以免蠹财耗民，保证大量人手投入生产。

明太祖采取的七项政治经济措施都是有利于社会生产恢复和发展的进步措施，由于这些措施才能产生“急速发展的前明经济”，才有可能罗列和排比洪武年间垦田数字的逐年直线上升和税粮收入的不断增加、人口数目的不断增殖、许多府县的升格这社会繁荣的四大表现，也才有此后不久在中国封建经济高度发展的基础上所产生的资本主义萌芽！人们几乎公认明太祖是个对社会生产的发展、社会的前进起了推动作用的值得肯定的历史人物。

然而他也留下了不少的矛盾和困惑。

那就是业主的本能在明太祖身上恶性膨胀，使其所作所为充满了矛盾，其中最根本的在于他把肥田沃土理所当然地留给自己的天潢贵胄、凤子龙孙，并继续赐给他的文武功臣。他诛戮了不少新权贵，但维护着产生新权贵的制度；他教育子女不忘祖辈的农家苦，但又实际上引导他们去做骑在农家头上的“吸血鬼”！

他崇尚节俭、爱惜人才物力，提倡吃忆苦饭，但与之完全不能调和的，是他又重新把奴隶时代罪恶的人殉制度从历史的垃圾堆中捡起来，甚至要求死后要用妃嫔生殉，南京明孝陵中生殉妃嫔就有四十余位。她们赔上一条命，娘家就取得“太祖朝天女户”的资格，可领到一些特殊的赋税减免，父兄善于钻营的还可得个一官半职。十三陵中的明成祖长陵有十六位生殉妃嫔，明仁宗的献陵生殉从葬七位妃嫔，均有名有姓载在《明会典》中。这项生殉的做法经过成祖、仁宗、宣宗、景帝，一直到英宗的时代才废除。

帝系如此，旁系的亲王、郡王逝世也要人殉，明太祖不得不说是复活万恶人殉制度的始作俑者。这在他一生的作为中虽不是主要的，但笔者不能不对此缄口不提，因为这亦是他一生中应重重抨击的污点。

于　玲　文

开创大清　进图天下——清太宗皇太极

盛夏的一天，漫无边际的蒙古大草原骄阳似火。一支大军正冒着酷热围猎。黄羊遍野，将士们个个跃马弯弓，竞相射杀黄羊。大军的统帅仪表堂堂，身材魁梧勇猛异常，只见他拉开强弓，"嗖"一声射出一箭。箭出羊倒，一发即中。侍从们欢呼着跑过去取射中的黄羊。到跟前一看，他们不禁目瞪口呆：这一箭竟然贯穿两只黄羊！统帅颔首微笑，似乎对自己的这一箭感到满意。

这位射艺精湛的统帅就是历史上著名的清朝开国皇帝——清太宗皇太极，当时他还只是后金国的天聪汗。

智勇双全嗣登大位

公元1592年11月28日，皇太极出生于费阿拉城(今辽宁省新宾县永陵乡)。他是努尔哈赤的第八个儿子，母亲叶赫纳喇氏当时备受努尔哈赤的宠爱。子以母贵，更何况皇太极天资聪睿，从小就懂得很多道理，因而极受努尔哈赤的疼爱，七岁时，父亲就授权他主持一切家政。当时的努尔哈赤家族可谓庞大复杂，可小小年纪的皇太极事无巨细，竟能将如此一个繁杂纷乱的大家庭管理得有条不紊、秩序井然，俨然一个办事干练的成熟的政治家，深得努尔哈赤的赞赏。

皇太极降生的时候，东北正发生大乱，群雄并起，战争频繁。1583年，努尔哈赤即以十三副铠甲起兵，经过十年的艰苦奋斗，统一了建州女真各部。接着，努尔哈赤马不停蹄乘胜前进，不断扩大成功之果。皇太极正是诞生在父亲统一大业蒸蒸日上的时候。为了把皇太极培养成自己的一位得力干将，努尔哈赤对他要求非常严格，从小时候起就带着他出外打猎，教他骑马射箭和行军作战。在父亲的言传身教之下，皇太极学会了一身好武艺，擅长骑射、步射，每射必中，从无虚发。长期的军事斗争实践更给他造就了一副健壮的体魄、刚毅的性格和顽强的意志。在东北，每到冬季气候奇寒无比，官兵出行个个冻得发抖，而皇太极与平常一样衣着单薄，戴着小窄帽，手不入袖，令部属敬佩不已。1632年，皇太极率军远征察哈尔林丹汗，途中缺粮，就靠打猎捕食兽肉充饥。皇太极亲率大军围猎，一人就射杀黄羊达五十八只之多，足见其力气之大，射艺之精。

不仅如此，皇太极还通晓文墨。据朝鲜史书记载，在努尔哈赤诸子和众将中，只有皇太极识字。他爱好读书，博览群史，熟悉许多历史典故，而且善于思考，富于谋略，是一个能文能武的难得人才。

青年时代的皇太极跟随努尔哈赤驰骋疆场，饱经战争的磨炼，逐步显示出杰出的军事才能和非凡的聪明才智，在其父统一女真、征讨明朝的战争中屡立战功，到他即汗位前就已经崭露头角，威望显赫。

1612 年，皇太极跟随父亲参加讨伐乌拉布占泰的战斗。此战是他第一次参加的大规模行军作战。1618 年，努尔哈赤下定决心征明，但对如何入边还未考虑成熟。这时皇太极献计，趁抚顺游击李永芳大开马市之际，派人扮作马商潜入城中，然后率军攻打抚顺城，内外夹击，必得抚顺，从而打开入边的一个缺口。努尔哈赤欣然赞同，依计而行，果然成功。

抚顺城破，明朝举国震动，赶忙调兵遣将，号称四十七万人的明军铺天盖地般向后金国压来，关系后金存亡的萨尔浒战役发生了。是战，明军兵分四路直扑后金都城赫图阿拉，采取的是分兵合击的战术；皇太极和父兄一起针锋相对，采取合兵分击的战术，集中优势兵力，各个击破。皇太极自始至终参加了萨尔浒战役。他率领精锐骑兵，转战三路，依靠骑兵野战的优势，一马当先，突入明军，先将其冲散，然后进行追杀，骁勇异常。明军闻风丧胆，后金兵锋所指斩敌无数。

皇太极不但十分勇武，而且多次施以计谋，诱敌上钩，尔后置敌于死地。如在攻击明刘铤军时，皇太极派一个投降的明兵拿着另外一路明军的统帅杜松的令箭到刘铤营前，故意激怒刘铤。刘铤有勇无谋，一上火更是昏了头脑，他怕杜松抢头功，急忙率军加速前进。皇太极摸准了刘铤的为人，他事先率领一支骑兵拿着杜松的旗帜，在前方守候。待毫无防备的刘铤军走到近前，八旗兵如排山倒海之势突入其军，于混乱之际一举将其歼灭。刘铤亦力战身亡。

萨尔浒一战后金大获全胜，皇太极立下了汗马功劳。随后，努尔哈赤同明朝在辽沈地区展开了激烈的争夺，先后攻下了开原、铁岭、沈阳、辽阳。皇太极是辽沈之战的先锋，英勇善战，所部骑兵骁武凶悍，疾如闪电，攻击力强，每战总令明军胆战心寒。

后金军夺取沈阳后，明朝援军急赴沈阳，在浑河南岸与后金军相遇。当时后金军将领雅松看到明军数量庞大，潮水般向自己涌来，吓得转马就跑。明军随后放鸟枪紧追。皇太极闻讯，立刻上马，率领所部精骑驰援。穷追不舍的明兵被突入其间的八旗铁骑冲得七零八落、东逃西散。皇太极身先士卒，冒着枪林箭雨，勇往直前，直追杀明军四十里外。皇太极浑河野战奇迹般的胜利，赢得了父兄的备加赏识和将士们的由衷敬仰。事后努尔哈赤说："我儿皇太极，父兄依赖他就像人的身体要依赖眼睛一样。"

辽沈之战使后金从明朝手里夺取了富庶的辽河以东的全部地区。不久，后金迁都辽阳，后又迁都沈阳。但是，后金并不满足于已有成果。辽沈战役之后，后金旌旗西向。皇太极和父兄一道继续前进，征叶赫建奇功，驰援科尔沁，鏖战广宁城，纵横辽西大地，节节胜利。直至宁远受阻，努尔哈赤大怀忿恨之情而归。

1626 年，努尔哈赤去世。他生前没有确定自己的继承人，于是在诸兄弟子侄的拥戴下，皇太极登上了汗位宝座。

1626 年 10 月 20 日，皇太极即位，改明年为天聪元年。后金进入了一个新的发展阶段。

锐意图强革旧布新

尽管经过父亲几十年的艰难创业，后金国已初具规模，为皇太极提供了广阔的发展前景，但是皇太极即位之初面临的形势十分严峻，并不令人乐观。

第一，民族矛盾尖锐。占辽沈地区绝大多数的汉族人民受到满洲贵族残酷的压榨和奴役，尤其是努尔哈赤晚年奉行对汉人的屠杀政策，民族矛盾迅速激化。各个阶层的汉人到处反抗，投毒、暗杀乃至武装暴动蜂起。后金政权随时都可能在汉人的反对声中轰然崩塌。

第二，经济萧条。战争的蹂躏、屠杀政策的恐怖、奴隶制生产关系的落后，都使富庶的辽沈地区人丁大批死亡或逃离，田园荒废，农业生产一塌糊涂；接踵而来的自然灾难如雪上加霜，社会经济千疮百孔，濒临崩溃的边缘。皇太极即位才半年就遇上了大饥荒，粮食奇缺，物价飞涨，甚至出现了人吃人的惨象。

第三，后金国东有朝鲜、西有蒙古、南有明朝，三大强邻虎视眈眈。特别是明朝必欲先灭之而后快。后金处于三面环敌的不利的境地。

皇太极即位后，毅然实行改革，首要的一条是采取正确的对待汉人的政策。他认识到暴力解决不了问题，就采取了安抚、笼络、收买汉人的手段。皇太极上谕强调安民乃治国之本，而安民则首重在安抚汉民。皇太极宣布汉人和满人一律平等，对待汉人不得存有任何民族偏见。针对汉人大量逃亡，皇太极规定从前汉宫汉民有打算潜逃，或与明朝勾结者，虽经告发也一概不论，只是日后不得重犯。皇太极颁布许多法令，多方面改善汉人的政治、经济状况，提高他们的社会地位。天聪初年，他派人丈量土地，把各地空余的耕地归公，划给汉人耕种。又把原来每十三名男丁编为一庄，改为每八名男丁编为一庄，其余汉人分屯别居，编为民户，选择清正的汉官管辖。并多次下令解放部分奴婢。经过皇太极和一些大臣的努力，汉人的基本利益得到了一定程度的保护，民族矛盾有所缓和。

对于汉族上层人物，皇太极十分重视，采取了异于努尔哈赤的政策。努尔哈赤晚年不重视汉官，满洲贵族歧视汉官，甚至努尔哈赤曾下令凡读书识字的绅士秀才统统杀掉。这激起了汉官的强烈不满，有的身在后金心在明，有的还秘密与明朝勾勾搭搭。皇太极即位后认识到了汉官对后金政权巩固、发展的重大作用，坚持优礼汉官，争取他们对后金政权的支持与合作。对待范文程就是一个明显的例子。

范文程是宋代范仲淹的后裔，满腹经纶，足智多谋，努尔哈赤时期就已归顺后金，但一直得不到重用。皇太极即位后，把范文程安置到自己身边，参与军国大计，每逢议事必先与范文程商量。凡范文程起草的文件、奏疏，皇太极充分相信，多次不看即批准，并说范先生是不会有错的。一次，皇太极请范文程吃饭。饭菜极为丰盛，摆的是异域珍味。范文程是个大孝子，他想到自己的父亲还不曾享用过如此佳肴，因而迟迟不肯下筷。皇太极看出了范文程的心思，当即将这桌珍味撤下来，派人骑马送到范家，赐给范文程的父亲。范文程感动得泪如泉涌，发誓要竭尽犬马之劳为皇太极效命。

对于明军的降将，皇太极更是优厚有加，一律收留，并提供衣、食、奴仆、马匹，配给妻室。对于明军高级将领，皇太极视若至宝，待遇之厚、礼遇之优令人惊叹。

明将祖大寿在1631年守大凌河城时即已投降后金，但是，当他被释放去锦州策反后，却一去不归，又当上了明将，与清军为敌，直至1641年锦州被围粮尽援绝，才再度投降。皇太极等了他足足十年，但仍没有多加责怪。皇太极说："朕见人有过错，就明说；从不计较别人对朕的旧恶。"皇太极不计旧恶，宽宏大度，令祖大寿及其部将感慨万分，心悦诚服。

松山战役后，清军生擒明主将洪承畴。劝其降，洪承畴一口回绝，且大骂不止。皇太极毫不动怒，又命范文程劝降。洪承畴仍骂不绝口。但是，当房梁上有积尘落在襟袖上时，洪承畴几次轻轻拂去。范文程把这个细节告诉了皇太极，说洪承畴如此爱惜衣服，更何况生命呢！于是皇太极亲自去看望洪承畴，脱下自己身上的貂裘给他穿上，并轻声说道："先生不会感到冷吧？"洪承畴惊诧地望着皇太极，好半天才长叹一声，说："真命世之主也。"这才叩头请降。

皇太极即位后，所用心着力之处还在逐步推行政治改革，抑制满洲权贵的权力，维护和巩固自己的统治。在努尔哈赤统治时期，后金还未形成一套系统的行政机构，仅以八旗军制行使国家职能，以八旗旗主共议国政，凡军国大事由集体裁决，尤其是四大贝勒按月轮流执掌政务，权力极大。显然，这与日益发展的君主专制是相悖的。皇太极当然不能容忍这种权力严重分散的状况，于是决定采用汉法，实行政治改革，集中汗权。在此一过程中，汉官极力辅佐皇太极，发挥了重要的作用。

针对八旗旗主共议国政、权力过大的局面，皇太极在每旗各设一名总管大臣，参与国政，与诸贝勒并坐共议；此外，每旗还各设两名佐管大臣，协助管理本旗事务。这八大臣、十六大臣都由皇太极亲自任免，对皇太极负责，从而分割了八旗旗主的权力，打破了旗主对旗务的垄断，将部分权力收归汗。

皇太极十分重视学习汉族的政治经验，参照《大明会典》，仿效明朝制度，设置国家各级机构。1629 年，皇太极设文馆，作为改革的咨询机关。1636 年，改文馆为内三院，即内国史院、内秘书院、内弘文院，内三院设大学士、学士若干人，选用亲信充任。大学士权力很大，直接参与机要，实已取代八旗旗主共议国政的体制。继设文馆后，皇太极又仿明制，于 1631 年设吏、户、礼、兵、刑、工六部，每部以一名贝勒总理部务，其下设承政若干。六部虽由贝勒分掌，但他们必须对汗负责，他们与皇太极之间已由原先的并列关系转为封建的君臣隶属关系。不久。皇太极下令停止贝勒总理六部的权力，将贝勒置于国家机构之外，从而直接控制六部，达到独立主持政务的目的。1636年，皇太极又设都察院，监督诸贝勒大臣的行动，随时向皇太极汇报。1638年，设理藩院，负责管理蒙古事务，以后成为清朝统治少数民族的机构。

内三院、六部和都察院、理藩院合称三院八衙门，这是皇太极仿明制建立的一整套比较完善的国家机构，它们逐步取代了原八旗旗主所行使的权力，加强了君权。

皇太极尤为关注的是抑制三大贝勒代善、阿敏、莽古尔泰的权力。皇太极能够继承汗位，是与诸兄弟子侄的拥戴分不开的，特别是三大贝勒拥戴最为有力，因此，皇太极即位后，对三大贝勒极为礼遇，继续推行四大贝勒（另一人是皇太极）按月轮流执政的制度，上朝时与三大贝勒居南面共坐，俨然四个汗。在实力分配上，三大贝勒掌握着八旗中的四旗，远远超过皇太极掌握的两旗。三大贝勒的强大势力严重危及到皇太极的统治。皇太极开始采取有力措施，狠狠打击三大贝勒势力。1629年，皇太极以担心三大贝勒操劳过度为由，削去他们按月轮流执政的权力。三大贝勒毫无理由拒绝皇太极这种“善意的关怀”，不得不称“善”。

接下来，皇太极就向非努尔哈赤亲子的阿敏开刀。阿敏早在拥立皇太极的时候，就曾要挟皇太极同意让他出居外藩，自成一独立王国。皇太极回绝了这一无理要求，对阿敏的厌恶剧增。1627年，后金第一次侵入朝鲜时，阿敏竟企图占据朝鲜，成为朝鲜实际上的统治者，结果阴谋破产。皇太极因即位伊始，不好发作，但愈益感到有除掉阿敏的必要。1629年，皇太极伐明，先后攻克永平、遵化、滦州、迁安四城，派阿敏驻守。阿敏竟然坐受其他贝勒跪拜，俨如国君。后来明军围攻四城，阿敏惊慌失措，竟然下令屠城，然后仓惶逃离。皇太极大怒，一气公布了阿敏十六条罪状，将其幽禁起来。不久，阿敏病死。

除掉阿敏后，皇太极把刀口转向莽古尔泰。1631 年，皇太极率大军围攻大凌河城。莽古尔泰因差遣人事问题与皇太极发生口角，竟然拔出佩刀五寸许，连连注视、抚摸，可见他不把皇太极放在心上。事后，莽古尔泰以酒后失态，叩头请罪。皇太极余怒未息，更不会放过这次打击莽古尔泰的机会，乘机治罪于他，把他贬为一般贝勒。第二年，莽古尔泰暴死。

至此，三大贝勒只剩下大贝勒代善这股势力。代善在拥立皇太极即位上功劳最大，战功十分卓著，处事也比较稳重、谨慎，还主动放弃了与皇太极居南面并坐的地位，使皇太极南面独尊。但是，皇太极仍不打算放过他，几次严厉批评代善。1635 年，代善设宴款待与皇太极关系不好的哈达公主，引起皇太极的强烈不满。皇太极于是当着群臣面历数代善的过失，大发雷霆，并声称另外推举一人为汗，然后怒气冲冲回宫，杜门不出。诸贝勒大臣个个惶恐不安，他们一齐到朝门前跪请皇太极出朝听政，保证大小事全由汗一人裁决。代善也受到了严重的处罚。经过这次打击，代善一蹶不振，势力一落千丈。

随着威胁汗权的三大贝勒势力的消除，皇太极独立控制了八旗中的三旗，其他旗主再无力同他抗衡，至此皇太极的地位才得到真正的巩固。

宏图远略创建大清

皇太极不迷信军事征讨，更注意从政治上、策略上解决问题。他清醒而深刻地看到了局势的严重性和军事环境的危险所在，从而制定了和谈与自固相结合，伴以军事打击的战略方针。为此，皇太极首先向明朝高举和谈的旗帜。当时明朝辽东主将袁崇焕也急需时间来整顿边防，修城筑池，因而需要同后金达成某种妥协。于是，在皇太极送出和平的橄榄枝时，袁崇焕应手接过，双方一拍即合，开始了漫长而毫无诚意的和谈。为麻痹明朝，皇太极多次给袁崇焕去信，提出媾和条件。1629 年，皇太极在信中甚至不书天聪年号，只写己巳年，表示尊奉明朝正朔。他还要求朝鲜出面，从中穿针插线，并且几次向明廷上书，向明称臣。

在当时，“和”是有利于后金，不利于明朝的。明朝上下一致反对议和，怕重蹈宋金议和的覆辙。袁崇焕也不敢把皇太极的信件转交崇祯帝。议和毫无诚意，其背后则是紧张的军备活动和武力对峙。皇太极更借和谈之机，发动了对朝鲜的侵略。

朝鲜位于辽宁省的东南面，历来和中国十分友好。明朝建立后，中朝关系得到了进一步的发展，特别是 1592 年，中朝联合作战，击退了日本对朝鲜的侵略。从此，朝鲜更加亲近明朝。满族勃兴后，同明朝处于敌对状态，夹在其间的朝鲜成了双方争取的对象。明朝意在联络朝鲜，夹击后金；后金则企图割断朝鲜与明朝的关系，使之臣服于己，以除征明的后顾之忧。于是，后金千方百计拉拢朝鲜，企图离间朝鲜与明朝的关系。但是，朝鲜并不买账，依旧同明朝合作。萨尔浒之战时，朝鲜还曾派兵一万助明。之后，朝鲜允许明军驻扎在其领土上，威胁、牵制后金。朝鲜成了明朝插进后金喉咙里的一根尖骨，皇太极必欲先拔之而后快。

1627年，即皇太极即位的第二年，皇太极乘朝鲜内乱，派阿敏等人率领三万八旗军入侵朝鲜，目的在于惩罚朝鲜，切断朝鲜与明朝的联系，并伺机歼灭驻扎在朝鲜皮岛的毛文龙部明军。大军侵朝，沈阳城兵力单薄，为防明军乘虚攻击，皇太极率军沿辽河扎营，虚张声势，果使明军不敢轻举妄动。

后金军不宣而战，突袭朝鲜。朝鲜毫无防备，仓促应战，节节败退。后金军势如破竹，不到半个月就占领了大半个朝鲜。朝鲜国王李倧避居江华岛，被迫求和。由于当时后金与明朝关系紧张，皇太极决定允和。于是，朝鲜与后金订立盟约，结为兄弟之邦。皇太极用武力压服了朝鲜。

其实，朝鲜并没有真正屈服，坚持明为君、金为兄的外交原则，仍然允许明军驻扎，并给予资助，也未按盟约规定数额向后金纳贡。1636年，皇太极称帝。朝鲜却拒不承认皇太极的皇帝名号。皇太极遂决定第二次入侵朝鲜，亲率十万大军再度跨过了鸭绿江。朝鲜虽有所戒备，但根本不是清军的对手，很快国土大批沦丧。第二年，清军围攻朝鲜京城，朝鲜国王李倧四处逃窜，后不得不投降。两国签订城下之盟，建立君臣关系，朝鲜断绝同明朝的一切联系。

1627年，还是在后金第一次侵略朝鲜的战争刚刚结束，皇太极听闻明军在加紧修筑锦州、大凌河、小凌河诸城，就立刻挥师西向，亲率大军直扑宁远、锦州。一路上，后金军扫除了明军正在修筑的几座城池。不多久就兵临锦州城下。

皇太极此次进攻宁、锦，期在必克，以张国威，并且报努尔哈赤兵败宁远之仇。怎奈锦州城十分坚固，守将赵率教拒不出战，以大炮、箭石拼死守城，后金军严重失利。鉴于此，皇太极率军转而攻打宁远。宁远主将正是去年挫败努尔哈赤兵犯宁远的袁崇焕，他依靠城墙坚固，放射红衣大炮，后金军一片片地倒下。皇太极不甘心再败于袁崇焕手下，亲率侍卫及诸贝勒冲击，结果还是兵败如山倒。这场战斗直打至第二天，后金蒙受重大的损失。皇太极与其父一样，大怀忿恨之情，不得不恨恨而归。此役就是后来明人大肆宣扬的“宁锦大捷”。

后金两次兵败宁远，重要的原因是袁崇焕的一套坚城加大炮的战术，使八旗兵丧失野战的优势。皇太极回到沈阳，认真反思，吸取失利的教训，及时调整战术。针对明军的坚城大炮，他决定依靠八旗骑兵的快速突击，绕过坚固的军事据地进行长距离的破袭战，出人意外地出现在明朝中心地区，大肆破坏、骚扰、掠夺，动摇人心。如果非夺取城池不可，就不能像以前一样采取强攻，而要转为长时期的围困，把主要兵力用于打击援兵，从而使被围城池粮尽援绝，不得不投降或内应献城。皇太极后来与明朝的一系列战争基本上以这两种战术为指导思想，十分奏效。

从宁、锦前线回到沈阳后，有人向皇太极报告明军毛文龙部多次骚扰后金。皇太极闻讯，深知自己碰到了两个劲敌——袁崇焕和毛文龙。

袁崇焕是位很有谋略和胆识的明将，对付后金颇有方法，先后两次挫败后金对宁远的进攻，从而挽回了明朝在辽西的危局，从而被明朝统治集团视为顶梁柱。毛文龙是明朝驻辽东的一员武将，后逃至朝鲜皮岛，募得精兵数万，其中包括近百名敢死之士。毛文龙部驻于朝鲜皮岛，从后方牵制后金，多次骚扰、袭击后金军民。后金军因不习海战，对其无可奈何。此二人一个在前，一个在后，在战场上又都难以击杀，看来得用妙计方可解决问题。

皇太极曾几次诱降毛文龙，尽管遭到拒绝，皇太极仍多方活动。宁锦之战后，皇太极加紧对毛的诱降，去信频繁，给袁崇焕造成毛极有可能降金的假象。另外，袁崇焕为争取时间整修边防，急欲和谈。皇太极乘机提出为防止毛文龙破坏，先杀之；还允诺毛文龙一死，议和必成。袁崇焕相信了，乃借出巡之机捕杀毛文龙。毛文龙一死，其部顿散，不少将领如孔有德、尚可喜降金。坚持多年的一个抗金根据地不复存在了。

毛文龙死后，后金少了后顾之忧。皇太极决定来个调虎离山之计，把袁崇焕引入北京，借明廷之手杀之。皇太极于1629年亲率十万八旗精骑绕过了坚固的宁锦防线，绕道内蒙古，从喜峰口突入塞内。明朝军民一觉醒来，猛地发现后金军如天兵天将般突然降落在家门口，不禁惊慌失措。后金军长驱直入，连下数城，兵锋直指北京城。明朝上下乱作一团，崇祯帝急调袁崇焕。

袁崇焕自宁远驰援京师。他昼夜兼程，竟然抢到皇太极的前面。皇太极对袁军的神速惊叹不已，但他胸有成竹，早有打算。此后的几天里，皇太极率军避开袁崇焕，在京师四周骚扰。袁崇焕尾追不舍，但他深知后金骑兵的厉害，没有与之激战，而是等待机会，出奇兵攻击后金军。

但是，皇太极不会等，崇祯帝也等不及了。皇太极命人放出风声，扬言袁崇焕早与皇太极有密约，此次行动是袁崇焕引后金军入关以夺取大明天下。崇祯帝将信将疑。几天后，皇太极在德胜门外与明援军展开激战。袁崇焕屯兵广渠门，皇太极命人率军攻打广渠门，未战多久竟自动撤兵，转攻其他地方。崇祯帝疑虑加深了。

这时，后金军俘获明朝两个太监。皇太极欣喜，忙授意看守太监的将士故意在太监身边耳语，说袁崇焕早降皇太极，此次撤兵是汗的计策等等，为一杨姓太监听到。第二天，皇太极特意放跑杨太监。杨太监回到北京，将所听以重大军情报告给了崇祯帝。早已动疑的崇祯帝信之，立杀袁崇焕。皇太极闻讯，惊喜若狂，下令军队围攻北京城，击杀明骁将满桂。尔后连下永平、遵化、滦州、迁安四城，留兵驻守，自己率军回归沈阳。

此后，皇太极又先后于1634年、1636年、1638年、1642年四次派出大军在山海关以外的薄弱关口破关而入，大肆破坏，饱掠一通，“残毁”明境，削弱明朝实力。明朝人人惊恐，明军更是闻风丧胆，不敢与八旗兵交锋。

经过这些军事打击，明朝元气大伤，一时难以恢复。皇太极乘隙把目光转向了西邻蒙古，加紧了解决蒙古问题的步骤。

明朝末期，蒙古分为漠南、漠北和漠西三部，各部均处于分裂状态。察哈尔是漠南蒙古的一部，其首领林丹汗兵强马壮，自称蒙古大汗，势力一度非常强大。明朝为了抵御崛起的后金，支持、资助林丹汗，鼓动林丹汗同后金抗衡。林丹汗傲慢骄横，不把后金放在眼里。皇太极即位后，已经意识到林丹汗是后金在蒙古方向的障碍，早就积极准备征服察哈尔部。

皇太极利用林丹汗暴虐异常、四处侵扰而引起周围部落的不满，以丰厚的恩惠为诱饵，吹出合作共同抗击林丹汗之风，得到了许多部落的响应。饱经察哈尔部侵凌的蒙古各部纷纷转头东向，倒向皇太极的怀抱。皇太极先后招抚了科尔沁、翁牛特等多部，建立起以自己为盟主、针对林丹汗的军事政治同盟。随后，皇太极开始用武力征服察哈尔。

1628 年，皇太极曾率精骑突袭林丹汗，大挫其锐气。1632 年，皇太极率大军远征察哈尔，直捣林丹汗巢穴。大军万里疾驰，纵横于茫茫的蒙古大草原。林丹汗如惊弓之鸟，仓惶西逃。皇太极穷追不舍，直赶四十余日，才班师回朝。林丹汗逃至青海大草滩，病死。察哈尔部分崩离析，自此不振。皇太极闻讯，及时把对蒙古政策从征讨变为招抚，于 1635 年派多尔衮、岳托率一万大军前往招抚林丹汗余部，收降了林丹汗正妃及儿子额哲。察哈尔部灭亡。

察哈尔部灭亡后，漠南蒙古各部纷纷归附后金，尊奉皇太极为可汗。漠南蒙古统一了。其后几年，皇太极又统一了漠北蒙古。

在征服察哈尔的过程中，皇太极获得了一个意外的宝物，就是元朝传国玉玺。这在皇太极看来，“天命”归金，是上天允许他做天下命世之君。满、汉、蒙各大臣纷纷上表祝贺，并祈愿皇太极称帝。皇太极“推辞再三”，方装出顺天应人的样子，即皇帝宝座。

公元 1636 年 5 月 14 日，皇太极在沈阳称帝，受“宽温仁圣皇帝”的尊号，改元崇德，定国号为大清。皇太极是清朝名副其实的开国皇帝。

决战松锦壮志未酬

皇太极称帝后，清朝的内外形势发生了重大的变化。内部社会稳定，经济发展，政权日臻完善；外部由于统一了蒙古，征服了朝鲜，已无后顾之忧，剩下的敌人就只有明朝了。到了这个时候，皇太极终于可以全力对付明朝了。

锦州是明朝设置在辽西的一大军事重镇，扼守着山海关，战略地位十分重要。锦州城之外，有松山、杏山、塔山三城环卫，更远处有重镇宁远，为锦州的坚强后盾。在皇太极看来，欲占北京、得中原，首先就得攻下山海关；欲下山海关，首先又必须攻取锦州地区。这是十分正确的。因为对偏隅东北的清朝而言，山海关是北京的屏障，锦州又是山海关的门户。以前，皇太极曾数次入关侵扰，却不敢长期驻留内地，除了清军所到之处人民群众纷纷反抗外，重要原因就是明军拥有山海关，仍然控制着宁锦防线，随时都可能切断清军的后路。在明、清决战迫在眉睫之时，宁、锦一带气氛格外紧张。

终于，一场规模巨大，关系明、清存亡的战略性大决战在松（山）锦（州）拉开了序幕。

1640年，皇太极命济尔哈朗、多铎率军修筑义州城，驻军屯田，出动轻骑骚扰，逼迫明军不能在山海关外宁、锦地方耕种。随之，清军由远而近，逐步向锦州逼近。不久，清军兵临锦州城下，从而正式拉响了松锦决战的号炮。

当时的锦州主将是十年前就已经投降后金的祖大寿，但此时他仍在为明朝效力，奋力抗击清军。祖大寿原是袁崇焕的部将，他沿用袁崇焕的坚城加大炮的战术，凭借锦州城的坚固，用大炮猛烈轰击清军，以守为主，不肯轻易出城迎战。清军在坚城大炮面前再度一筹莫展，几次强攻都严重失利，损失惨重。皇太极命令清军坚持长久的围困战术，抢收锦州周围的粮食，并沿锦州四周各立八营，挖一条深深的长壕，如铁桶般将锦州严密地封锁包围起来。1641年，锦州城的蒙古兵叛变，配合清军攻占了锦州外城。皇太极也调来多门红衣大炮，向锦州城猛轰。锦州城危在旦夕。

祖大寿向明廷告急。明朝深知锦州安危关系重大，急忙派洪承畴率领近二十万明军驰援锦州。洪承畴久经战阵，很有军事经验，他吸取了萨尔浒战役中明军分兵合击而全军覆没的教训，集中兵力，采取稳打稳扎的战术，步步为营，以守为战，逐步推进。清军在此套战术下面十分被动，再度严重受挫，损失惨重，主将多尔衮几乎为明军炮火击毙。

告急书飞赴沈阳。皇太极深知问题的严重性，亲率大军直奔锦州前线。昼夜兼程，行军过急，引起他鼻血不止，但仍马不停蹄。六天之后，皇太极到达松山附近的戚家堡，立即召集诸将研究敌情，商讨破敌之策。

恰在此时，明军战术又发生了变化。崇祯帝在一些大臣的起哄下，下密诏命令洪承畴速战速决，兵部尚书陈新甲更是一再督促迅速进军。洪承畴知道与清军对阵不可急躁，深忌速战，但在朝廷的一而再再而三的催促下，不得不把粮草囤在杏山与塔山之间的笔架山上，自己率军开路迅猛前进，至松山环形布阵，与清军对峙。皇太极闻听，大喜，忙命精兵猛攻笔架山，击败塔山护粮明军，尽夺明军粮草。粮草一失，明军顿时军心大乱，形势急转直下。洪承畴乃决定突围，把军队撤往松山。谁知皇太极早料此着，派重兵设伏。明军半途遭清军拦截，阵容大乱，兵将急相逃窜，最终全军覆没。

至此，明援军还剩下洪承畴残兵败将一万余人，困守于松山城。皇太极率军紧紧包围松山城，亦沿城四周挖深壕困之。1642年，明军副将夏承德降清，引清军入城，活捉洪承畴。明朝救援锦州的二十万大军就这样覆灭了。

被围困达两年之久的锦州早已筋疲力尽、粮尽援绝，闻听松山失陷，待援无望，明军军心立即瓦解。祖大寿不得不再次献城投降。继锦州落入清军手中，塔山、杏山亦相继为清军攻克。这样，关外四城全部落入清军手中，清朝取得了松锦决战的完全胜利。

松锦决战明军遭受与金（清）对战以来最惨重的失败，精兵损失殆尽，锦州地区尽数落入清朝掌握之中，山海关毫无屏蔽，完全暴露在清军面前。清军铁骑入关、夺取明朝天下，已为期不远了。

皇太极信心十足，雄心勃勃，积极准备兴师直取北京、入主中原。然而天不由人。在松锦决战之后，病魔就残酷地折磨着他。1643 年 9 月 21 日，他终于病逝于沈阳，享年五十二岁。一个多月后，葬于沈阳昭陵。清朝臣民根据他生前的文治武功，尊谥为"应天兴国弘德彰武宽温仁圣睿孝文皇帝"，庙号太宗。

作为东北的一个少数民族——满族的最高统治者，皇太极率领八旗劲旅，席卷东北，横扫明朝京畿地区，纵横驰骋于辽阔的北中国，使满族一跃而为统治民族而君临天下；作为中国历史上最后一个封建王朝——清朝的开国皇帝，皇太极锐意改革，励精图治，创建了国家政治制度，发展了社会经济，宏图远略，使清朝最终由一个地方政权而成为取代明朝的中央政权。他文武双全，有勇有谋，十战九胜，是个能征惯战的军事家；他雄才伟略，治国有方，高屋建瓴，是个非凡超群的政治家。

黄珍德　文